ビジネス・ロードテスト

The New Business Road Test

ジョン・W・ムリンズ著
John W. Mullins
秦孝昭・出口彰浩・兎耳山晋訳

新規事業を成功に
導く
7つの条件

What entrepreneurs
and executives should
do before writing
a business plan

EIJI PRESS

ビジネスロードテスト

新規事業を成功に導く7つの条件

THE NEW BUSINESS ROAD TEST
What entrepreneurs and executives should do before writing a business plan
by
John W. Mullins

訳者まえがき

本書の著者ジョン・ムリンズは、ロンドン・ビジネス・スクール（LBS）においてアントレプレナーシップで教鞭を振るう人気教授である。彼自身、アパレル大手のGAPの創業に携わり、自分自身も創業者として二度、合計三度の起業経験を持つ。そんな彼の言葉は実にシャープであり、体験した者ならではの現場感、リアリティそして重みがある。以前からアントレプレナーシップに興味を持っていた私は、LBSで彼の授業を受け、卒業論文も担当していただいた。

私自身、ベンチャーキャピタリストという仕事柄、年間何百ものビジネスプランを拝見する。経営陣の自己満足に陥ってしまっているビジネスプラン、いかにも書店で購入した「マニュアル」を参考にして書いたテクニックに走りすぎているビジネスプランも少なくない。ビジネスモデルが素晴らしくても、経営陣がピカイチでも、勝負する市場・業界を理解していないと勝てる勝負も勝てなくなってしまう。

ジョンが提唱する「七つの成功条件（7 Domains）」は実に的確に、我々が曖昧にしがちな点を指摘している。たとえば「経営陣がいい」と言っても、それは一体何が〝いい〟のか？　「市場」と「業界」の違いは？

「マクロ市場」と「ミクロ市場」の違いは？　そしてそれらが好ましくない場合の対処法は？
七つの成功条件は、チェックリストで何点以上だから合格、といったシンプルなものではない。しいて言うならば、ビジネスを創造する際に重要なポイントを網羅的に考えさせるためのツールのようなものだ。

この本はビジネスプランを書くためのマニュアル本ではない。起業家が起業する前に、自分のビジネスアイデアの本質を理解するための本である。本質を理解できれば、もともと芽がないか否か、を理解できるし、失敗も未然に防げる。起業後でも自分のビジネスを見つめ直すことによって、方向転換ができる。

また、この本は「起業家向け」に限ったものではない。大企業に勤める管理職以上の方々で、社内プロジェクト・企業内ベンチャーなどを立ち上げるとき、また、会社がさらなる成長のために大きな方向転換を迎えるとき、新たな事業部を立ち上げるとき、自分の置かれた組織・チーム・外部環境などの状況を冷静に見つめ直すのにも大変便利である。

そして、もちろんベンチャーキャピタリストの方々にも読んでいただきたい。現に我々の組織では、米国の「VCの祖」といわれるアラン・パトリコフ氏および彼の創り上げたエイパックス・パートナーズ（Apax Partners）から投資の手法などを学んで意思決定のプロセスに活かしているが、この本に出てくる七つの成功条件というツールはそれを見事に補完している。また、投資後は社外取締役として投資先の経営支援の一環を担うわけだが、会社の戦略を見直すというときなども実に有効的である。

日本には現在、数百万人もの起業家がいるといわれているが、日本のベンチャー業界、ベンチャー・キャピタル業界はアメリカのそれと比べると、環境面、人材面でまだまだ発展途上である。

先日、恩師ジョンとロンドンで食事をしながら、そんな日本のベンチャー事情、ＶＣ事情などについて語り合った。また自分自身が「ベンチャースピリット」を持ち、それを変えていきたいという思いについても語った。今年で還暦を迎えるジョンは笑顔で答えてくれた。

「その心の中の『火』を一生大事にしなさい。誰もが持っているものだけど、ついつい忘れてしまう人も少なくないから。でもその一人一人の小さな『心の火』が経済を活性化していくのだから」と。

訳者代表　秦　孝昭

CONTENTS

THE NEW BUSINESS ROAD TEST

What entrepreneurs and executives should do before writing a business plan

第3章 市場の評価

第4章 業界の評価

第5章 競争優位の維持

第9章

7つの成功条件モデルの活用

第10章

ビジネスプランをまとめる前に

第1章 ビジネスチャンスを見極める

そもそも将来性のない業界では、十分な資本と有能な経営陣が揃っていても、好調な業界ほどの成果は得られないだろう。あらゆる業界が平等に創られているわけではない。

――ベンチャー・キャピタリスト　ウィリアム・P・イーガン二世[01]

情熱！　信念！　根気！

起業家が「ビジネスチャンス」と呼ぶ斬新なアイデアが実を結ぶまでには、さまざまな難題や障害、紆余曲折が待ち受けている。情熱、信念、根気。この三つがなければ、「起業」という夢の実現は不可能だろう。しかし、成功をおさめている起業家は、他にもっと大事なものを持っている。毎朝目覚めると、芽生えようとしているチャンスについて自問する。「新しいビジネスは、たいてい失敗するものだが、このビジネスは果たしてうまくいくのか？　成功させる秘訣はどこにあるだろう？」　あるいは、もっと現実的な問いを投げかける。「このアイデアの問題点は何か？　どうす

[01] 'Venture capital has gone from one unreality to another', Knowledge at Wharton, http://knowledge.wharton.upenn.edul/ から引用。

ればうまくいくのか？」

このように自問する理由は、言うまでもない。彼らは、勝算の低さを承知しており、新しいビジネスプランがめったに収益を生まないことも、たいていの新規事業が失敗に終わることもわかっている。何よりも、ウィリアム・イーガンの言う「将来性のない業界」に足を踏み入れようとはしない。多くの時間と労力を注ぎ込んだ揚げ句、どこにもたどりつけないような羽目に陥りたくないのだ。毎日、この重要な質問を繰り返しながらも、彼らの意欲は衰えない。自分のアイデアに先見の明があることを、耳を貸そうとしない連中に懸命に証明しようとしている。だからこそ、どこかに間違いがあるなら、できるだけ早く、悪い結果が出る前に気づきたいと考えている。

ビジネスプランをまとめ、後戻りできなくなる前に重大な欠陥に気づくことができれば、手の打ちようもある。競争の激しい世界で成果を得られるように、アイデアを修正することもできる。致命傷になりそうな問題に気づいたなら、手遅れにならないうちに計画を断念することも可能だ。始める前や始めたばかりの事業をあきらめなくてはならない場合もあるかもしれない。だが、そのおかげでいたずらに月日を重ねてまで、かなわぬ夢を追いかけずに済む。

毎日このような自問を続けながら、問題点を徹底的に調べ、試行錯誤を繰り返そう。「そのアイデアに成功の可能性がある」と確信できればもっといい。そうなれば単なる直感ではなく、「根拠」を支えに自信を深め、新たな情熱と信念を胸に、ビジネスチャンスに臨むことができる。そのアイデアはまさに、追求に値するほどのチャンスなのだ。

成功の秘訣はどこにあるのか

賢明な起業家は、思案中のビジネスチャンスについて、ロードテストを行う。新車を購入するときに、ほとんどの人が試乗するようなものだ。ロードテストを繰り返せば、そのたびに問題点をいくつか解決できる。また、チャンスに潜む不確定要素をいくらか取り除ける。

本書では、ロードテスト用のツール一式を紹介する。これらのツールを使えば、ビジネスプランを立てる前に問題点を解決し、不確定要素を排除できる。また、長期にわたって競争優位を維持している先駆的な起業家の実例を詳しく紹介する。しかし、それ以上に重要なのは失敗例だろう。優れた起業家は、失敗から学ぶのがとてもうまい。多くの起業家が、過去の失敗を振り返ってこう述べている。

「同じ失敗を繰り返さないで済むなら、きっと成功できるだろう」

本書は、巷にあふれる起業家の成功物語ではない。本書の基礎は、さまざまな市場や業界に存在する魅力的なビジネスチャンスの特徴を入念に分析することにある。本書で紹介するモデルや考え方は、優秀なベンチャー・キャピタリストや成功している起業家への調査から得られたものだ。彼らの見識はさまざまな形態のベンチャー企業に適用できる。

本書は、成功した起業家の性格や特徴を描いた本でもない。豊富な調査研究から、彼らの出身階級が一定でないことは明らかだ[02]。しかし、そのチャンスのきっかけには、いくつかのパターンが見られる。

最後に、本書はどうすれば簡単に金持ちになれるかを示した本でもない。起業家が持続的に事業を展開するための強固な基盤を築く方法について論じている。ゼロからの出発であろうと、既存の組織内で新たに立ち上げたコーポレートベンチャーであろうと、「顧客や株主に対して価値を創出・提供できる事業」は長続きする。ビジネスで最も楽しいのは、この基盤を作ることだ。努力すればその分だけ、結果がついてくる。

本書は、チャンスを評価、実現するための道しるべのようなものだ。本書で紹介する「七つの成功条件」という有効なフレームワークは、ビジネスプランを作成し、新しい事業を成功させるための強固な基盤となる。

魅力的なチャンスにある「七つの成功条件」

起業を成功させるうえで、重要な要素が三つある。市場、業界、そして経営陣だ。本書で紹介する七つの成功条件モデル（図1・1）では、この三つの要素を関連づけ、起業家が毎朝自問する「ビジネスを成功させる秘訣」について、明快な方法を提供する。この一連のツールは、市場の中に存

[02] 優れた起業家の要件について、さらに詳しく知りたい場合は、
David A. Kirby, 2003, *Entrepreneurship*, McGraw-Hill, Maidenhead. 第2章参照。

図1・1◆七つの成功条件モデル

the 7 domains of attractive opportunities

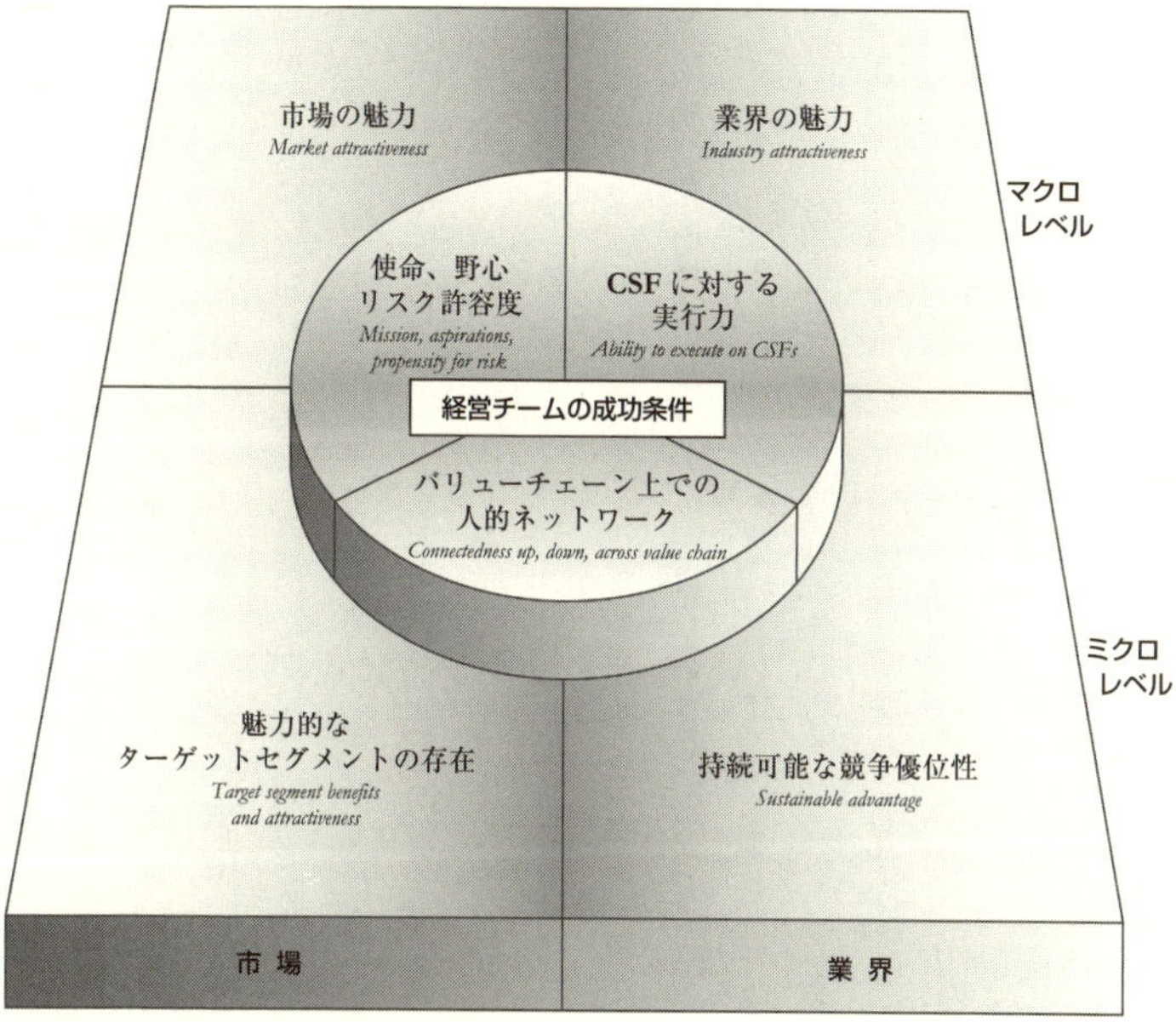

在するチャンスの評価や具体化に役立つと同時に、起業家を評価する場合にも役立つ[03]。そして「顧客の立場に立ったフィージビリティ・スタディ（事業可能性調査）」の基礎になる。この調査を参考にすれば、無駄な時間や労力をかける前に、チャンスを評価できる。

七つの成功条件モデルを一見すれば、ビジネスチャンスの評価について、誰もがすでによく知っていることをまとめただけに映るかもしれない。たしかにそのとおりだ。しかし、さらに詳しく見れば、次に挙げる三つのことがこのモデルからわかる。いずれも重要だが、わかりにくいために起業家の大半が見逃している。

- 「市場」と「業界」は同じではない。
- 市場と業界を、マクロ・ミクロ両方のレベルで考えることが必要だ。
- 起業家としての資質は、履歴書だけでは評価しきれない。

さらに言えば、このモデルの成功条件ごとの重要性は均等ではない。ある成功条件が他の成功条件に従属しているわけでもない。単純なスコアシートを使っても役に立たない。そのうえ、成功条件の組み合わせを誤ろうものなら、事業自体がだめになってしまう。一方、十分な長所を持つ要因がいくつかあれば、他の要因の弱点を補うことができる。あまり魅力がない市場や業界でも、絶好のチャンスを見つけることができるだろう。

図に示したように、このモデルは、四つの成功条件（市場と業界について、マクロ・ミクロ両方のレベル）

[03] 本書では、「市場」のチャンスと「金銭的」なチャンスを区別している。前者は、市場と競争の相互作用によってもたらされる。後者は、裁定取引や安値の資産などによってもたらされる経済的利益を意味する。

に加えて、経営チームに関連した三つの成功条件で成り立っている。七つの成功条件は、いずれも私の研究から生まれたものであり、あらゆるビジネスチャンスを評価するうえで重要な要素を扱っている。

- 市場や業界に魅力はあるか？
- そのチャンスは、顧客を惹きつけるほどのメリットをもたらすのか？　また、そのチャンスを利用すれば、顧客のニーズを解決するうえで競争優位を維持できるか？
- 経営チームは約束した成果を、追い求め、もたらすことができるか？

市場と業界には、重要な違いが三つある。以上の質問に答える前に、そのうちの一つを見てみよう。

「市場」と「業界」の違い

「市場」は、製品（商品やサービス）を購入する意思を持つ顧客や潜在顧客の集団で成り立っている。彼らの目的は、特定の欲求やニーズを満たすことにある。したがって、市場を構成するのは、「買い手」（人々や組織とそのニーズ）であって「製品」ではない。仕事中に空腹感を覚える会社員の市場を例に取れば、この市場は「職場向けスナック市場」と呼べるだろう。

「業界」は、製品や似通った製品群を提供する「売り手」で構成されている。職場のスナック市場のニーズを満たすのは、どの業界なのか？　製造者レベルで例を挙げれば、製菓業界、キャンディー業界、生鮮品業界等がある。また、製品を届ける流通業界（スーパーマーケット、レストラン、自動販売機、喫茶店など）もある。これらの業界が、仕事の合間におなかを空かせた会社員にさまざまなメリットをもたらしているのは明らかだ。

なぜ、市場と業界の区別が重要なのか？　サービスを提供しようとする「市場」の魅力に対する評価は、競争の場となる「業界」に対する評価とは大きく異なる。これは当然のことだ。市場の魅力を評価するための質問は、「業界」の魅力を測るための質問とは違う。

チャンスを評価するプロセスで、「セクター」や「スペース」という用語が何気なく、あるいは不用意に使われると、大事な点があいまいになりやすい。たとえばインターネット上の「スペース」は「市場」を意味していたのだろうか？　それとも「業界」だったのだろうか？　ケーススタディを見てみよう。

ケーススタディ――ドットコム・バブルの教訓

一九九〇年代後半、起業家は泥沼の競争を繰り広げた揚げ句、次々とつまずいた。彼らが求めていたのは、インターネット上のスペースにおける先行者優位だった。ところで「スペース」とは何を意味していたのだろうか？

当時の起業家にとっての「スペース」とは、買い物、情報収集、コミュニケーションなどの目的でインターネットを利用する個人や組織の「市場」だったのだろうか？　振り返ってみると、当時も今も、この「市場」にとても大きな魅力があることがわかる。いわゆる「デジタル・デバイド（情報格差）」が是正され、この「市場」は急速に成長した。その勢いは、まもなく人口のほとんどのセグメントを取り込んでしまいそうなほどだ。

それとも、当時の「スペース」とは、インターネット・サービス・プロバイダーやオンライン販売業者などの「業界」を意味していたのだろうか？　考えてみれば、ウェブ上には当時も今も、魅力のない「業界」がいくつもある。無数の新しい競争相手がやすやすと参入できるうえに、差別化しにくく、クリックだけで競争優位を維持することは困難だからだ。

九〇年代の後半、多くの起業家やベンチャー・キャピタルの努力は、B2Cモデルから、B2Bモデル、さらにはP2Pモデルへと次々に注ぎ込まれた。多くのモデルは、一見魅力的な「市場」に見えるが、競争の場である「業界」としては魅力がないことが明らかになった。事業に失敗した多くのドットコム起業家が、「市場」と「業界」の違いを認識した時点では、もはや手遅れだった。

ドットコム・バブルによる傷が癒えはじめると、インターネットによる魅力的なチャンスが数多く生まれた。そこに見られる属性の多くは、本書で紹介するドットコム・バブル以前の事例の多くに共通していた。それは魅力的な「市場」と「業界」、明確な顧客メリット、持続可能な競争優位性、有能な経営陣がもたらすあらゆるものだ。

その「市場」に魅力はあるか

魅力のない「市場」より、魅力のある「市場」でビジネスをしたい。たいていの起業家や投資家がそう思うのは当然だ。では、市場に対するこのような評価は、どのようにしてなされるのだろうか？　私の研究によれば、市場全体を含むマクロレベルと、特定のセグメントに限定したミクロレベルの両方で実施されなくてはならない。両者の区別は重要である。

マクロレベル

マクロレベルで「市場」を評価するのは非常に簡単だ。まずは、市場規模を評価する。新聞や雑誌などから業界の二次データを集めれば、その市場の大きさがわかる。市場規模を測定する方法は多い。多ければ多いほどよいのだ。市場における顧客数、その顧客が関連した製品に費やす総額、年間に購入する商品数やサービスの利用頻度などが考えられるだろう。市場の成長率を示す最近の統計数値や、将来の成長見込みを示すデータも参考になる。

次に、将来の見通しを判断するために、マクロレベルでの動向（人口動態、社会文化、経済、技術、規制、気候など）を評価する[04]。市場の動向は、ビジネスチャンスを後押ししてくれるのか？　それとも、起業家は強い流れに逆らって泳ぐことになるのか？

あるアイデアのために膨大な時間を投じても、結局のところ、「市場」は小さすぎてその時間や

[04] このようなマクロレベルの評価については、以下のようなマーケティング・マネジメントに関する文献で詳細に論じられている。H. Boyd, 0. Walker, J. Mullins and J.-C. Larréché, 2005, *Marketing Management: A Strategic Decision Making Approach*, McGraw-Hill/Irwin, Burr Ridge, IL. 第３章。

努力に見合わないかもしれない。起業家にとって重要なのは、そのチャンスの内容を知ることだ。規模も魅力も大きな市場に対して、十分な見込みのあるチャンスなのか？　それとも、可能性の限られたニッチ向けのチャンスなのか？　どちらにせよ、市場の魅力について、明快な結論を得ることが大事なのだ。

しかし、このマクロレベルの評価は、一〇〇キロ上空から街を見渡すようなもので、「市場」の成功条件の半分しか語っていない。上空からの探査によって、道の行き先を見定めることは不可欠だ。しかし、より詳しく市場を知るためには足元を観察する必要がある。

ミクロレベル

その「市場」がどれほど大きく、急速に成長していようとも、競合他社と正面からぶつかって乗り込んでいくのは難しい。顧客は、最善とは言わないまでも、何らかの方法ですでにニーズを満たしているからだ。そういう意味では、完全に新しい顧客市場というものは存在しない。「競争相手はいない」。こう言い放つほど野心的な起業家は、ただの世間知らずだ。有能な起業家は市場全体ではなく、「市場」の中の非常に小さなセグメントに狙いを定めている。ミクロレベルの市場評価では、次の四つの質問について考える必要がある。

- 自社の商品やサービスのメリットを理解し、購入してくれる市場（顧客）セグメントは存在するのか？　自社の商品はターゲット顧客が喜んでお金を出し、彼らの悩みや痛みを解決できるのか？

● 顧客が思い描くメリットは、すでに提供されている商品やサービスよりも、何らかの点（品質、スピード、価格など）で優れているのか？

● このセグメントの大きさはどのくらいか？　どれほどの速さで成長しているのか？

● このセグメントへ参入することは、かねてから狙っている他のセグメントへの参入につながるか？

では一体どうすれば、これらの質問の答えを見つけられるのか？　一般的には、一次データと二次データを組み合わせることによって、起業家が必要としている情報は得られる。一次データは、潜在顧客へのインタビューや調査によって集められる。二次データはセグメントの規模や成長率を判断する目的で、インターネット、図書館などの情報源から事前に集めることができる。

本章の後半で論じるが、意欲があるにもかかわらず「マクロレベルしか見ない」という失敗を犯す起業家は多い。この傾向は、とくに技術主導型の企業に共通して見られる。彼らにとって最初の顧客とは、名前だけで商品を買ってくれるような顧客だ。しかし、彼らは顧客の存在と、顧客がその商品からメリットを得る理由[05]を特定できない。また、このセグメントへの参入によって、他のセグメントへの事業拡張に向けた選択肢を一つでも生み出す可能性を無視している[06]。その結果、彼らはリスクを冒し、次に挙げる二つの点に目をつむって袋小路へと突き進む。

[05] ミクロレベルの市場評価のために有効な二つのツール（「買い手の効用マップ（buyer utility map）」と「買い手の密集する価格帯（price corridor of the mass）」）については、以下を参照。
W. Chan Kim and Renée Mauborgne, 2002, 'Knowing a winning business idea when you see one', *Harvard Business Review*, September-October.

● 顧客に提供するメリットを差別化できなければ、ほとんどの顧客は商品を買わない。
● 成長への道筋が見えなければ、ほとんどの投資家は資金を出さない。

多くの市場セグメントは小さすぎるために、高い成長率を長期的に維持できない。それでも、ニッチ市場やライフスタイル・ビジネスの確立を目指す起業家にとっては、非常に魅力があるかもしれない。彼らの会社は、規模で優る競合他社のレーダー網をくぐり抜けながら、他社よりもゆっくりと成長している。ナイキの運動靴市場への参入とその後の成長をたどれば、「市場」の魅力をマクロレベルで評価することの重要性がわかる。次のケーススタディを見てみよう。

ケーススタディ——マクロレベルの勝者、ナイキ

今では誰もがナイキの創業についての話を知っている。陸上の長距離ランナー、フィル・ナイト（Phil Knight）とコーチのビル・バウワーマン（Bill Bowerman）は、長距離ランナーのための運動靴を開発した。開発のヒントは、バウワーマンの妻が使っていたワッフルの焼き型と接着剤にあった。この靴には、軽さ（タイムを縮める）、弾力性（長時間のトレーニングによる腱鞘炎や骨折を軽減する）、横方向の安定性（凸凹した地面での捻挫を減らす）というメリットがあった。

当時の運動靴市場は、マクロレベルでは停滞していた。たいていの人が「運動靴なんて一、二足あれば十分だ」と思っていた。しかし、ミクロレベルで見ると、長距離ランナーはナイトとバウワーマンの新しい靴を歓迎した。このセグメントでの成功は、やがてテニスやバスケットボー

[06] 選択肢については、以下の論文で詳しく論じられている。
Avinash K. Dixit and Robert S. Pindyck, 1995, 'The options approach to capital investment', *Harvard Business Review*, May-June. Rita Gunther McGrath, 1999, 'Falling forward: real options reasoning and entrepreneurial failure', *Academy of Management Review*, January.

ルなど、他のスポーツでの成功につながり、ナイキを世界一のブランドに仕立て上げた。

チャンスという点でナイトとバウワーマンが当初想定していたのは、どこから見ても優れた製品の提供によってビジネスチャンスを見出すことだった。顧客（長距離ランナー）がお金を払ってでも手に入れたいと思うような製品を提供するのだ。やがて彼らは、他のニッチ市場にも狙いを絞り、同様に成功をもたらした。かつて低迷していた運動靴市場のさまざまなセグメントへ進出しては、巧みなマーケティングによって高価な運動靴をファッションアイテムに変え、その市場を驚くほど成長させた。その結果、ナイキは現在でも運動靴市場でトップの地位を得ているのである。あなたのゲタ箱には、何種類の運動靴があるだろうか?

その「業界」に魅力はあるか

成功を求める起業家は、魅力ある「市場」にサービスを提供したがる。また、多くの企業が生き残りを賭けてしのぎを削るような業界で戦おうとはしない。むしろ、ほとんどの企業が成功し、収益を確保できるような「業界」での戦いを望んでいる。さらに、競合他社に先んじて、持続可能な競争優位性を基盤に戦いたいと考えている。以上の判断は、いずれも重要である。では、どのようにして判断を下すのだろうか?

マクロレベル

一九七〇年代後半、マイケル・ポーターは業界の魅力を決定する5フォース（五つの競争要因）を発表した[07]。それは、業界の収益性を理解するのに大変有益だ。

❶ **新規参入の脅威**
❷ **買い手の交渉力**
❸ **売り手の交渉力**
❹ **代替品・サービスの脅威**
❺ **競合他社の敵対関係**

「業界」の魅力をマクロレベルで評価するうえで重要なのは、「五つの競争要因」と現在進行中の変化や将来起こりそうな変化を評価することである。

では、この五つの競争要因から、どのような結論を導き出せばいいのか？　野心的な起業家は、まず、流通、食品製造、ソフトウェアなどの「業界」から、参入を見定める。この作業は重要だ。「業界」は広くも狭くも定義できる。その定義については、第四章で論じよう。

次に起業家は、それぞれの競争要因について自問する。その業界において、五つの競争要因が望ましい方向にあるか否かを判断するためだ。質問の詳細は第四章で論じる。望ましい要因が多ければ多いほど、「その業界には魅力がある」と判断できる。逆も同じだ。五つの競争要因のうち一つ

[07] 5フォース分析の具体的な実施方法については、以下を参照。
Michael Porter, 1979, 'How competitive forces shape strategy', *Harvard Business Review*, March-April.

に深刻な問題があるだけでも、パワー・バランスが崩れる可能性は十分にある。そのことを心に留め、慎重に評価する必要がある。問題があまりにも深刻であれば、「あきらめる」という選択肢も取れる。

五つの競争要因をすべて評価したあとで重要なのは、その「業界」の魅力について明確な結論を導き出すことだ。このステップは、チャンスを総合的に評価するうえで大切だ。プロの投資家は、いつもこのステップを踏んでいる。「その業界にはあまり魅力がない」と認めることも必要だ。しかし、魅力がないと判断を下しても、すべてが失われるわけではない。七つの成功条件のどこかに、懸念を払ってくれそうな要因があるかもしれない。

「市場」の魅力をマクロレベルで評価する場合には、二次データの収集が必要だ。ただし、二次データは「業界」の一面を表すに過ぎない。一般的に、業界の現状や動きを明確に理解するためには、業界に関する知識や一次データと合わせて活用することが求められる。

マクロレベルの市場評価によって、顧客が新規参入企業の製品を買いたがっていることが明らかになれば、起業家は「業界の魅力をマクロレベルだけで十分に評価できる」と考えるかもしれない。ニッチ市場にサービスを提供する、小さくても安定した企業を目指す起業家にとっては、そのとおりかもしれない。しかし、さらに大きな成長を目指すのであれば、ミクロレベルでの業界分析が欠かせない。

ミクロレベル

どのような業界でも、長期にわたって新規事業が継続的に成長するとは限らない。先行者優位が競合他社の参入を機に崩れてしまう場合もある。また、新規参入した企業のビジネスモデルが、経済合理性を欠く場合もある。ビジネスチャンスを評価する場合、「競争優位の持続可能性」といったミクロレベルでの「業界」の評価が必要だ。

では、実際に、どのような方法で評価すればよいのだろうか？　計画中の事業について、競争優位の持続可能性を評価する場合には、競合他社と関連付けながら事業自体を精査することが必要である。新たに会社を設立する場合でも、コーポレート・ベンチャーの場合でも同じだ。参入当初の優位性を維持するには、その事業の強みを促すような一定の要因の有無を見極めること。これらの要因には、次のようなものがある。

- 他の企業が真似できないような独自要素（特許や企業秘密など）の存在
- 他の企業が真似しにくいほど優れた組織プロセス、能力、資源の存在[08]
- 経済合理性のあるビジネスモデルの存在

すぐに資金を使い果たしそうなモデルは論外だ。この要因については、以下をさらに検討する必要がある。


——必要な資本の投下と、確保可能なマージンを考慮した収益。

——顧客の獲得・維持コストと、獲得に要する時間。

——事業に必要な固定費を回収できるだけの貢献利益とその妥当性。

——キャッシュサイクルの特徴。たとえば、在庫のような運転資金を回すのに、どれくら

[08] 詳細については、以下のような資源や能力を論じた戦略的マネジメントに関する文献が参考になる。R.M. Grant, 2004, *Contemporary Strategy Analysis*, Blackwell, Oxford. 第5章

いの現金を固定させる必要があるのか？　顧客はどれほど早く代金を支払うのか？　サプライヤーに支払うまでに、どれくらいかかるのか？[09]

価格で競争相手を出し抜こうとする起業家は、製品の入手や製造にかかるコスト以下の価格で製品を提供しても、長続きしないことに留意すべきだ。これは、今世紀初めに多くの起業家が、ドットコム・バブルから得た教訓である。さらに、起業家がしばしば見逃してしまうもう一つの問題は採算性である。

R・J（イギリス）「起業家は、そのチャンスがどれほど魅力的に見えようと、実際に商談がまとまるまでにかかる時間や資金を理解していないことが多い」

こういった要因の見極めに取り組むうえで、大きな違いをもたらすのは、業界経験の有無である。自社のテリトリーを知っている起業家こそが、必要な答えを見つけられるだろう。インターネットで答えを見つけることは難しそうだ。もし経験がないのなら、経験者を探さなくてはならない。助けてくれそうな人たちにコンタクトしよう。この点についてはあとで論じる。

一般的に魅力のある市場や業界（金融・製薬など）でも、新規事業がうまくいくとは限らない。それは、市場と業界の両方にわたるミクロレベルでの評価からも明らかだ。マクロレベルで好調な業界でも、新規事業は万能薬になるとは限らない。たいていの業界では、ミクロレベルの調査で好結果を得る

[09] キャッシュサイクルの特徴や、企業の成長力への影響については、以下を参照。
Neil C. Churchill and John W. Mullins, 2001, 'How fast can your company afford to grow?', *Harvard Business Review*, May.

ことのほうがはるかに重要である。

結果を出せるチームか

「投資を決めるうえで、最も重要な要因は何か?」 本書のためのインタビューで、多くのベンチャー・キャピタリストにこの質問を投げかけたところ、同じ答えが返ってきた。「マネジメント」だ。しかし、「マネジメント」の評価とは、履歴書から起業家の人格を判断するということではない。我々の調査の結果、起業家や経営チーム（場合によっては投資家も含む）に関する三つの成功条件を発見した。

- そのビジネスチャンスは、チームのミッション、メンバーの情熱、リスク許容度に合致しているか?
- チームのメンバーは、この特定のチャンスを活かすため、業界での経験やノウハウなどの主要成功要因（CSF）を十分に有しているか?
- チームは、バリューチェーン上に人的ネットワークを持っているか? あれば、アプローチを変えるチャンスや必要性にすぐに気づくことができる。

それでは最後に、経営チームについての三つの成功条件を個別に見てみよう。

チームの使命、メンバーの野心、リスク許容度

起業家や投資家は、事前に思い描いた「好み」を持ってビジネスチャンスの評価に取り組む。なぜそこに行き着いたのか。理由はまちまちだが、おおむね次の四つに当てはまる。

自分が「サービスを提供したい」市場……ナイキの創業者フィル・ナイトは、かつての自分のようなスポーツ選手をターゲットにしたいと思っていた

自分が「競争の場」として選びたい業界……フィル・ナイトの場合には、運動靴業界だった

起業家自身の野心・情熱……事業の規模、実現までにかかる時間、事業からの撤退希望の有無、このチャンスにしがみつくのか、成功を見極めるために別の方法を考えるのか

リスク許容度・耐性……どれくらいお金を使うつもりか、成功をどのくらい確信しているか、どれほどその事業をコントロールしたいか、共同事業にしたいのか

このような「好み」の基準に合わないビジネスチャンスは、「魅力がない」と判断されるだろう。

T・P（アメリカ）「我々が数々の投資を見送ったのは、我々の投資基準に合致しなかったからだ。別の投資家なら、うまくいくかもしれない。しかし、基準を変えると、判断を誤る回数

も増える。失敗する可能性のある投資を行う場合には、リスク許容度のバランスを正確に見極めなくてはならない。我々が恐れているのは、成功を見過ごしてしまうことではなく、失敗を見落としてしまうことなのだ」

CSFに対する実行力

起業家や投資家が自らの経歴と経験を事業に活かせば、CSFをいくらか実現しやすくなる。「特定のチャンスや、参入を計画中の業界に関するCSFは何か?」「チームの力を使って、その要因を実現できるのか?」ほとんどの投資家が、ビジネスチャンスを評価する際に、このような質問をよく投げかける。起業家も見習うべきだ。

O・D(アメリカ)「私たちは、経営陣を入念に調査する。約束を果たすだけの実行力・能力があることを確信したいのだ。そのために、彼らの経歴を調べ、その業界や顧客に対する理解度を評価する。CEO、技術、R&D、マーケティング部門のリーダーに関しては、リーダーシップを見極めたい。このビジネスチャンスを実現するうえで、最も重要な要素だからだ」

P・B(イギリス)「私は、知らない製品や市場には手を出さない」

起業家や経営チームが、直面するCSFの実現に必要な人的資源を十分に持ち合わせているか否かを正確に評価できない場合がある。この状態で外部に資金を求めれば、すでに抱えているリスク以上に大きなリスクを負うことになる。

バリューチェーン上での人的ネットワーク

「私は、計画Aで稼いだ以上の金を、計画Bで稼いだ」ベンチャー・キャピタリストの口癖だ。言い換えれば、新規事業の成否は、その事業に対する粘り強さ、はたまた柔軟な方向転換能力次第で一変するのだ。市場の変化や運の良さに救われこともある。しかし、そこから最大限の利益を引き出そうと待ち構えている起業家は、最前線の情報を持っている。市場が変化しても、その情報を活用することで、機敏かつ巧みに対応できるのだ。したがって経営チームは、問題を解決するために「我々は、バリューチェーンの上流・下流や業界の内部で、売り手（サプライヤー）や買い手（顧客）とどのような関係・ネットワークを持っているのだろうか？」と自問すべきである。

H・H（イギリス）「事業を始めた当時、自社の三つの製品に対する市場での人気を理解しているつもりだった。ところが、『一番よく売れる』と見込んでいた製品が、まったく相手にされず、結果は散々。しかし、我が社の経営陣は優秀だった。多くの知識、経験、ネットワークをもっていた。やがて、営業スタッフの一人が、第三の製品であったNIC（ネットワーク・インターフェース・カード）に顧客が関心を持っているという情報を得た。このことを耳にした経営陣は、自らの人脈を通じ、NICを知人に紹介した。結果、NICは流行を先取りし、莫大な利益をもたらした。経営陣の資質と人脈のおかげであったことは間違いない」

起業家や経営チームは、三つの「経営チームの成功条件」を自己診断することによって、以下に挙げるメリットが得られる。

●ビジネスプランをまとめる前に新しいメンバーを投入してチームを強化すれば、才能、洞察力、広い視野を兼ね備えたビジネスプランの作成が可能になる。

●投資家をチームの一員とみなせば、信頼を築けるばかりか、そのベンチャーに対する投資家の理解を深め、リスクに対する意識・先入観を軽減できる。起業家を援助したいと考える投資家は意外と多い。また、自らのスキルが足りないことを積極的に認める起業家は、投資家コミュニティから高く評価される。

●外部からの援助が必要な場合は、まずチームを組成することだ。チームを組成してから投資家に声をかけなさい。さもないと、メンバーの信用や評判を落とすだけでなく、将来の資金援助への道を閉ざし兼ねない。

機能的なネットワークを築く必要がなさそうな未熟な業界で起業する場合でも、以上の点は重要である。次のケーススタディで、もう少し詳しく見てみよう。

ケーススタディ――新しいパラダイムを生み出す起業家たち

先見の明のある起業家は、世界全体とまではいかなくても、世界の一部を変えられる。彼らは、「私たちの新しいパラダイム（たとえば、インターネット）はすべてを変えることができる。古いルールはもう役立たない」と言いたがるかもしれない。しかし、この言葉は本当だろうか？　二十一世紀に入ったばかりの現在、ドットコム・ベンチャーの成長は芳しいものばかりではない。つまり、新しいパラダイムを活用する起業家は、古いパラダイムでの現実をはっきりと理解しなくてはならないのだ。そうしなければ、市場や業界での予想外の動きに惑わされるか、準備不足のままCSFに直面するというリスクを冒すことになる。新旧両方のパラダイムを理解しているメンバーを経営チームに加えておくことは、失敗を避けるための方法の一つである。

七つの成功条件モデルから行動へ

七つの成功条件モデルを使うには、大量のデータが必要だ。「そのチャンスに魅力がある」という意見だけでは不十分だ。では、必要なデータをどのようにして入手し、解釈すればよいのか？

この問題については、第一〇章で詳しく検討する。今は、「このモデルに欠かせない大量の情報を、二次データから簡単に入手できる」とだけ述べておこう。つまり、業界や他のビジネスに関する出版物や政府刊行物などが活用できるのだ。いずれも、図書館やインターネットで手に入る。さらに必要なのは、インタビュー、観察、見込み客や業界関係者のフォーカスグループによる調査、市場実験などから得られた一次データだ。一次データがなければ、七つの成功条件モデルの下段を構成するミクロレベルでの二つの評価と、その業界でのCSFを理解できない。

本章で先に述べたように、このモデルはスコアシートを使って、七つの成功条件ごとに点数をつければ済むような単純なものではない。七つの成功条件は、どれも独立している。成功条件ごとの相対的な重要度も一様ではない。単純なチェックリストでは意味をなさないだろう。要因の組み合わせを誤れば、新規事業の息の根を止めてしまう。しかし、強力な要因がいくつかあれば、他の弱点を緩和できる。これについては、第九章で論じる。ここでは、七つの成功条件の分析を終えた起業家が、チェックリストを使わずに結論を引き出す方法を述べておこう。

なぜこれは「うまくいかない」のか？

七つの成功条件モデルでのロードテストの最中に、避けようのないような難所に出くわすことがある。この難所は、ビジネスチャンスの芽をつぶしてしまうほど致命的な欠陥かもしれない。「なぜこれはうまくいかないのか？」という問いに答えるために、解決できないほどの大きな欠点、つまり、そのチャンスにとっての「アキレス腱」を探し出すのだ。マイナス要因を探す際に重要なのは、市場、業界、チームを構成する要素のうち、別の方法では修正できないような要素を見つけることである。

アキレス腱が見つかった場合には、今のうちにそのチャンスをあきらめ、魅力のあるチャンスを別に見つけることだ。根本的に欠陥があるチャンスにしがみついても、どのみち好ましい結果は得られない。

●最高のシナリオ

ベテラン投資家や他の資源提供者（売り手、パートナーなど）が、あなたの見逃した欠点を見つけてしまい、必要な資源を提供してくれない。これは、最高にして、最もありそうな結果である。欠点を取り繕ったビジネスプランがほぼ完成していても、この結果ではどうにもならない。ビジネスプランの準備や作成に費やした努力が無駄になる。しかし幸いにも、見込みのない事業に、数カ月や数年もの時間と労力を注ぎ込んで苦しまなくて済む。厳しい現実ではあるが、大半のビジネスプランはこのような運命をたどる。追求しようとしたビジネスチャンス自体に、致命的な欠陥があるからだ。ほとんどのビジネスプランは、作る前に捨てられてもおかしくないのだ。

●最悪のシナリオ

あまり頻繁ではないが、根本的な欠陥があるビジネスチャンスでも事業を始めてしまうことがある。幸運にも必要な資源や資金を確保し、実際に事業を始められることができるかもしれないが、ある時点でそれらの欠陥が火を噴くだろう。そうなれば、深手を負う前に、急いで事業を立て直さなくてはならなくなる。今まさに、この不幸な境遇にあえいでいる読者もいるだろう。

ビジネスチャンスは改善できるのか？

ありがたいことに、ビジネスチャンスは変化する。さまざまな方法でチャンスを作り、発展させることもできる。チャンスに潜在する致命的な欠陥を修復することも可能だ。新商品の販売を計画する際に、既存の市場と比べて受容性が高そうな市場をターゲットに選ぶこともできる。市場での需要に応じて、商品自体に手を加えることも可能だ。既存の業界より居心地のいい業界があれば、小売業者や製造業者ではなく、販売業者として成功をおさめることができる。つまり、バリューチェーンにおいて、従来とは別のレベルでビジネスチャンスを追求するのだ。さらに経営チームにメンバーを増員することによって補強することもできる。

夢をかなえる地図

どのようなビジネスチャンスにも、「確実」というものはなく、「不確実性」という名の霧はついてまわる。七つの成功条件モデルでのロードテストを終えれば、その霧の合間から光が見えてくる。起業家は、ビジネスプランを作成する前に、必要な修正を済ませ、ビジネスチャンスを、追求に値するほどのチャンスに変えることができる。起業家はたいてい、自分のビジネスチャンスに不安を抱いている。しかし、そのチャンスは徐々に改善されるだろう。本書で提供するのは、そのためのツールなのだから。

さあ、ページをめくりながら、ロードテストを楽しもう。

第2章 魚は食いつくか

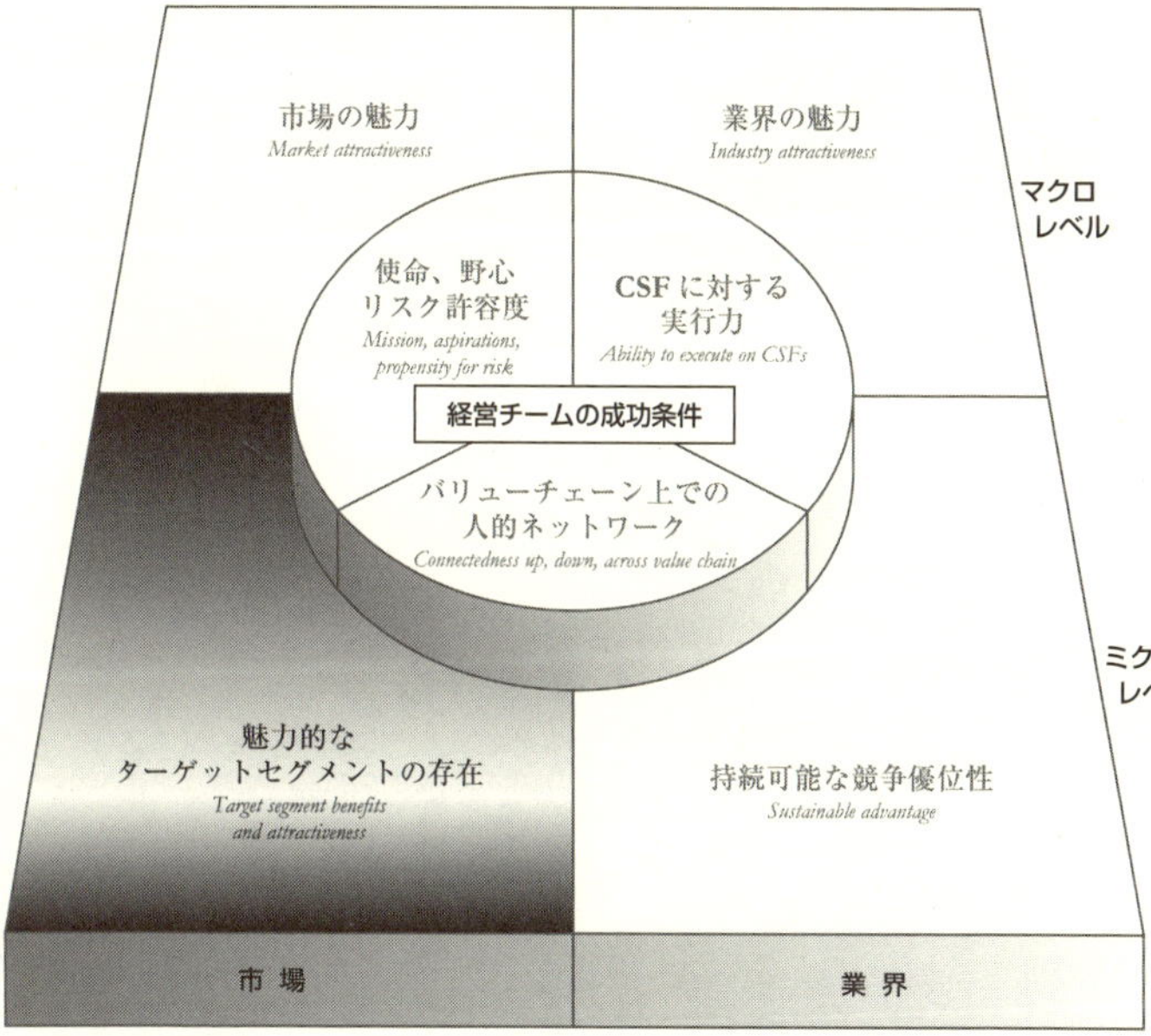
市場の魅力
Market attractiveness
業界の魅力
Industry attractiveness
マクロ
レベル
使命、野心
リスク許容度
Mission, aspirations, propensity for risk
CSFに対する
実行力
Ability to execute on CSFs
経営チームの成功条件
バリューチェーン上での
人的ネットワーク
Connectedness up, down, across value chain
ミクロ
レベル
魅力的な
ターゲットセグメントの存在
Target segment benefits and attractiveness
持続可能な競争優位性
Sustainable advantage
市場
業界

七月のさわやかな休日。五時半に目を覚ましたあなたは、空を見上げる。魚釣りにはもってこいだ。毛バリをぶら下げながら川岸をしばらく歩くと、三、四十匹のマスの群れが、満足そうに朝のエサをつついている。かなり大きい。あの口なら、五十センチはあるに違いない。

長年の経験から、あなたは魚の賢さをよく知っている。魚たちは、やたらとエサに食いついたりはしない。風の向きや水面を観察しながら、魚が食べている物を探る。新品の毛バリを手に入れたばかりのあなたは、釣り糸を急いで投げたりはしない。石の上に腰掛け、毛バリを慎重に付け、釣竿を五、六回振り、感触を確かめる。

そして、大きくて強そうな茶色のマスに狙いを定めると、三分間懸命に格闘する。やがて、腕を震わせながら、五十センチの獲物を水面から引きずり出す。なんという美しさだ。あなたは、今日最初の獲物に満足しながら、毛バリを取り外し、マスを川に返す。

魚釣りでは、忍耐が美徳だ。狂ったようにエサを求める魚を見ると、すぐにも釣り糸を投げたい誘惑にかられる。しかし、ベテランの釣り人は、間違った毛バリを慌てて投げ入れたりはしない。魚が食べている物をしっかり観察するほうがはるかに賢明だと知っているからだ。

起業家も同じだ。チャンスと見るや、すぐに事業を始めがちである。急いで市場に乗り込み、先行者優位を獲得しようと焦ってしまう。急いては事を仕損ずる。早まって飛び込むよりも、ターゲット市場の特定・理解に時間をかけ、顧客が本当に望むものを見極めることだ。

お客様……企業が作る「全て」の製品はそのお客様の為にある。

――ピーター・ドラッカー[01]

顧客の重要性

ピーター・ドラッカーが言うように、すべては顧客のためにある。顧客がいなければ、ビジネスなどありえない。必要なのは、顧客の願望や需要を満たすことだ。顧客の悩みを解決できれば、さらにいい。そうでなければ、顧客は寄って来ないだろう。本当に単純なことなのだ。それなのに、野心的な起業家に計画中の新規事業について質問すると、次のような答えばかりが返ってくる。

「我が社が提供するのは……」
「我が社の新製品は……」
「我が社の新技術によって……」

[01]『経営者の条件』P・F・ドラッカー著、上田惇生訳、ダイヤモンド社、2006年

ポイント 2.1 ◆ ターゲット市場におけるミクロレベルの重要な 4 つの質問

1. 自社の商品やサービスのメリットを理解し、購入してくれる市場（顧客）セグメントは存在するのか？　自社の商品はターゲット顧客が喜んで購入する価格で、彼らの悩みや痛みを解決できるか？

2. 顧客が思い描くメリットは、他の手段によって提供中のメリットよりも、何らかの点（品質、スピード、価格など）で優れているのか？

3. このセグメントの大きさはどのくらいか？　どれほどの速さで成長しているのか？

4. このセグメントへ参入することは、かねてから狙っている他のセグメントへの参入につながるか？

大事なのは、あなたではない。画期的な製品でもサービスでもない。ビジネスでの成功とは、顧客に製品やサービスを提供し、ニーズを満たし、悩みを解決することなのである。

もっとも、顧客なら誰でもいいわけではない。狙いを定めた顧客だけにメリットを提供するのだ。そのメリットは顧客にとって特別なもので、今までひいきにしてきた企業から、あなたの会社へ乗り換えたくなるほどの魅力がなければならない。

本書を読み進める前に、本書の後半の「ツール①ロングインタビュー」を見てみよう。そこで紹介されているインタビューの手法を学べば、「新規事業のアイデアを十分にわかっていない」と自分で認識していないことに気づくだろう。もっと的確に言えば、「顧客についてわかっていない」と自分で気づいていないことを知るには、ターゲットに想定している数名の顧客から実際に知らされなくてはならないのだ。紛らわしい表現かもしれないが、あなたの読み方は間違っていない。あなたには、「わかっていない」ことに自分で気づいていないことを知る必要がある。

ロングインタビューを読み終えれば、七つの成功条件の左下「魅力的なターゲットセグメントの存在」について詳しく調査できるようになる。四つに分けた成功条件の中で、他の成功条件ではなく、ここを起点にするのはなぜか？　ピーター・ドラッカーの言葉を思い出すといい。あなたがニーズを満たせるようなターゲット顧客がいなければ、他の成功条件モデルは意味をなさないからだ。

第一章で学んだように、市場における特定のビジネスチャンスをミクロレベルで理解するには、ポイント２・１で示す四つの質問が欠かせない。しかし、それぞれの質問に対する答えは、目指す事業によって異なる。

携帯ユーザーを満足させたしくみ——ＮＴＴドコモのｉモード

たった二年で、二〇〇〇万人もの顧客を獲得できる企業が、いったい何社あるだろうか？[02]　あるはずがない！　これほど急速に市場に浸透できる企業は、きっと理想的なことをしているに違いない。ＮＴＴドコモは、絞り込んだターゲットにアピールできるサービスを考案した。一九九九年二月、日本で携帯電話向けサービス・ｉモードの提供が開始され、二〇〇一年の半ばには日本の総人口の二〇％近くにまで普及した。とりわけ、十五歳から六十四歳までの年代では、契約者数が人口の四分の一に達した[03]。さらに驚くことに、携帯電話向けインターネットサービスの普及度において、

[02] Danny Bradbury, 2001, 'WAP could get a shot in the arm from iMode', *Computer Weekly*, 1 February, p.46.

[03] 日本の国勢調査から。

NTTドコモはわずか二年で世界の頂点に立った[04]。慎重に狙いを定めた市場に対して、明快で魅力的なメリットを提供できるような製品を持つことは重要だ。携帯電話市場でのiモードの成功は、その好例である。

iモードのターゲット市場

一九九九年、日本の人口は一億二六〇〇万人に達したが、インターネット利用者の比率は二一・二%に過ぎなかった[05]。アメリカの三九%、イギリスの二一%、韓国の二五%に比べてかなり少なかった。AOLとローパーASWによる調査では、日本のオンライン人口の六九%が「インターネットは日常生活に欠かせない」と答えているものの、「インターネット接続における最大の障害は、電話回線のコストだ」と指摘している回答者が二九%を占めた。

日本は、インターネットへの接続で遅れを取ったように見える。しかし、携帯電話の普及度では、他の先進国を上回っている。九九年末には、日本人の四四・五%が携帯電話を持っていた(イギリスでは四〇%、アメリカでは三一%)。日本では、ダイヤルアップ回線での電話料金が高い。一方で消費者は、株価情報、連載マンガ、天気予報など、メディアへの依存度が高い。この状況は、安価な無線データ・サービスを提供するのに打ってつけだった。ユーザー・セグメントを慎重に絞り込めば、そのユーザーがいつどこにいても、必要なコンテンツを提供できるのだ。

当時、NTTドコモのiモード企画部長だった夏野剛が興味を持ったターゲット市場には、金融市場や個人資産に関心の強い顧客層が含まれていた。そこで同社では、銀行業界と提携を結ぶ

[04] Yaeko Mitsumori, 2000, 'NTT's iMode paves the way for wireless data services', *Radio Communications Report*, 28 February, p.108.

[05] Preliminary FY1999 Statistics on Telecommunications Market in Japan, Telecommunications Carrier Association, 31 August, 2000, p.5.

ことで、iモードをこのような顧客層に売り込んだ。「七〇〇社以上のコンテンツ・パートナーのうち、三二〇社は銀行です」と夏野は言う[06]。

もう一つのターゲット市場はマンガファンだ。NTTドコモは集英社と業務契約を結び、iモードを通じてこのセグメントにサービスを提供するためだ。そしてiモードでは、月額三〇〇円で、連載マンガを毎週購読できるようになった。玩具メーカーのバンダイは、マンガのキャラクター画像をiモード対応携帯電話の待ち受け画像を配信している。「キャラっぱ！」というこの配信サービスは、月額一五〇円以下の利用料で毎日異なるマンガの画像を携帯電話にダウンロードできるのだ。バンダイは二〇〇〇年二月までに、このサービスで四〇万人のiモードユーザーを獲得した[07]。

「iモードの成功は、我々のサイトをインターネットユーザー向けに調整したためです」

NTTドコモの夏野はこう述べている[08]。さらに、iモードのウェブサイトは、ダイヤルアップ回線とは違い、常時インターネットに接続している。このため、顧客は電話をかけずにインターネットを使うことができる。iモード対応機種も、日本の市場を魅了していた。軽さに加えて、カラー画面やマルチリンクのナビゲーション、優れた画像処理能力などを備えていたのだ。しかし、この製品の唯一の欠点は、一秒当たり九・六キロバイトという通信速度でインターネットに接続することだった。

[06] Bien Perez, 2000, 'DoCoMo boosts iMode reach; Japanese mobile operator exports version of home services while moving to create fit with partners' Systems', *South China Morning Post*, 12 December.

[07] [04] 参照

[08] Catherine Ong, 2000, 'iMode a success thanks to HTML', *Business Times* (Singapore) 10 June.

適正だった価格

開発当初のｉモードは通信速度が遅かった。そのため、時間単位の課金にすることは、避けたかった。そこで、NTTドコモでは、接続時間の代わりに、ダウンロードした情報量によって利用料を課すことにした。料金設定は妥当なものだった。eメールは、全角二十文字で一円、静止画像のダウンロードは七円、株価のチェックは二十六円、銀行振り込みは六十円。いくつかのコンテンツプロバイダーが、定額料金制度を導入したが、それ以外のプロバイダーでは無料でサービスを利用できた[09]。九九年には、ｉモードの基本料金を月額三〇〇円に定めた。また、送受信データ量に基づくパケット料金を、一二八バイトあたり〇・三円と決めた。もちろん、通常の携帯電話と比較してもリーズナブルな通話料金をユーザーに請求した[10]。

ｉモードは料金の安さだけでなく、課金方法もユーザーにとって都合がよかった。サービス料と契約料を、NTTドコモとコンテンツプロバイダーに別々に支払う必要はない。その代わりにユーザーは、NTTドコモから毎月受け取る請求書を通じて、携帯電話の利用に関する料金をまとめて請求される。夏野はこう述べている。「ｉモードシステムが日本でｍ（モバイル）コマースを実現できたのは、電話料金の請求書に情報料を盛り込んだからです[11]」

サプライヤーのニーズ

NTTドコモは短期間で成長を遂げた。コンテンツプロバイダーのニーズに対して、先見の明があったからだ。同社が課金処理を担うことによって、その負担をいやがるコンテンツプロバイダー

[09] 'Why i-Mode is successful in Japan', http://www.nttdocomo.com/.
[10] Clive Keyte, 2001, 'Learn mobile lessons from Japanese', *Computer Weekly*, 9 August, p.18.
[11] Jamie Smyth, 2000, 'I-mode set to take Europe by storm', *Irish Times*, 6 October.

との契約が容易になった。請求書を大量に作成する作業には、それなりのコストがかかる。NTTドコモは、この作業を自ら請け負った。そのおかげでコンテンツプロバイダーは、自分たちの得意な仕事（コンテンツ提供）に専念できたばかりか、収益を上げられるようになった[12]。この見返りとして、NTTドコモはコンテンツプロバイダーから収益の九％を受け取っている。

また、iモードサービスのあらゆる側面を支配することで、iモードに関する事業を掌握している。携帯電話向けのデータ通信技術には、iモードの他に、WAP（ワイヤレス・アプリケーション・プロトコル）がある。

しかし同社は、WAPを推進するヨーロッパの企業と違って、コンテンツの開発が肝要になることを理解していたため、コンテンツプロバイダーに対して、まったくゼロからのコンテンツ開発を求めた。とくに重視したのは、携帯電話のフォーマットにふさわしいコンテンツだった。NTTドコモの成功は、その技術力だけに頼ったものではなかった。現にiモードの技術自体は、最先端ではなかった。成功に導いたのは、iモードのさまざまな要素をうまく一つにまとめる能力だった。その結果、ターゲット顧客のニーズに見合ったコンテンツを提供できたのである。

結果

NTTドコモがiモードサービスを立ち上げたころ、日本の携帯電話市場は成熟していた。ユーザーは、新しいサービスを求めていた。その先見性と顧客に対する理解が、見事な成果を生んだと言えよう。iモード開始後の一年間で、加入者数は四五〇万人に達し[13]、その後二年間で、一日あ

[12] [04] 参照

[13] *Communications Today*, 2000, 'Wireless industry prospers, except 3G, execs say at Wireless 2000', 29 February.

たり五万人の新規顧客の増加が見込まれた。iモードの加入者数は、二〇〇一年五月までの時点で二二〇〇万人、日本の人口の約二〇%に達した[14]。これによって、NTTドコモの国内顧客基盤は、業界第二位のKDDIの二倍の規模になった。

iモードは、提供開始から四年間、驚くほどの成長を見せた。二〇〇三年、NTTドコモは二つの課題に直面した。iモード市場の一部を切り崩そうとするライバル各社の撃退と、成長の維持である。経営陣は、日本で首位を維持しながら海外へ進出しようと決めた。各国の電気通信業者とのライセンス契約を通じて、iモードサービスを実施したのだ[15]。同社が狙いを定めたのは、ヨーロッパだった。

NTTドコモがiモードの参入を決めた背景には、各国の携帯電話会社の協力があった。当時のヨーロッパでは、多くの会社が3G技術対応インフラへ数十億もの資金を費やしていた。iモードの前途は、さらに明るくなるはずだった。

二〇〇四年半ばまでの時点で、日本でのiモード契約者数は四六〇〇万人に増え、海外でも三〇〇万人に達している。しかし、ヨーロッパでの事業展開は、競争や文化の違いによって国内ほど順調ではない。iモードは、日本市場と同様に、ヨーロッパ市場も手中におさめるのだろうか?

その答えは、時間が経てばわかるだろう。

[14] *ISP Business News*, 2001, 'Japan's NTT turns i-Mode toward American markets', 28 May.

[15] *Japanese News Digest*, 2004, 'Japan NTT DoCoMo I-Mode Service Overseas Subscribers at 3.0 Mln End-June 2004', 12 July.

ビールをあきらめないセグメント――ミラーライト

業界に新風を巻き起こしたい。ほとんどの企業にとって、これは夢でしかない。

ミラービール社は、一九七五年にライトビールの販売を決めたことで、業界に衝撃を与えた。同社は、七五年当時はまったく無名の会社だった。ライトビールも、アメリカのビール消費量の一％を占めていたに過ぎない。ところが、九四年までの間に、アメリカで販売される国内産ビールの三五％を占めるようになり、売上額も、およそ一一六億ドルにまで達したのだ[16]。「ミラーライト」というブランドは、ライトビールというカテゴリーを確立した。その影響で、アメリカのビール市場では、過去に例を見ないほど消費者の購買活動が一変した。では、ミラービール社はどうやって市場を変えたのだろうか？

ミラーは、「セグメント・マーケティング」と「飽和水準に達するほどの宣伝活動」という二つの単純な原則によって、ターゲットの市場に到達したのだ。同社は、消費者調査を通じて、低カロリービールに関心を持つ若年層の存在に気づいた[17]。低カロリービールの売り込みは、七〇年代の健康ブームやフィットネスの流行に端を発していた。第一章で見たように、この種の流行は、需要に大きな影響を及ぼす。ビール市場も例外ではなかった。それまでの想定と違って、ライトビールに対する男性の興味は、女性と変わらなかった。ミラーは、ライトビールに対する新しいターゲット市場をどのように特定し、市場に対してどのようにアピールし、そして、結果はどうなったのか？

[16] Greg Farrell, 1994, 'Lite weight no longer', *Brandweek*, 31 October, p.18.
[17] Fran Brock, 1985, 'Brewers need drinkers for their low-alcohol beer', *AdWeek*, 18 March.

新しいターゲット市場

一九七〇年代半ばには、さまざま流行現象が見られた。アメリカ中に蔓延した健康ブームも、その一つだった。

ベビーブーマーの成長と健康ブームによって、アメリカ人はベーコンエッグの朝食を食べなくなった。昼食のスコッチを控え、夕食にもスパークリングウォーターや鳥の胸肉が並ぶようになっていた。このブームは、多くの人々の生活に影響を及ぼし、さまざまな業界にも影響を与えた。アメリカ人の健康への関心の高まりは、企業にとって、大打撃となるか、輝かしいチャンスとなるかのいずれかである[18]。

また一九七五年には、七六〇〇万人のベビーブーマー世代のうち、およそ二〇〇〇万人が二十代半ばから後半を迎えていた[19]。健康ブームとベビーブーマー世代という二つの要因の影響によって、ビール人口の規模は大きくなった。その主力は、健康への関心を高めている顧客層へと変わり始めた。ビール人口の変化に気づいたミラーは、広範囲にわたり消費者調査を実施した。すると、健康ブームによって、一人当たりのアルコール消費量が減っていたのだ。そこでミラーは、変化を遂げるターゲット市場に的確なアピール方法を見出したのだ。

ビールをよく飲むのは、主に二十代半ばの男性だった。「男性」という点は、従来と同じだ。しかし、「二十代半ば」というセグメントは、従来の主力セグメントとまったく違っていた。ビールメー

[18] Stratford Sherman, 1985, 'America's new abstinence', *Fortune*, 18 March, p.20.

[19] Figures from 'Population and housing characteristics of baby boomers 26 to 44 years old: 1990', http://www.census.gov/

カーが最も力を注いできたのは、十代後半から二十代初めだった。「二十代半ば」というセグメントは、規模の大きさ（七五年時点で約一〇〇〇万人）と高い将来性という点で大変魅力があった。飲酒年齢に達していないベビーブーマーが、まだ二〇〇〇万人も控えていたのである。健康やフィットネスへの関心が一時的な流行現象ではないことは、あらゆる証拠が物語っていた。「二十代半ばの男性」というセグメントでは、年齢層が若干高いうえに、健康への関心も高い。このセグメント向けにビールを製造・販売すれば、勝算があるように見えた。しかし、本当に男性がライトビールなんて飲むのだろうか？

ターゲット市場への到達

ミラーのゴールは、当初から、ライトビールを主流にすることにあった。健康志向であろうとも、ライトビールを若くてたくましい男性に受け入れられるようにすることだった。このセグメントにアピールするために、ライトビールの大半の広告をスポーツに絞った。ミラービールのアラン・イーストンはこう述べている。「そもそも、スポーツファンはビール好きなのだ[20]」

同社の調査ではまた、このグループに別の傾向があることがわかった。彼らは、かつては健康体のアスリートだったのに、大人になってからはスポーツから遠ざかり、もっぱら「観客」としてスポーツを楽しんでいた。かつて割れていたおなかも、ビール腹に変わった。イーストンはこう指摘した。『スポーツ』というグループに入ってしまえば、『ビール好き』というグループにも入ることになる。このグループには、スポーツを見るだけのカウチポテト族から、乗馬、ジョギング、ソフトボール、

[20] Bart Barnes, 1983, 'Survey indicates sports play a major role in our lives', *Washington Post*, 16 March.

ボーリングの選手まで含まれる[21]」

低カロリービールのような上品ぶった飲み物を販売するビール会社が、男性ホルモンに満ちたグループを惹きつけられるだろうか? ミラーの出した答えは、今や伝説となっている。一九七五年にミラーライトを売り出すときに、才覚を働かせた。アメフト選手のババ・スミスのような筋骨たくましい元スポーツ選手をテレビCMに起用し、「本物の男はライトビールなど飲まない」という先入観を覆した[22]。CMに登場した選手たちは、みな最盛期を過ぎていた。その姿は、ターゲット市場の顧客を代表していたのだ。ライトビールのキャンペーンを考案した宣伝担当のボブ・レンツはこう述べている。「コマーシャルには、一緒にビールを飲みたくなるような男性を選ぶようにしている[23]」

ミラーは、このようなアイデアによって、低カロリービールを「男の中の男」に売り込もうとした[24]。「ライトビールはめめしい男の飲み物ではない」というメッセージを、はっきりと伝えたのだ。

低迷していたビール市場での輝かしい成果

一九五〇~六〇年代にかけて、アメリカのビール業界を牛耳っていたのは、アンハイザー・ブッシュ(Anheuser-Busch)とジョセフ・シュリッツ(Joseph Schlitz)という二大メーカーだった。七〇年には、国内のビール生産量の六九%を、大手十社で占め、消費量もまったく変化しなかった。当時、ミラーは業界七位で、四%のシェアを占めていた[25]。しかしその後、状況は変化する。

[21] William Oscar Johnson, 1988, 'Sports and suds: the beer business and the sports world have brewed up a potent partnership', *Sports Illustrated*, 8 August, p.68.

[22] Greg Farrell, 1994, 'Lite weight no longer', Brandweek, 31 October, p.18.

[23] Tony Schwartz, 1981, 'Light beer ad can be heavy work', New York Times, 10 December.

ミラーライトは七七年までに、ライトビール市場に参入し、業界二位まで上昇した。そして、長年の王者アンハイザー・ブッシュを脅かすようになった。八〇年には、アメリカ産ビールの総出荷量の一三%をライトビールが占め、ミラーライトの圧勝だった。翌年には、バドワイザー、ミラーハイライフに次いで、アメリカでの売上第三位を記録した。一億二五〇〇バレルの売上により、ライトビール市場のシェアの過半数を占めるようになった。

そもそもミラーライトは、既存ブランドを拡充するための製品だった。しかし八五年には、親ブランドであるミラーハイライフを追い抜いて、ミラーを代表するブランドになった。

ミラーは、アメリカのビール市場の流行を十年先読みしたおかげで成果を出した。ターゲットとしたのは、健康には気を使うがビールをあきらめたくない消費者だ。ミラーの参入によって、ライトビール市場は想像以上に大きいことが明らかになった。ビール業界の専門誌モダン・ブルワリー・エージ（Modern Brewery Age）の編集者ピーター・リードは、九七年に「アメリカ人の嗜好はライトへと向かっているようだ。ライトビールは、売上トップ10の中に五つ入っている。成長傾向を示しているのも、ライトビールだけだ[26]」と述べている。かつてはニッチ商品だったライトビールは、今やアメリカ国内でのビール消費量の三五%を占めるようになった。

[24] Mike Littwin, 1985, 'They're all-stars at play; the mood is light; the product is lite; results are heavy', *Los Angeles Times*, 4 February.

[25] 'Shakeout in the brewery industry', http://www.beerhistory.com/library/holdings/shakeout.shtml

[26] James E. Causey, 1997, 'Nation's beer drinkers see the light', *Milwaukee Journal Sentinel*, 1 June.

スポーツ市場を疾走する――ナイキ

「世界の主要ブランドを挙げよ」と言われれば、誰もがスポーツ用品で有名なナイキの名を挙げるだろう。二十歳以下の年代であれば、ナイキは「大昔からある大企業」だと思っているかもしれないが、同社の歴史はまだ三十年に過ぎない。

第一章で簡単に見たように、ナイキの物語は、成功例としてかなりの魅力がある。一つのターゲット市場に参入してから、そこでの成功をバネに他のセグメントへ事業を拡大したナイキのルーツは何か？　運動靴の開発能力を頼りに、どのようにして別の市場セグメントへ事業を拡大できたのか？　そして、たった一〇〇〇ドルから出発した企業が、どのようにして世界中で最も有名なブランドの一角を占めるようになったのか？　ここで詳しく見てみよう。

ワッフルの焼き型と二人の起業家から生まれた[27]

一九六四年、スタンフォード大学経営大学院に在籍していたフィル・ナイトは、長距離ランナーの靴を扱う会社の事業計画について考えていた。アメリカでデザインを済ませ、日本で製造した靴を売り出そうとしたのだ。ナイトは、オレゴン大学の学生だったころ、陸上の長距離選手として活躍した。自己最高記録は一マイル四分一〇秒。そのナイトをオレゴン大学で指導していたコーチが、ビル・バウワーマンだった。彼は、当時誰もが履いていたドイツ製の靴を高すぎると思っていた。

[27] ナイキについては、同社のウェブサイトを参照した。http://www.nike.com/nikebiz/

二人にとってもっと重大だったのは、靴のデザインが長距離ランナー特有のニーズに合っていないことだった。

長距離ランナーは、毎日数マイル走る。ナイトのような一流選手であれば週に一〇〇マイル以上走ることも珍しくない。しかも、ほとんどの練習をトラック内でこなす短距離ランナーと違い、凸凹した地面や田舎道を走る。悪路では転がっている石で足首を捻挫してしまうこともあるし、田舎道にしても起伏が激しく、頸骨過労性骨膜炎《シンスプリント》を発症したり、疲労骨折にもなりかねない。

バウワーマンは生涯、何でもこなせる発明家だった。彼はこう考えた。「靴に弾力性があれば何マイルものトレーニングで頻繁に生じる衝撃に耐えられる。横方向の安定性があれば、足首の捻挫を防げる。このような性質を高め、市場に出回っている靴よりしなやかで軽い靴を作れば、長距離ランナーの役に立ちそうだ。ひいては、好タイムを出せるだろう」

ナイトは、スタンフォード大学での研究を通じて、ドイツの大手メーカーに対抗できる靴を安価で作る方法を見出した。アジアの工場で靴を製造するのだ。問題は、靴のデザインによって、長距離ランナーのニーズを満たすことだった。その答えは、バウワーマンの台所で見つかった。彼は、妻が使っていたワッフルの焼き型と接着剤でワッフルソールを作ったのだ。これは、今や伝説となっている。甲の部分に軽いナイロンを用いたこの靴は、やがて運動靴の歴史を変えることになる。

本職が会計士のナイトは、バウワーマンと五〇〇ドルずつ出し合って、日本のオニツカタイガー社で製造した靴を輸入するブルーリボンスポーツという会社を設立した。バウマーマンは、その靴のデザインを手掛けることになっていた。当時は、エンジェルもいなければ、ベンチャー・キャピタルもない。おまけに、行く手には成功の兆しすらなかった。

ブルーリボンスポーツは一九六四年、一三〇〇足ほどの靴の販売によって、八〇〇〇ドルの収入を得た。創業から五年の間、カリフォルニアや北米各地の陸上競技会では、ナイトの古びたステーションワゴンが見られた。ナイトは、靴を売り歩きながら、その靴が市場で徐々に受け入れられているのを感じていた。オニツカタイガーの靴を履いたランナーが競技会で勝てば、その分だけ評判も広がった。ブルーリボンスポーツは六九年までに事業を拡大し、二十名の社員と数軒の店舗を持てるほどになったのだ。そこでナイトは、本業を辞め、この事業に全力を傾けはじめた。

ブランドの創造

ブルーリボンスポーツが初めてナイキブランドを発表したのは、一九七二年の全米陸上選手権だった。同年に行われたミュンヘン・オリンピックのマラソンでは、七人の上位完走者のうち、四人がナイキの靴を履いていた。ワッフルソールのナイキの靴は、七四年にはアメリカで最も売れる運動靴になった。ブルーリボンスポーツの創業から十年目にして、ついに世に知られるようになったのだ。そして、七八年に社名を「ナイキ」と改めた。

あるセグメントから別のセグメントへ

ナイキは一九七〇年代半ばまでに、自社の発展につながりそうな戦略をいくつか打ち立てた。さらに、安いコストで外注生産を実現した。デザイナーが原型を作り、アジアの工場で画期的な靴を製造するようになったのである。デザイナーは、優秀な選手と良好な関係を築いてから、その選手のニーズに合ったデザインの靴を作る。その結果、タイムを短縮するだけではなく、選手をケガから守ることが可能になった。ナイトと彼のチームは、この戦略を運動靴市場の別のセグメントでも活かせば、種目ごとのニーズを満たす、性能の高い靴を開発できると考えたのだ。

七八年、テニス界のスター、ジョン・マッケンローがナイキと契約を結び、テニスがナイキの次の成長の舞台になった。また、ボストン・セルティックスとロサンゼルス・レイカーズの選手たちが、ナイキの新しいバスケットシューズを履きはじめた。さらに、八三年までの間に、アパレル分野にも進出している。

八五年には、運動靴用に独自で開発したエアクッション技術を基に、新しいバスケットシューズを作った。そして、このシューズを売り込むために、バスケットボールの新人選手と契約を結んだ。前途を嘱望されたその選手の名は、マイケル・ジョーダン。「エア・ジョーダン（Air Jordan）」と名付けられたこの靴は、彼がバスケットボール界で成功を重ねるにつれて、ティーンエージャーの憧れの的になった。

目覚しい成果

ナイトとバウワーマンの小さな会社は、創業から二十年を経た一九八五年、莫大な売上を誇る世界規模の大企業になり、運動靴業界でも、「技術の旗振り役」として認められるようになった。しかし、八〇年代後半には、一時業績が低迷した。当時の消費者が、機能優先で不格好なデザインのナイキ製品よりも、スマートでおしゃれなリーボックのエアロビックシューズを好んだからだ。それでもナイキは自社ブランドが顧客に心理、機能の両面でもたらすメリットに再度焦点を当て、再び息を吹き返した[28]。そして、その成長は今も続いている。

一九九〇年、ナイトはこう言った。「我々のゴールは単純だ。運動靴、アパレル、アクセサリー市場で最高の市場シェアを獲得すること。そして、ライバル三十九社の中で、最も収益性の高いブランドになること[29]」

全世界でのナイキの総収益は二〇〇〇年までに一〇〇億円に達し、一二〇カ国で二万二〇〇〇人を雇用している。そして、世界の運動靴市場で三分の一以上のシェアを占めている。ナイキは、フォーブス誌の年間ランキングで、世界最高の一般消費財・サービス企業にも選ばれた[30]。

運動靴とアパレルの市場では、二十一世紀に入っても、ナイキの優勢が続いている。同社は新たに、ゴルフとサッカーの市場へ参入した。サッカーは、世界で最も盛んなスポーツであるにもかかわらず、ナイキの参入は遅れていた。ナイキは、女性のセグメントにも挑戦した。このセグメントにとって、ナイキ製品の多くは魅力に乏しい。たしかに女性は、スポーツ用のアパレル製品に興味を持っている。二〇〇一年には、女性のアパレル市場での売上が一五〇億円を超えた。これは、男性の市場よりも三十億円多い。しかし、ナイキの名前は、女性の買い物リストの下位に並んでいた[31]。

ナイキの調査で、多くの活発な女性は特定のスポーツにのめり込むより、健康維持を重視していたことが明らかになった。スポーツウェアも、厳しいトレーニングに耐えられるほど丈夫であるとともに、街中をそのまま歩けるほどおしゃれでなくてはならない。

[28] Geraldine E. Willigan, 1992, 'High-performance marketing: an interview with Nike's Phil Knight', *Harvard Business Review*, July-August.

[29] 'Nike, Inc. entering the new millennium', Harvard Business School Case 9-299-084, 16 March 2001, p.1.

こうした見解から生まれた新製品は、ナイキのウェアの特徴である機能性を保ちながら、ファッション性も兼ね備えている。二〇〇五年、ナイキの女性向けビジネスは、新製品の成功によって約二〇％拡大した。これは、ナイキ全体の成長率をしのいでいる。また、運動靴と同じく、アパレル市場でもすべての地域で成功をおさめている[32]。

大失敗に終わったマーケティング戦略——アワー・ビギニング

本章では、iモード、ミラーライト、ナイキの成功例を見てきた。どの企業も、ミクロレベルで市場を的確にとらえたことによって、成功をおさめている。次に、失敗した企業の例として、アワー・ビギニング・コム社（OurBeginning.com）を見てみよう。

この例で挙げるのは、市場セグメントをはっきりと絞り込みながら、そのセグメントに焦点を当てる努力を怠った事例である。同社は、スーパーボウルのテレビ中継の合間にコマーシャルを流した。スーパーボウルと言えば、アメリカで毎年最高の視聴率を記録するスポーツ中継だ。ここではまず、アワー・ビギニングが提供するサービスについて考え、ターゲット市場を明確にしていながら、スーパーボウルでの宣伝活動を決めたことについて検討しよう。

[30] *Forbes*, 2000, 'The A-list', 5 January.
[31] Fara Warner, 2002, 'Nike's Women's Movement', *Fast Company*, August, Issue 61.
[32] 2005, Nike Analyst Meeting — Final, Fair Disclosure Wire, 28 June.

アワー・ビギニングが提供するサービス

マイケル・ブドウスキとスーザン・ブドウスキは、一九九九年の初めにアワー・ビギニング・コムを設立した。最初の注文を受けたのは、同年三月である。スーザンの本職は、ウェディング・プランナーだった。マイケルは、自分でいくつかの事業を立ち上げては、成功させていた。同社が結婚式に関するサイトを設けた本来の目的は、スーザンのプランニング経験を基に、結婚式の招待状に対するカップルのニーズを満たすことにあった。「我々は、結婚式専門のサイトとして、アワー・ビギニングを立ち上げた。インターネットの招待状注文サイトで最大の品揃えを誇るとともに、便利なオーダーメイド・サービスを目指していた」

デザインや紙の種類、文章の内容を顧客が決めると、印刷業者に発注し、刷り上がった招待状をアワー・ビギニング・コムの名前で顧客に送付する。同社の売り文句は、小売店で注文するより一〇～三〇％安く招待状を作れることだった。初期のプレスリリースによれば、「オンラインで高品質の招待状を購入できる初めてのサイト[33]」だったのだ。アワー・ビギニングは、他にも招待状の内容に対するアドバイスや、友人や家族による発注前の招待状の閲覧など、数多くのサービスを提供していた。

ターゲット市場

同社は、結婚式に焦点を絞ることで、ターゲット市場をかなり限定していた。アメリカでは、花嫁とその母親が結婚式のさまざまな計画（招待状選びなど）を立てる習慣がある。アワー・ビギニン

[33] *Business Wire*, 1999, 'OurBeginning.com revolutionizes wedding invitation industry with launch of first complete online sales and services site', 12 April.

グのサイトを顧客が使うには、インターネットにアクセスしなければならなかった。したがって、同社のターゲット市場は、「結婚式を計画中で、インターネットに接続できる女性」に特化せざるを得なかった。

一九九九年、アメリカでの結婚式の件数は、およそ二四〇万件、人口一〇〇〇人当たりでは八・三件である。また、アメリカの適齢期人口のおよそ五五%が、インターネットにアクセスしていた[34]。つまり、九九年のアワー・ビギニングのターゲット市場は、約一三〇万人の女性だった。

マーケティング計画

アワー・ビギニングでは、ブランド認知度の向上と売上増加に向けて、マーケティング戦略を展開した。そこで重要だったのは、二〇〇〇年一月三〇日のスーパーボウル中継の合間に四回コマーシャルを流すことだった。そのCMは、試合前に三回、ハーフタイムに一回放送された。この戦略に費やしたコストの総額は五〇〇万ドル。CM作成と、大量のアクセスを見越してのサイト強化に、それぞれ一〇〇万ドルを投じた。マイケル・ブドウスキの考えでは、CMが起爆剤となり、およそ五〇〇万人分の顧客データベースを作れるはずだった。彼はこう言っていた。「スーパーボウルは、一年で最も多くの視聴者を集められるチャンスだ[35]」

もちろん、その言葉は事実だった。二〇〇〇年に、第三十四回スーパーボウルの中継にチャンネルを合わせた視聴者はおよそ一億一三〇〇万人。しかし、その中で結婚式の招待状に興味を持っていた人は、どれくらいいただろうか？　一億一三〇〇万人の視聴者のうち、女性は四五〇〇万人[36]。

[34] Kathleen Kelleher, 2001, 'Birds and bees; so there are more single people, but it's still a couple's world', *Los Angeles Times*, 12 February.

[35] Nancy Pfisrer, 1999, 'Marketing the frou-frou to growlin' football fans', *Industry Wrapups*, 3 December.

このうち、結婚式を計画中だった人の割合は何％だろうか？　成人一〇〇〇人当たりの平均結婚式件数が八・三件とすれば、一億一三〇〇万人の視聴者のうち、結婚を準備中だった人は一〇〇万人ということになる。視聴者の全員が大人であると仮定した、かなり甘く見積もった数字だ。同社はマーケティング戦略として、この一〇〇万人に対して五〇〇万ドルを投じた。この戦略には、どれほどの効果があったのだろうか？

悲しい結末

同社は二〇〇〇年一月に、サイトへのユニークビジター数を二十八万四四一九人（一日平均約一万人）と発表した。スーパーボウルのCMは、どのような反応を生み出したのだろうか？

放送翌日の月曜日には、サイトのアクセス数が、前日から八二％増加した[37]。CM放送後の二月、サイトへのユニークビジター数が五十一万七三〇人になった。たしかにこの数は、一月に比べると五〇％以上増えていた。それでも、ブドウスキが目論んだ五〇〇万人分の顧客リストを満たすには至らなかった。そして三月には、ビジター数が九万二二九二人まで減少した[38]。インターネットマーケティングリサーチ会社グリーンフィールド・オンラインの研究によれば、ビジター数の急激な減少には、それなりの理由があるという。ドットコム企業の場合には、広告支出とブランド認知度の継続性との間に一貫した関係がないためだった[39]。

サイトへのアクセス増加で、同社にどれほどの利益をもたらしたのか？　このサイトを訪れた人が二〇〇〇年の第一・四半期に同社へ支払った金額は、総額で五十一万ドルだった。この

[36] Ellen Zavian, 2000, 'Women score first down as Super Bowl ads debut', *Brandmarketing*, February.

[37] *Business Wire*, 2000, 'OurBeginning.com reports record quarter following Super Bowl XXXIV debut', 25 May.

[38] Traffic figures in this paragraph are from Neilsen/NetRatings survey, as reported in Greg Farrell, 'Bailing Out from the Super Bowl ad binge', 2000, *USA Today*, 7 June.

金額は、前期に比べて三五〇％増えていた。しかし、増収を目論み投じた五〇〇万ドルと比べると、この数字は色褪せる。アメリカで結婚式の招待状に使われる金額は、一人平均で三五〇ドル。アワー・ビギニングの顧客がこの金額より二〇％少ない二八〇ドルを支払っているとすれば、二〇〇〇年の第一・四半期の顧客数は一八〇〇人だったことになる。言い換えれば、顧客を一人獲得するために、およそ二八〇〇ドルを使ったのだ。この額は、顧客が支払った金額の十倍に当たる。契約ごとに達成された売上総利益に比べれば、おそらく二十倍になるだろう。そう考えれば、この成果もそれほどのものではない。アワー・ビギニングにとって、スーパーボウルはターゲット市場に最も効率よく到達する方法ではなかったのだろう。

公平に言えば、スーパーボウルの宣伝は無駄ではなかった。四五〇のメディアや一〇〇以上のテレビ番組など、多くのメディアに取り上げられた。同社や関連会社は、このような宣伝効果のおかげで、予想外の結果に対しても居直っていられた。しかし、認知度とビジネスの成果は別物だ。

アワー・ビギニングは、二〇〇〇年六月までの間に、向こう半年分の準備金を慎重に減らし、マーケティングへの支出を削減した[40]。二〇〇一年初めになっても採算が取れなかったため、同社のマーケティング戦略を大幅に修正した。二〇〇一年のマーケティング予算は、前年よりも少ない一〇〇万ドルである。二〇〇一年のスーパーボウルでの宣伝活動についてブドウスキにたずねると、「自分は観衆のひとりに過ぎないだろう」との答えが返ってきた[41]。しかし二〇〇二年までには、スーパーボウルだけではなく、結婚式の招待状ビジネスそのものの観衆

[39] Barnet D. Wolf, 2000, 'Money can't buy name recognition on the internet', *Columbus Dispatch*, 11 June, p.1H.

[40] Kim Girard, 2002, 'Crash and learn', *Business 2.0*, June.

[41] Jeffrey D. Zbar, 2001, 'Marketing agencies have learned how to handle Dot-Com phenomenon', *Sun-Sentinel*, 19 January.

にならざるを得なくなった。同社のサイトが、老舗の招待状印刷会社にひっそりと買収されたからだ。取引の詳細は明らかにされていない。

アワー・ビギニングはなぜ失敗したのか？

ブドウスキの考えたビジネスモデルは、効果的ではなかった。失敗の原因はいくつかあるだろう。これについては、第五章で論じる。しかし、致命的な欠陥は二つありそうだ。本当のターゲット市場を理解しなかったことと、対象をあいまいにしたままマーケティング活動を展開したことだ。

投資家の知りたいこと

起業家の誰もが、事業を始めるために投資家の力を必要としているわけではない。本章の最初に見たように、ナイキのフィル・ナイトとビル・バウワーマンは、五〇〇ドルずつ資金を出し合って事業を立ち上げた。そして、この事業を数年がかりで育て上げ、持続可能な地位を得られるようにした。しかし、多くの起業家にとって、資金集めは重要である。家族や友人からであっても、銀行、エンジェル投資家、ベンチャー・キャピタルといった既存の資金源からであっても、その必要性は変わらない。起業家がこれらの資金源から資金を得るには、何らかのビジネスプランを準備しなくてはならない。そうすれば、投資を考えている人は、少なくとも自ら投じた資金を回収する可能性を確かめられる。うまくいけば、投資に対して魅力的な見返りを得る可能性もわかるだろう。ビジネスプランの準備にあたっては、本章の教訓を踏まえなくてはならない。

投資家がビジネスプランの最も重要な読者であることは、ほぼ間違いない。彼らは、ミクロレベルの市場に関して、何を知りたがっているのだろうか？

●投資家は、あなたのアイデアや製品について知りたがっているわけではない。彼らが知りたいのは、あなたの提供する製品が、いかに顧客の悩みを解決できるかということだ。あなたが顧客の悩みを明確に特定できれば、投資家も興味を示すだろう。

●投資家は、悩みを抱えているターゲット顧客が誰だかを知りたがっている。また、あなたの提供するサービスを、その値段で購入するという証拠をほしがっている。

J・T（ロンドン）「あなたの会社の最初の十人の顧客の名前と住所を教えてください。五年以内に最大の顧客になるのは誰ですか？」

I・C（ロンドン）「我々が目にするビジネスプランの中で最も劣るのは、市場調査をまったくしていないものだ。需要を夢見るだけでは、何の意味もない。我々の資金を引き出せるのは、たしかな証拠だけだ」

以上の質問に答えられなければ、今日の厳しいベンチャー・キャピタル市場では資金を集められないだろう。かつては、起業家が手紙にドットコム・ビジネスの事業計画を殴り書きしただけで、熱狂的な投資家から何百万ドルもの資金を集められた。そのような時代は、とっくに過ぎ去った。

投資家が求めている証拠は、どのようなものだろうか？　証拠として有効なのは、マーケティングリサーチだ。妄信は当てにならない。むしろ、実際の売上高データか、何らかのリサーチに基づいた顧客のコメントであったほうがいい。プロトタイプの活用でも、イーベイ（eBay）での実験でも構わない。小さな市場でリサーチをすれば、投資家ばかりか、あなた自身も徐々に自信を持てるようになる。

ここで起業家の教訓になるのは、ターゲット市場について詳しく理解しなくてはならないということだ。また、あなたの製品を買う意思がその市場の顧客にあることを、具体的に証明しなくてはならない。顧客があなたの製品を買うのはなぜだろうか？　他の製品よりも速い、優れている、安いといったメリットを得るためだ。何のメリットもなく、少しも悩みが解決されないような製品には、顧客がついて来ないだろう。顧客がいなければ、事業も成り立たないはずだ。

本章からの教訓

成功をおさめた起業家は、たとえ世界を制覇することを究極の目標に掲げていても、最初はターゲットを絞り込んだ市場や本当に小さなニッチ市場から事業を始めている。一体このような市場をどう定めればいいのか？　簡単に言えば、その方法は三つある。ポイント2・2で紹介しよう。

多くのベンチャー企業は、顧客の行動様式を見て既存の市場を新しいセグメントに分けて、特定の顧客層に狙いを定めるからこそ成功する場合が多い。その結果、ベンチャー企業は、既存のプレイヤーが提供できていない新たな「価値」を、狙いを定めたセグメントに対して提供できる。

あなたの商品に市場があるということを知るだけでは不十分だ。ミクロレベルで市場を理解するには、ターゲット・セグメントや、あなたの商品を買う可能性が高そうな複数のセグメントのニーズを熟知することも必要だ。究極的には顧客の購入意図を示すような証拠がほしいわけだ。もっといいのは、まだ開発中の商品に対する注文や、そのような商品を購買する意図を示す手紙だ。以上の証拠は、あなたがビジネスプランをまとめる前に必要になるだろう。「顧客が購入しそうだ」という証拠もない商品のためにビジネスプランをまとめるのは、時間の無駄だからだ。

ポイント 2.2 ◆ 市場セグメントを特定する 3 つの方法

1. 顧客は誰なのか？　その顧客の属性（年齢、性別、学歴、収入など）は、どのようなものか？　企業間取引（B２B）のビジネスの場合、顧客企業の属する業界、企業の規模、他の企業の特徴などを参考にする。
2. 地理的に特定すると、顧客はどこにいるのか？
3. 行動やライフスタイルで言えば、顧客はどのように行動するのか？
企業間取引（B２B）の場合には、製品の使われ方によって、行動の違いを特定する。

市場セグメントが違えば、ニーズも違い、別の解決策が必要になる。起業家は、既存の市場を新たな方法で切り分け、自らがターゲットとしたセグメント市場に対して、新しい解決策を新しい方法で提供する。その結果、起業家は、圧勝できるセグメントを、自ら新たに生み出すのだ。

結局のところ、「〝なぜ〟顧客が商品を購入するか」を知ることは、顧客へメリットをもたらすことにつながる。顧客がお金を払って購入するのは、商品の特徴ではなくメリットであるからだ。この区別を理解していない起業家は多い。

「メリット」とは何か？　メリットは、商品自体の物理的な属性ではない。その商品を使うことで得られる最終結果なのだ。しかも、たいていのメリットでは、その結果を測定できる。バウワーマンの初期の運動靴に例を取れば、ワッフルソールとナイロンは、特徴、すなわち、目に見える商品の属性であり、選手たちが靴を買う理由ではなかった。選手たちがその靴を買ったのは、トレーニング中にケガから足を守ってくれ、他の靴より速く走れるからだった。

iモードの教訓

iモードの事例が示すように、NTTドコモの新しいサービスはあっという間に普及した。サービスの立案者が、市場をセグメントごとで熟知していたからだ。ターゲット市場をはっきりと特定することで、膨大な数の顧客にインターネットアクセス機能付き携帯電話を提供できた。行動形態によって市場をセグメントに分けたうえで、セグメントの関心（株式市場、マンガ、キャラクターなど）に応じて異なる情報をダウンロードできるようなサービスを開発したのだ。

「顧客のニーズが先か、アイデアや最新技術が先か？」という質問をよく聞かれる。その答えは、iモードの事例にある。この事例では、インターネットやコミュニケーション技術の発達によって、顧客がいつどこにいても情報を伝達できるようになった。ターゲットに定めたニーズを満たすために最新技術を適用したのは、そのあとのことである。ニーズに対する認知が先か、新しいことを可能にするテクノロジーが先か。いずれも、たいした問題ではない。どちらの道を通っても、成功は可能だ。しかし、ここで重要なことが二つある。一つは、ターゲット市場と顧客ニーズの存在を、認識すること。もう一つは、そのビジネスチャンスで他の企業に勝るようなメリット（特徴ではなく、品質、価格、スピード）を提供することによって、ターゲット市場のニーズを満たすということだ。

ミラーライトの教訓

ミラーライトの事例が示すように、起業はゼロからの出発だけではない。すでに安定している企業内でも可能である。ミラービールは、市場が停滞しているのに競争の激しい業界において、成長への道を見つけなくてはならなかった。まだ満たされていない、あるいは不十分にしか満たされていないニーズがあるのか？　あるとすれば、どこにあるのか？　同社は、それらの疑問を明らかにするために、消費者調査を実施した。その結果、低カロリービールに興味を持つベビーブーマーの男性セグメント（一〇〇〇万人）を特定した。二十代に当たるこのセグメントは、非常に大きいうえに、規模を拡大しつつあった。

こうしてミラーは、ライトビールを売り出す前に、大規模なターゲット市場があることを知った。当時、他のビールメーカーは、この市場で有効なサービスを提供していなかった。iモードの場合には、顧客の行動によって、ターゲット市場を複数のセグメントに分けた。しかしミラーは、人口統計によって市場セグメントを特定したのだ。その後、「顧客によるスポーツへの関与」という行動要因を使って、ターゲットをさらに絞った。人口動態から見れば、このセグメントはさらに大きく成長する可能性を秘めていた。このセグメントの背後に、強力な集団が控えていたからだ。まだ飲酒年齢に達していない二〇〇〇万人の男性ベビーブーマーである。人口動態をはじめ、マクロレベルでの傾向をたどれば、市場セグメントを新たに生み出すことが可能だ。このセグメントには、他社が見逃しているか、まだサービスを提供していないか、十分に提供されていないようなニーズがある。そして、起業家の顧客を見抜く力によって、このようなニーズが白日の下にさらされるのを待っているのだ。これらについては、次章で詳しく論じる。

ミラーライトの事例からわかることが、もう一つある。ニッチ市場によっては、起業家が最初に想定していたよりもはるかに大きい場合があることだ。そもそも同社では、一〇〇〇万人の男性を、「ターゲット市場の顧客」として想定していた。しかし二十年後、ライトビールのセグメントは一六〇〇万ドルの市場になった。つまり、アメリカのビール消費量の三分の一を占めるまでになったのだ。起業家にとって、ニッチ市場をスタート地点に選ぶことは悪くない。事業に使える資源がミラーより限られていれば、なおさらである。

ナイキの教訓

ナイキの事例では、一つのセグメントにうまく参入できれば、次のセグメントでの成功につながることを学んだ。このような横展開での成功は起業家にとって事業面のみならず、自分たちを支援する投資家に対しても大変意義がある。起業家はビジネスプランをまとめる前に、こうした選択肢を理解し、投資家に対して、このビジネスチャンスのポテンシャルをうまく伝えるべきだ。

ミラーライトの事例では、既存の企業が起業家のように行動したことがきっかけになった。また i モードでは、技術が先にあったからこそ、アイデアを実現できた。しかし、いずれの事例もナイキには当てはまらない。同社を始めたのは、走ることに情熱を燃やした二人のランナーだった。また、事業を後押ししたのは i モードと違って、顧客のニーズだった。ナイトとバウワーマンは、ランナーとしてそのニーズを十分に理解していた。

昔も今もニッチ市場である「世界クラスの長距離ランナー」というセグメント。ナイキは、この市場でのビジネスを通じてその後の事業を進めるうえでの圧倒的な競争優位性を築いた。ナイキは、他のセグメントに参入した際にも、これらの能力を活用した。そして、ほぼすべてのセグメントで、他社との競争に打ち勝った。ナイキによるセグメント単位での成功は、起業家にいくつかの質問を投げかけている。いずれも、起業家が自問しなければならないような質問ばかりだ。

- 最初に狙った市場セグメントからの教訓で、他のセグメントを攻める際に活かせるものは何か？
- 関連した商品・サービスを提供することで、メリットを得られそうなセグメントが他にも存在するのか？　存在するのであれば、どのようなセグメントなのか？
- 別のターゲットセグメントに移行する際にいかに「成功の仕組み」をも移行するか？

これらの質問に答えることによって、起業家は今手にしているチャンスの中に隠れている「価値」を見つけることができる。この価値は、最初のターゲット市場を乗り越えたところにある。ナイキの事例が示すように、このような価値には、世界をも変えるほどの影響力があるかもしれない！

アワー・ビギニングの教訓

ターゲット市場を特定することと、そのセグメントに対して有効なマーケティングを実施することとは別である。アワー・ビギニングは、ターゲット市場の特定には長けていたかもしれない。しかし、その市場へ到達するために選んだ方法を見れば、同社がターゲットマーケティングについて理解していなかったことがわかる。初期の注文のうち、男性からの注文は三五％だった。この数字の意味を慎重に考えなければならなかった（男性が結婚式の招待状を準備するだろうか？[42]）。同社のマーケティング活動は、本当のターゲット市場に到達していたのか？　オンラインコラム「月曜朝のクォーターバック」では、この疑問について、次のように記していた。「あなたの会社は、文房具の会社として、エチケットや顧客サービスを専門に扱っている。スーパーボウルの視聴者の市場を相手にしているのではない」と[43]。

このように、ターゲット市場を理解すれば、好調なスタートを切れる。しかしそのためには、第七章で詳しく論じるように、効果的な実行力が必要だ。ターゲット市場を特定しないままマーケティングを実施しても、狙いは外れるだろう。起業家にとって、ビジネスプランの準備とは、最も急を要する問題だ。それだけに、次に挙げる二つの条件がビジネスプランに備わっていなければ、誰も

[42] [35] 参照
[43] Sandeep Junnarker, 2000, '"Dot Coms" look to score from Super Bowl ads', CNET News.com, 21 January.

投資してくれないだろう。まず挙げられる条件は、ターゲット市場を明確に特定すること。もう一つの条件は、説得力のある証拠を出しながら、顧客が製品を購入する（魚がエサに食いつく）理由を示すことだ。

ロードテストの第１段階――ミクロレベルでの市場テスト

・あなたの商品やサービスは、顧客のどの悩みを解決するのか？　あなたに代価を支払ってまで買いたい強いインセンティブを、顧客に与えているか？　魚は、その値段でエサに食いつくか？

・悩みを抱えている顧客は、厳密に言えば誰で、どこに住んでいて、どのような仕事についているのか？　これらを示すような最新の情報をつかんでいるか？

・あなたの提供する商品やサービスは、他社が提供しない、どのようなメリットをもたらすのか？

・顧客は、あなたが計画中の商品やサービスを買うのだろうか？　その証拠は何か？

・ターゲット市場は、今後成長しそうか？　その証拠は何か？

・関連した商品・サービスを提供することで、メリットを得られそうなセグメントが他にも存在するのか？　存在するのであれば、どのようなセグメントなのか？

・別のターゲットセグメントに移行する際に、いかに「成功の仕組み」をも移行するか？

第3章　市場の評価

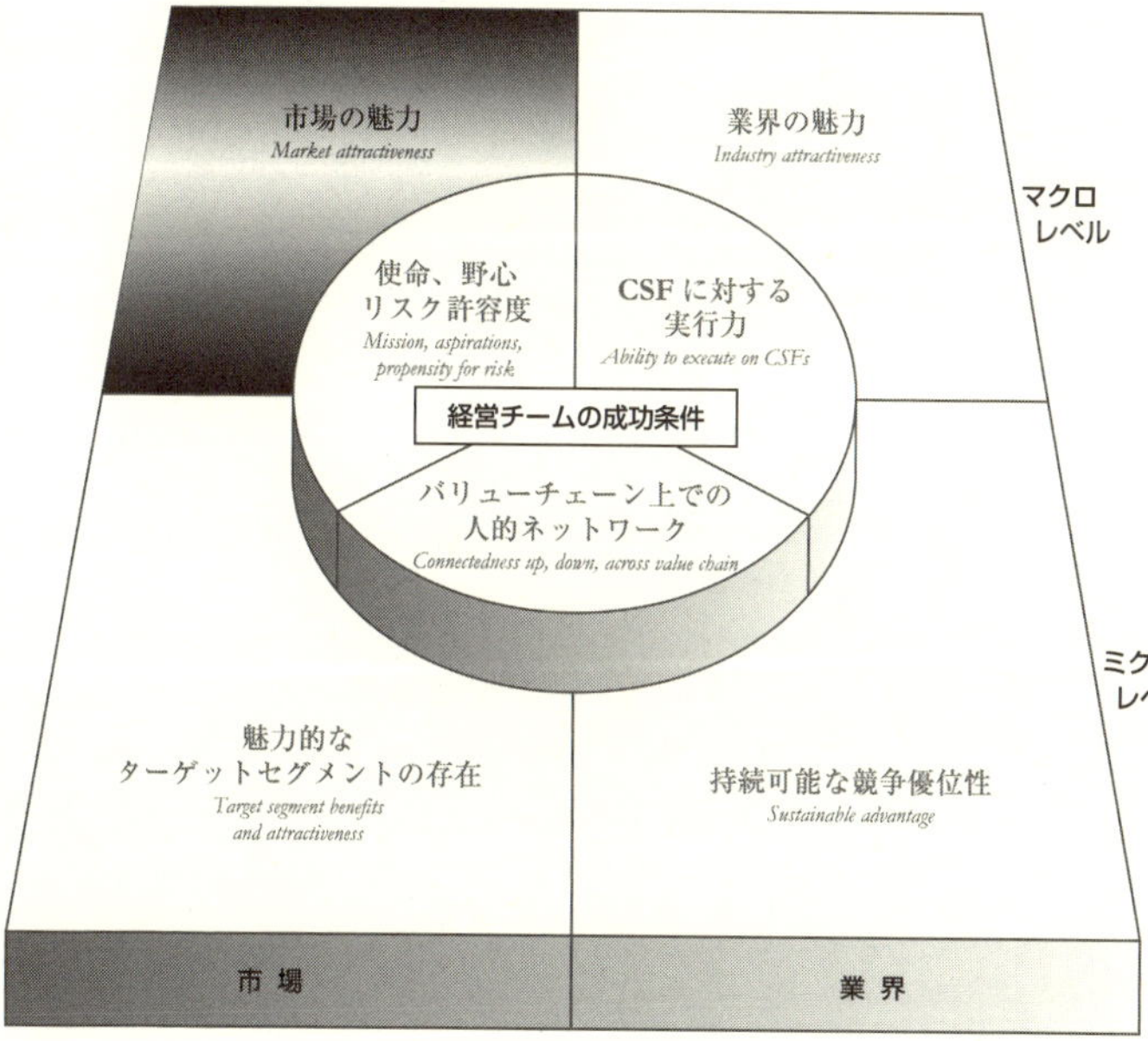

市場の魅力
Market attractiveness
業界の魅力
Industry attractiveness
マクロ
レベル
使命、野心
リスク許容度
Mission, aspirations, propensity for risk
CSFに対する
実行力
Ability to execute on CSFs
経営チームの成功条件
バリューチェーン上での
人的ネットワーク
Connectedness up, down, across value chain
ミクロ
レベル
魅力的な
ターゲットセグメントの存在
Target segment benefits and attractiveness
持続可能な競争優位性
Sustainable advantage
市場
業界

一九五〇年代のオースティン・ヒーリーは、あなたにとって「理想の車」だった。あるとき偶然、新車のような一九五六年型100シリーズのBN2が見つかった。真っ赤な外装、レザーシート、計器盤。あなたは、貯金を手に、ラスベガス行きの飛行機に飛び乗る。砂漠の太陽の下で車を買えるだけの大金をものにするのだ。

カジノに入ると、騒がしい雰囲気に包まれる。あなたは、ギャンブルの前に気を引き締めようと、バーに座ってウォッカと新鮮なオレンジジュースを注文する。カウンターには、まだ数字の入っていない「キーノ」が置かれていた。あなたは、七ドルという少額のお金を払って、七つの数字を選べばいい。抽選で決まる二十個の数字の中に、選んだ数字がすべて入っていれば、配当金は七万七七七七ドルになる。他のギャンブルの配当はキーノより低い。「ブラックジャックで同じ額を儲けようとしたら、何回勝てばいいのだろうか?」

あなたは、バーに座って勝ち数を計算する。どんなにうまくいっても、一日では無理だ。ラスベガスでゲームを選ぶのは、市場を選ぶようなものだ。正しいゲーム、いや、正しい市場を選べば、莫大な金を手に入れられる。ただし、賞金の額だけを考えてはいけない。

ブラックジャックの勝率は二分の一。これに対して、キーノで選んだ七つの数字を全部当てる確率は、およそ四万一〇〇〇分の一なのだ。以上の確率を知っていたら、あなたはどちらを選ぶのだろうか?

人の行いにはすべて、潮というものがある。流れに乗ればうまくいく。
……この好機をとらえなければならない。
さもないと、われらの大事業もむなしく終わるだろう[01]。

——ウィリアム・シェークスピア

市場は重要か？

新しい事業を始めるとき、ほとんどの起業家はリスクとリターンについて考える。起業家として大成功をおさめるのは、ラスベガスで勝つのと同じくらい難しい。少しでも勝率を高めるための一つの方法は、第二章で論じたように集めた証拠を基に、顧客がほぼ確実に製品やサービスを買うような市場を特定することだ。起業家にとっては、このようなセグメントにこそ魅力がある。しかし、ここでもう少し別の問いをしてみよう。

[01] シェークスピア「ジュリアス・シーザー」4幕3場

●あなたは、NTTドコモがiモード戦略で実行したように、ターゲット市場を慎重に絞り込んでいるか？　また、その市場に対して、明確で魅力的なメリットを提供しているか？
●ミラーライトは、若者の中から、ダイエット志向の一〇〇〇万人のビール愛好家を特定した。あなたには、新製品を買う意思のある顧客が十分にいるだろうか？
●ナイキの長距離ランナーのセグメントのように、今狙っているターゲットは他のターゲットを狙う足がかりとなるか？

この問いに答えられれば、ビジネスプランをまとめてもいいのだろうか？　とんでもない。まだまだ先だ。第一章で見たように、起業の成功率を上げる最良の方法の一つは、全体に魅力のある市場でビジネスを行うことだ。第二章で見たように、ミクロレベルやターゲットセグメントレベルで評価をするためには、より詳細にターゲット市場を調べ、明確に定義された顧客に明確なメリットを提供しているかを検証しなければならない。そして本章では、マクロレベルで市場を評価する。

あなたが探しているものは、空の上からでも十分目につくほど大きい。それを理解するには、ある程度、距離を置く必要があるだろう。つまり、マクロの視点が欠かせないのだ。あなたは、現在と未来の市場規模や成長度について、根拠を見つけたい。ポイント3・1には、そのために必要な三つの重要な問いを挙げている。

本書の後半では、これらの質問をより詳細に掘り下げるための「ツール②市場分析のワークシート」を紹介する。問いに答えるために必要な証拠を集め終われば、市場の魅力について、マクロレ

ポイント 3.1 ◆ 市場について重要な 3 つの質問

Q1 今、市場は大きいだろうか？　競合他社が足を引っ張り合わずに、自社のセグメントへサービスを提供できる規模だろうか？

Q2 あなたの市場の短期成長率はどう予想されるか？　逆の予想を示す情報がなければ、市場の最近の成長率から近い将来の状況を予測できるだろう。

Q3 あなたの市場の長期成長率はどう予想されるか？　これは、マクロレベルの動向（経済、人口動態、技術、規制、自然の動向）によって大きく影響を受ける。

ベルで全般的な結論をまとめることが大切だ。

熱意ある起業家としてこれらの問について考える際に、自分が何を求めているかを知っておかなくてはならない。長期にわたり価値を生み出す大規模な事業を望んでいるのであれば、三つすべての問に真剣に取り組む必要がある。もしも事業の売却や別事業への転換により早期のエグジットを考えている、あるいは保護されたニッチ市場で小規模なビジネスを考えているのであればQ２やQ３はさほど重要ではない。

本章では、二つの成功例と一つの失敗例を取り上げる。最後に、本章のまとめとして、投資家の立場から市場の魅力度を検討する。加えて、事例からの教訓を検証し、マクロレベルで市場全体の魅力を判断するための教訓をいかに活かすかについても議論する。

あなたは、潮の流れに逆らって泳いでいるのだろうか？それとも、背中に風を受ける水夫のように、心地よい風の恩恵を得ているのだろうか？

インド、トップ企業への道――ヒーローホンダ

一九八三年、インドのヒーローサイクル(Hero Cycles of India)は、本田技研工業とヒーローホンダを設立する契約を結んだ。世界最大のオートバイメーカーであるホンダは、自転車の部品販売業から出発したヒーローサイクルとの提携によって、インドの自動二輪車市場へ参入できるようになった。その市場には、スズキ、ヤマハ、LML、キネティックなどの外資系メーカーがすでに参入していたが[02]、ホンダの幹部と、ヒーローホンダのブリジモハン・ラル・ムンジャル会長兼CEOは、この市場に大きな可能性を見ていた。

なぜその市場は魅力的だったのか?

インド市場の魅力は、その規模と成長率から明らかだ。人口は一九八三年に七億二五〇〇万人に膨れ上がり、年に二・二%の割合で増加していた。このペースが続けば、八〇年代に一億六三〇〇万人増加し、二〇〇〇年に総人口が一〇億人を超えると予測されていた[03]。インドの人口が莫大だということだけでなく、ムンジャルは二輪車を最も購入すると思われる年齢層(十五歳から六十五歳まで)が、九〇年までに五億人を超え、二〇〇五年に六億九五〇〇人に達する公算が高いこともわかっていた。

では、なぜ人口の三五%が貧困層であるようなインド市場への進出を望んだのだろうか? この

[02] Rohit Saran, 2001, 'Hero Honda: hero no. 1', *India Today*, 10 September.
[03] http://www.wwmr.org/indiademo.html

マイナス要因をカバーしていたのは、購買力の伸びだった。インドの購買力は、八三年からの十年間で、人口一人当たり五・二％増加すると予想されていた。しかも八〇年代初めの時点で、一四〇万キロの高速道路のインフラ整備を支えるだけの経済力があった[04]。「総じて見れば、経済水準が低い状況で巨大な人口を擁することは、安価な自動二輪車にとって理想の環境だ」ムンジャルはそう考えた。

ホンダも、インドに潜在する可能性を高く評価していた。工場や自動車による大気汚染が環境問題の最優先課題になっていた。その結果、廃棄規制が次第に厳しくなり、環境に優しい乗り物が人気を集めるようになった。その意味で、燃費効率が良く、排気量の少ない二輪車は最適だった。アジアでは、インドや中国のように、人口が多い割に経済の発展が遅れている国が少なくない。ホンダもまた、このようなアジア諸国で、二輪車が交通手段として人気が出ることを確信していた[05]。

つまりインドは、二輪車業界にとって巨大な成長市場だということだ。その背景には、マクロレベルでバラ色の未来を予測させるようなプラス要因がいくつか挙げられる。まず、人口動態から、二輪車を最も購入しそうな層が増加しつつあったこと。また、国全体の購買力も高まっていたこと。さらに、規制が市場の成長を後押ししていたことである。

どうやって市場に参入したのか？

ホンダは、単独でインドの二輪車市場に参入するのではなく、既存の自転車メーカーのヒーローサイクルと手を結ぶ道を選んだ。製造、販売、マネジメントに定評のある同社はホンダにとって、

[04] http://in.indiainfoline.lycosasia.com/lyas/econ/andb/infr/infrl3.shtml
[05] John Tagliabue, 1996, *New York Times*, 17 August, p.34.

理想のパートナーだった。ヒーローサイクルは一九四五年、ブリジモハン・ラル・ムンジャルと弟たちによって設立された。そして、およそ四十年にわたりインドで自転車部品や自転車の製造・販売に携わってきた。この期間は、ホンダによる日本国内での自動車製造と重なる[06]。日本におけるホンダの名声と同じくらいインドでは、ヒーローサイクルは高く評価されていた。その評価を支えたのは、強力な流通チャネルと、洗練されたサプライヤーマネジメントである。

ヒーローサイクルは、ホンダにとって素晴らしいパートナーだった。ムンジャル一族が代々経営し、驚くほどの成果を上げていた。社員の離職率は低く、四十年間に一度もストライキをしていなかった[07]。また、ジャストインタイムのサプライチェーンマネジメント、組立ラインへの多能工制度導入、厳格な品質管理プログラムといった現代的な生産システムを採用していた。さらにここで最も重要な点は、同社のマネジメントが、インドの経済、政治、ビジネス風土や国民に精通していたことだった。ホンダは、ヒーローホンダに対して二名の役員を派遣し、その一人だった柳田香積は、こう述べている。「ホンダがヒーローサイクルにアプローチした理由は、その哲学と価値観だった。ヒーローサイクルは、優れたマネジメントと顧客本位の考え方を持っていた」

インドの二輪車市場を動かすマクロな動向

一九八〇年代、ヒーローホンダの二輪車で最も人気があったのは、ギア付4サイクルエンジン搭載のスクーターだった。当時のインドでは、国民の大半が郊外に住む一方で、中流階級が増えつつあった。彼らは、同社のスクーターを「安くて信頼できる交通手段」として使っていた。ヒーロー

[06] Cybersteering, 1999-2002, 'How did the international giants get their names?' http://www.cybersteering.com/trimain/history/names.html

[07] R. Sridharan, 1998, 'The Hero Group: can the Munjals survive?', Business Today, 7 January.

ホンダは、他の自動車メーカーが見逃していた点を認識していた。当時のインドで、二輪車に対する最大の需要を生み出していたのは、村や小さな町から都市へ向かう中流階級の通勤者だった。彼らにとって、4サイクルエンジンの燃費の良さには、2サイクルエンジンのデザインやパワーを上回る魅力があった。ムンジャルは次のように述べている。「振り返ってみると、八〇年代に4サイクルエンジンを選んだことは幸運だった。だが我々は、製品を買ったからといって必ずしもその製品が何年も使い続けられるということはないとわかっていた。だからこそ、我が社のスクーターの燃費を抑えたかった」

4サイクルエンジンのメリットは三つあった。自動車によく使われる2サイクルエンジンに比べて、排気ガスの排出が少ないだけではない。強力な2サイクルエンジンよりも燃費効率が良いため、長距離を走ることができた[08]。燃費と耐久性の良さは、節約に直結した。節約できるということは、インドの中流階級の消費者にとって大きな魅力だった。ヒーローホンダは、最初でかつ長期にわたり唯一の4サイクルエンジン二輪車のメーカーであった。初期の広告のコピーは、「ガソリンを入れれば、あとは安心」である。しかし、この種のスクーターに対する需要は、十年も続かないものである。インドで中流階級が増えたうえに彼らの購買力が高まったことで、二輪車に求める条件があっという間に変わってしまった。

八八年、ヒーローホンダは市場への理解を深める目的で、大規模な顧客調査を実施した。およそ二万五〇〇〇の回答から得られた調査結果に同社は驚いた。インドの消費者はすっかり心変わりしていたのだ。彼らにとって、スクーターはもはや選択に値しない。その一方で、オートバイが

[08] HowStuffWorks, 2002, http://www.howstuffworks.com/two-stroke3.htm

「九〇年代を代表する二輪車」になろうとしていた。マーケティング・販売担当の副社長アトゥール・ソーブティは、こう述べている。「我が社は今では、年間で一〇〇万台以上のオートバイを販売している。これも、あのときの調査の結果だ」

ソーブティの言うとおりだった。ヒーローホンダは、調査結果を見るや、生産能力の増強を決め、ニューデリー南西のグルガオンに、第二工場を建設したのだ。財務担当の副社長ラビ・シュドによれば、「設備を増やすことで、オートバイを求める流れをつかめた」という[09]。一九九六年にインドで二輪車を購入した顧客のうち、オートバイを選んだ顧客は三三%だったが、二〇〇〇年には、五八%にまで増加した。

ヒーローホンダは、市場やその動向を測定・理解しようと努力していたため、「市場を重視する企業」であり、市場の動きを予測し、その動きに応じて行動する会社と評価された。ブリジモハン・ラル・ムンジャルは、次のように語っている。「我が社が素晴らしい業績を達成できたのは、顧客のニーズを細部まで理解し、そのニーズを満足させることに力を注ぎ続けたからだ。我々は、顧客がどこにいようと、最高の技術やサービスを備えた『価格に見合う価値』のある製品をずっと提供してきた。そうすることで、あらゆる株主に対する価値の最大化に努めている」

ヒーローホンダは、顧客のニーズに応える形で、顧客の立場に立ったイノベーションをインドの二輪車市場に導入した。オートバイの保証を六カ月から二年に延ばしたり、事故時の補償、購入、サービスに対するポイント制を含めたパスポートシステムを考案したのである。

[09] Brian Carvalho and Swati Prasad, 2001, 'Bike wars', *Business Today*, 2 September.

[10] Hero Honda, 2004, 'Hero Honda Creates New Performance Records', 12 April

市場を深く理解した成果

市場を重視すれば、実際に利益を増やせる。ヒーローホンダは、一九九六～二〇〇〇年の間に、五〇〇万人の顧客を獲得したことで売上高の年平均伸び率四〇%を達成した。九四年に発売を開始した「スプレンダー」は、二〇〇〇年に発売されたオートバイで、世界最多の売上台数を記録した。インドの二輪車市場では、過去四十三年間、バジャジ・オート（Bajaj Auto Limited）が生産量で首位を占めてきたが、ヒーローホンダは、二〇〇一年の第一・四半期にバジャジ社から首位の座を奪った。この年の最初の四カ月間の販売台数で、バジャジ社を四万台上回ったのだ。その結果、ヒーローホンダは、インドのオートバイ市場のおよそ五〇%を獲得した。そして〇一年末、一〇〇万台のオートバイ販売台数を記録し、世界中のホンダグループの中で、最大の二輪車メーカーになった。

急速に成長するインドのオートバイ市場において、国内の競合他社による圧力や日本、韓国企業による参入にもかかわらず、ヒーローホンダは首位を保ち続けた。二〇〇三～〇四年にかけての販売台数は二〇〇万台で、二〇〇〇～〇一年の二倍に達した[10]。しかし〇四年には、将来にわたる成長が危ういように思われた。ヒーローホンダとホンダの契約から、非競争条項が除外されたのだ[11]。

ヒーローホンダは、ホンダを技術面でのパートナーとして、すでに競争の激しかったオートバイ市場に参入した。そして再び、そもそもの成長の原点になったスクーター市場に戻ることに決めた。業界の専門家によれば、長年低迷していたギアなしスクーターの市場が技術やデザインの改善により前年比二〇%のペースで売上を伸ばしているという[12]。

ヒーローホンダは、スクーター市場の利益によってオートバイ業界で予想される損失を相殺でき

[11] Raghuvir Srinivasan, 2003, 'Hero and Honda — Fill it, shut it, forget it?', *The Hindu Business Line*, 16 March.

[12] Neha Kaushik, 2004, 'The scooter surge', *The Hindu Business Line*, 5 August.

るのか？　パワン・ムンジャルＣＥＯは、こう述べている。「スクーター市場は復活した。我が社のスクーターは、急速な都市化によって生じたニッチ需要を満たすだろう。都市への通勤用にスクーターを購入する女性は、さらに多くなると思う[13]」

インドの二輪車市場がどちらへ進もうとも、ムンジャルが確信していることがある。他社に市場のリーダーの地位を譲らないということだ。

ヒーローホンダの成功をインド市場の規模とその成長だけに求めるのは短絡的であろう。ムンジャルと部下のチームが多くの取り組みを成功させてきたことは、同社の事例からも明らかだ。しかし、最も重要なのは、市場の動向に常に注意を払い続け、変化する顧客のニーズをつかみ、顧客の望む製品を提供してきたことだ。ヒーローホンダは、一九八三年の時点でビジネスチャンスを十分に理解していた。市場の変化に柔軟に対応する能力があったからこそ、自社で考案した新しいチャンスをつかみ続けることができたのだ。

豆腐から歯磨き粉まで――ホールフーズマーケット

一九八〇年のアメリカで小売市場におけるオーガニック製品の売上高は一億七八〇〇ドル。自然食品やオーガニック製品の愛好家は全人口の二%にすぎなかった[14]。当時、ジョン・マッケイ（John Mackey）は、テキサス州オースチンでセイファー・ウェイ（Safer Way）という小さな健康食品店を営

[13] Bhupesh Bhandari and S. Kalyana Ramanathan, 2005, 'A 50% market share is not easy to sustain', *Business Standard*, 3 June.

[14] Barry Janoff, 1999, 'Supermarkets go au naturel', *Progressive Grocer*, vol. 78, issue 3, p.75.

んでおり、「自然食品やオーガニック製品の市場は非常に小さい」と考えていた。

しかしマッケイは、自分の店の様子を見てあることに気づいた。顧客は、以前にもまして自然食品やオーガニック栽培の果物や野菜を求めていたのだ。「この市場は成長する！」と考えたマッケイは、クラークスビル・ナチュラルフード・グローサリーのグレイグ・ウェラーとマーク・サイルズと共同で新しい店を開いた。ホールフーズマーケット（Whole Foods Market）第一号店である。この店では、ターゲット顧客を比較的小さく想定していた。ベジタリアンや健康食品愛好家、その他、ギンコビローバ、エキナセアなど聞いたこともないようなサプリメントを摂取する人々だ。三人は、第一号店の店構えを家族経営のオーガニックショップと変わらないようにした。親しみやすい雰囲気を出しながら、製品の純度に十分な注意を払ったのだ。その結果、価格は非常に高くなった。

三人の経営者にとって幸いだったのは、顧客が予想以上に多かったことだ。三〇〇坪ほどの小さな店は、営業初年度にして自然食品などの販売で四〇〇万ドルを売り上げたのだ。

小さな町の自然食品店から出発したホールフーズマーケットは、やがて四十億ドルの売上を誇るチェーンにまで発展した。これは、ただの夢物語ではない。市場を本当に理解していなければできないことだ。同社の経営陣は、自然食品やオーガニック製品に対する消費者の需要だけではなく、アメリカ人のスーパーマーケットでの購買パターンに影響する要因についても熟知していた。

市場動向に対する理解

アメリカではその後の十年間に健康ブームが幕を開け、イギリスなどでもブームが始まった。栄養に関する著作がある生物学者エレーン・マッキントッシュによれば、この時期には過去に例を見ないほどの頻度で、ニュースの見出しに「栄養」という言葉が登場したという[15]。食品会社は健康ブームの高まりにあおられ、栄養価の高い繊維やビタミン、ミネラルなどを含んだ健康食品を提供する一方、低脂肪、低カロリー、低コレステロールを明言する食品を市場で次々に売り出した。この傾向はマッケイたちだけでなく、この成長を予想した他の人々にも追い風となった。

アメリカでは一九八〇年代に入ってから、オーガニック製品を販売するスーパーマーケットが雨後のタケノコのように現れはじめた。当時の経営者は次のように考えていた。「無添加という表示を見ると、喜んでプレミアムを払うような『シリアル族』が店の通路にあふれるだろう」。しかし、実際にはそうならなかった。アメリカ人は食卓に自然食品を並べながらも、あいかわらずジャンクフードを食べ続けており、まだ「オーガニックならいくら払ってもいい」とまでは思っていなかった。豆腐から歯磨き粉まで何でも揃う巨大スーパーの便利さも重視していた[16]。では、このような消費者の欲望に応えるために、マッケイたちは何をしたのだろうか?

彼らはまず、一店当たりの床面積が七〇〇坪以上の大きな店舗を建てた。どの店でも、化学物質や食品添加物の入っていない食品、オーガニック製品、ホルモン剤を注入していない牛肉、植物性化粧品、環境にやさしい家庭用品などを販売した。また、通路一つ分のスペースに、必ずヘルスケア用栄養食品を並べた。しかし、ホールフーズマーケットは、従来のニッチ顧客向けの店舗と違って禁欲主義ではなかった。ビールやワイン、ノン・オーガニック食品、精製糖を使った食品、家庭用品なども手に入る。もちろん、いずれの商品も環境に配慮したものばかりだ。

[15] Dennis Roth, 2000, 'America's fascination with nutrition', *Food Review*, January-April, p.32.

[16] S.C. Gwynne, 1998, 'Thriving on Health Food' Time, http://www.time.com/time/archive/preview/0,10987,987856,00.html

[17] http://www.wholefoodsmarket.com/products/list_preparedfoods.html

アメリカでは、九〇年代になってから、「ホームミール・リプレイスメント（家庭で作る料理に代わる調理済み食品の提供）」と呼ばれる市場が広がり始めた。ホールフーズマーケットは早速、この動きに対応した。店で提供している新鮮な素材を使って、手軽な主食、副菜、スープ、グリルした肉、寿司、サンドイッチなどの販売を始めたのだ[17]。さらに、顧客がその場で食べられるようにと椅子やテーブルまで用意した。マッキンゼーの調査によると、ベビーブーマー（三十五〜五十四歳）と熟年世代（五十五〜六十四歳）にとっては、スーパーマーケットのデリカ売り場が重要な食材調達の場であることがわかった[18]。惣菜のような食品は、ホールフーズマーケットのビジネスで最も急速に発展し、最も収益の高いものの一つとなった[19]。

また、顧客が関心を高めている情報を冊子やウェブで提供することによって、顧客の健康的なライフスタイルを支援した。

おいしい結果

自然食品やオーガニック製品への需要が高まるにつれて、ホールフーズマーケットに対する需要も高まった。アメリカでは二〇〇〇年に、自然食品市場での売上高が二五〇億ドルに達した。オーガニック製品業界でも、年間成長率は二〇〜二四%になった。二〇〇二年には、オーガニック製品の売上高が一〇〇億ドルに達している[20]。ホールフーズマーケットは、追い風に乗れたのだ。

店舗数は、一九八〇年の一店舗から、九一年には十店舗に増え、さらに二〇〇一年には株式公開（ＩＰＯ）後の買収によって、一一七店舗にまで達した。この成長は、二つの方法によって達

[18] Steve Dwyer, 1997, 'The right prescription for maturing', *Prepared Foods*, February, p.12.

[19] Buck Jones, 'Deli Update 1997', *Progressive Grocer*, vol. 76, issue 4, p.131.

[20] German Munoz, 2001, 'What's feeding organic growth?', *Natural Foods Merchandiser*, June.

成された。まず、自然食品への関心の高まりをしっかりつかまえたこと。次に、立地条件のいい場所に、機能的に設計された店を開き、顧客に買い物を楽しんでもらうことで、自然食品に対する需要を引き出したことである。

二〇〇〇年、床面積一平方フィート（約〇・〇九二九平方メートル）当たり八二六ドルを売り上げた。この数字は、業界二位の自然食品チェーン、ワイルドオーツの五三八ドル、スーパーマーケットの平均四八七ドルをはるかに上回っている[21]。

ホールフーズマーケットは二〇〇四年までに、積極的な拡大戦略を継続しながら、劇的に業績を上げている。ジョン・マッケイ会長は、〇四年の年次報告で次のように述べている。「本年度は、ほとんどの食品小売業者にとって非常に厳しい一年だった。しかし我が社は、前年比二三％の成長を遂げ、売上総額は約四十億ドルに達した。既存店の売上高は前年から一四・九％伸び、過去最高を達成した[22]」

同社が成長を遂げられたのは、自然食品やオーガニック製品の波に早くから乗ったことによる。マッケイや株主たちは、今もその波に乗り続けている。

市場があると思っていた――シンキング・マシンズ

マサチューセッツ州ケンブリッジの頭脳明晰なメンバーが、スーパーコンピュータメーカーのシ

[21] Erin Kelly, 2000, 'Health-food chains spar for baby boomers', *Fortune*, 3 April, p.56.
[22] Whole Foods Market, 2005, '2004 was the best year in our 24-year history', Annual Report 2005.

ンキング・マシンズ（Thinking Machines）を設立した。

当時、創業者のダニー・ヒリス（Danny Hillis）は、マサチューセッツ工科大学（ＭＩＴ）の人工知能研究所の大学院生だった[23]。彼が論文の中で打ち出した概念は現在「超並列コンピュータ（ＭＰＰ）」として知られている。単純だが独創的なアイデアだった。一般のコンピュータでは一つのプロセッサが一度に一つのデータを処理する。しかし、並列処理機は何千ものプロセッサを内蔵することでデータを同時に処理するのだ[24]。ヒリスが述べたように「一つのことを早くやろうとする代わりに、複数のプロセッサが多くのことを一度にやってくれる[25]」

「ＭＰＰを開発・販売する会社の設立」というアイデアには、ＭＩＴ人工知能研究の権威マービン・ミンスキーのような人たちも賛同した。このように、優秀な人材を集めたシンキング・マシンズは賢明なアイデアをビジネスにしているように思われた。ところが、このビジネスはたった十一年で失敗に終わり、同社は破産申請する羽目に陥った。

シンキング・マシンズの歴史

シンキング・マシンズには一九八三年の設立当初、二つの目標があった。一つは、大学の研究費の心配をせずに人工知能のソフトウェアを開発する方法を見出すこと。もう一つは、ＭＰＰ技術を基にスーパーコンピュータを製造・販売することだ。高慢なビジョンを掲げていたものの、明確な事業計画はなかった。「市場はどこにあるかって？　気にしなくていいよ」

同社の出発点は八四年、米国防総省高等研究計画局（ＤＡＲＰＡ）と総額四五〇〇万ドルの契約を結

[23] Gary Taubes, 1995, 'The rise and fall of Thinking Machines', *Inc. Technology*, Issue no. 3, p.61.
[24] Joshua Hyatt, 1985, 'Breakthrough: start-up fever may return to computer industry', Inc., August, p.15.
[25] *Omni*, 1992, 'Danny Hillis: interview', October.

び、防衛産業向けにスーパーコンピュータを製造するところから始まった。DARPAからの資金援助によって最初のMPP機を開発し、八五年にはCM-1（Connection Machine number one）を完成させた。CM-1の魅力はさほどでもなかった。赤いランプが点滅するこの箱の値段は五〇〇万ドルだった。アプリケーションは人工知能だけ、買い手もDARPAに限られた。幸いにも同局は、CM-1を七台購入してくれた。

一九八六年、シンキング・マシンズはCM-2を開発した。この新しいモデルは、CM-1に比べて広い分野の科学者に大きな魅力をもたらした。CM-1と違って、当時のコンピュータの標準記述言語フォートランを使えたからだ。複雑な数理処理能力を持つCM-2は次のような人にとって、魅力的な商品だった。

- 計算流体力学、素粒子物理学、地球の気候モデリング、地球物理学、天体物理学、線形・非線形最適化、電磁流体力学、電磁気学、計算化学、計算電磁気学、計算構造力学、材料モデリング、進化論的モデリング、神経モデリングなどに関心を持っていた人
- 数百万ドルの費用を負担できた人

CM-2はCM-1に比べていくらか実用的だったが、それでもやはり特別なソフトウェアを必要とした。このためユーザーは、新しいプログラミング技法を学ばなくてはならなかった。シンキング・マシンズはCM-2を、ロスアラモス国立研究所、アメリカン・エクスプレス、NASAなど

に販売した[26]。しかし、八九年になっても三十五台しか売れず、四五〇〇万ドルの売上のうち、利益は七十万ドルだった。

シンキング・マシンズは九一年にCM‐5の発売を発表した。この最新モデルも、従来のCM機と同じく、三万二〇〇〇～六万四〇〇〇プロセッサによる同時処理が可能だった。技術的に言えば、テラフロップ級の処理性能があるため、一秒で一兆回の演算を実行できたのだ。CM‐5の目標は、科学団体にとどまらず企業に販売することであった。そのため、発売当初には七五万ドルというかなり妥当な価格が付けられた。ヒリスはこの機種の性能を、過去に作られたどのスーパーコンピュータよりも理論的には高いと主張していた。しかし、一つだけ問題があった。CM‐5の処理速度は、実際には前機種のCM‐2よりも遅かったのだ。

九一年後半、ウォールストリート・ジャーナル紙はDARPAと技術系メーカー数社との癒着を暴いた。シンキング・マシンズもそのうちの一社だった。DARPAは同社と契約を結んでから七年の間に、二十四台のCM機の販売を助成していた。購入価格の全額を負担する場合もあった。その総額は五五〇〇万ドルで、創業以来の収益の二〇％にのぼっている。

宴はあっけなく終わった。シンキング・マシンズは、「政府の助成」という気楽な時代が終わると、他社と同じ土俵でCM機を販売しなくてはならなくなった。もはや競合他社から守られることなく、インテル、ケンドール・スクウェア・リサーチ、MasPar、エヌキューブといったメーカーと競い合ったのだ。しかし、製品はまったくといっていいほど売れず、九二年には初めて一七〇〇万ドルの損失を出し、そしてまもなく連邦破産法十一条の適用を申請した。

[26] *The Economist*, 2001, 'Rethinking machines', 24 March.

なぜシンキング・マシンズは失敗したのか？

シンキング・マシンズが十年間生き延びられたのは、スーパーコンピュータ市場に強固な足場を築いたからではない。ＤＡＲＰＡが存在しなければ、ＭＰＰの市場は、事業を継続できるほどには大きくならなかった。

シンキング・マシンズの問題の根源は、マクロレベルにもミクロレベルにもある。ミクロレベルでは、ターゲット市場を特定していないし、理解もしていなかったことだ。自社の市場を調べたうえで、見込み客のニーズを理解し、そのうえで機器を製造するのではなく、強力なコンピュータを作ってしまってから誰かに売れるのを願っていたのだ。調査担当重役の一人だったルー・タッカーは、のちにこう述べている。「シンキング・マシンズは、面白いコンピュータを作ることしか考えていなかった。どういう機械で、どれくらい利益が得られるかなど眼中になかった」

マクロレベルでは、シンキング・マシンズにとって面白いコンピュータは大きな市場を形成するターゲットにとっては面白いものではなかったということだ。学生や研究者にとってＣＭ機は高すぎ、ほとんどの大学ではこれほど高スペックな機器を必要としていなかった。たいていのアプリケーションは、ＰＣやワークステーションでも十分に使えたのだ。

企業にとってもＣＭ機の技術はオーバースペックだった。大手企業に限っても、ＣＭ級のコンピュータを求める市場は非常に小さかった。ＣＭ機を購入するのは、ハエを殺すために大砲を使うようなものだった。ガートナー・グループのハワード・リッチモンド副社長は「重要なのは、業界が必要としているか否かだ。自動車のエンジンやありふれた製品を作るだけのために、そんなに難

[27] Michael 3. Knell, 1994, 'Cuts for computer maker Thinking Machines goes Ch 11', *Boston Herald*, 16 August, p.27.

しいアプリケーションを使う業界はない[27]」と語る。

CM機を実際に活用できる市場は、科学研究の分野で、人間の遺伝子解読のような「高度な課題」を解決する市場くらいだった[28]。しかし、CM機のレーダー網にかかるほど深遠な課題は、ほとんどなかった。そのために資金を提供する人もほとんどいなかった。

どこが間違っていたのだろうか？　シンキング・マシンズは会社を設立する前も後も、市場の大きさやニーズを理解していなかったため、成功するチャンスはほとんどなかった。ダニー・ヒリスCEOは、市場の流れがネットワーク対応のワークステーションやクラスター・アーキテクチャへ向いていることに気づかなかった。ただひたすらMPPコンピュータの製造に専念していたのだ[29]。

投資家の知りたいこと

第二章で論じたように、すべての起業家が投資家を必要としているわけではない。家族や友人、物好き投資家のように、投資からのリターンをそれほど求めていない投資家もいる。リターンがあればそれなりにうれしいものだが、本当の動機は「大切な人を支えたい」という思いにある。熱意のある起業家は、このような愛情表現を「事業に対する信頼」と勘違いしたり、「ビジネスチャンスの価値が認められた」と思ったりしてはいけない。

エンジェル投資家やベンチャー・キャピタルのような投資家の多くは、リターンを求めて起業家

[28] John Markoff, 1992, 'Company news: super-duper computer; it may be faster than anyone wants', *New York Times*, 10 June, p.D3.

[29] Geoff Baum, Lee C. Patterson and Evantheia Forbes-Schibsted, 1996, 'Why they fail', *Forbes*, 7 October.

に投資する。新規事業の大半が失敗するということをわかっているため、危険を冒すからにはそれだけの大きなリターンを期待する。では、どのようなリターンを求めるのだろうか?

成功しているベンチャー・キャピタルでも、十倍以上のリターンを出すような大成功は十件のうち一、二件であろう。ちなみに「リビングデッド」と呼ばれる投資が十件に三、四件の割合で起こる。これは元手を回収できたとしても、それ以上の利益が見込めない状況のことだ。残りのディールはいわゆる「レモン(粗悪品)」と言われ、投じた資金はまったく回収できない。他方、一、二件の大成功ディールがある場合、投資期間五~十年でファンドのリターンは年率二五~三五%となり、パートナーに十分な報酬を出すだけでなく、年金基金や他の投資家を十分にハッピーにできる。

このように考えると、ベンチャー・キャピタルは投資するディールからどの程度のリターンを求めているのだろうか? 大ざっぱに言えば、五年で投資の十倍、投資に対する年間収益が六〇%といったところである。エンジェル投資家であれば、この半分程度のレベルを想定して投資するのかもしれない。しかし、これはマクロレベルの市場の魅力度とどう関係するのか?

あなたは、毎年これだけのリターンを(合法的に)得られるようなビジネスを知っているだろうか? 十ドル投資すれば、毎年必ず六ドル戻ってくるような事業だ。私はそんな事業を知らない。ベンチャー・キャピタルが要求どおりのリターンを得る方法は一つしかない。今日よりも明日の価値がはるかに高くなるように、事業を速いスピードで成長させることだ。そして、この方法で成長させた事業を売却するか、IPOすることである。ただし、ニッチ市場ではここまでの成長は起こりえない。なぜなら市場にそのポテンシャルがないからである。したがって、市場は大きくなくてはならない。たしかにナイキは、長距離ランナー向けシューズで成功した。しかし、運動靴市場が大きかったからこそ、フィル・ナイトたちは事業を大きく成長させることができたのだ。

このように、あなたがベンチャー・キャピタルを使ってビジネスを立ち上げようとしているのであれば、マクロレベルの市場の魅力はかなり重要だ。

R・J（イギリス）「そのビジネスが大きくなる可能性、つまり、事業規模を知らなければいけない」

規模が大きく成長性の高い市場だけがすべてではない。しかし、そのような市場を対象としないビジネスはプロ投資家の援助を得にくい。規模が大きく、成長性が高い市場は投資家が好む二つのポイントを満たす。何よりも、その市場には日ごとに価値が高まるような大企業を作るチャンスがある。リターンを得るにはいい状況だ。それと同じくらい重要なのは、大きな市場であればさまざまな企業に成功のチャンスがあるということだ。そこでは、それぞれの会社がセグメントの違いに応じた方法で、それぞれのセグメントにサービスを提供できる。これはリスクの低減になる。成功への道は一本とは限らない。

本章からの教訓

ここでは、投資家にとって、またベンチャー・ファイナンスを通して可能性の高いチャンスを追い求める人にとって、なぜ規模が大きく成長性の高い市場が重要であるかを見てきた。一方で、上司、取締役会などに監視されずに、長期にわたり自らコントロールできるようなビジネスを立ち上げることが目的であれば、市場の魅力が逆に作用することもある。大きく成長している市場は、あなたが想定していないような競合他社を引き込むのだ。

小さくて安定した市場や、大企業が見向きもしないニッチ市場のほうが魅力的に見えるかもしれない。知的財産がなく、大規模で成長性が高い市場で起こるような競争(第五章参照)から自分の会社を守れないのであれば、小さめの市場を選ぶべきだ。このような市場では、競合他社のレーダー網をくぐり抜けながら、密かにビジネスを展開するほうが望ましい。

さて、私たちは、本章のケースから何を学んだのだろうか?

ヒーローホンダからの教訓

「二〇〇一年には、毎月三十二万台のオートバイが売買される」

おそらく、ホンダとヒーローサイクルは一九八三年の時点でインドの市場をこのように予測していなかっただろう。しかし両社は、この市場の規模と中流階級の台頭を踏まえ、オートバイに対する潜在需要の高さを確信していた。それと同時に、ターゲット顧客の購買力がいま一つであるとの制限も理解していた。だからこそ両社は、競合他社が対抗できないほど信頼性と経済性の高い商品を売り出したのである。

ヒーローホンダには二つの能力があった。まず大規模でありながら、なお成長の余地がある市場を特定する能力。もう一つは、その市場のニーズに合わせた製品を提供する能力である。これまでのインドでは、同社より規模の大きい企業が、都市に住む上流階級に狙いを定めてきた。この階級の間では、二輪車に対するニーズも千差万別だ。ヒーローホンダは、これらの能力を発揮することで競合他社と一線を画するようになった。以上の方法は、基礎的で単純なマーケティングのアイデアばかりだ。しかし、この方法で成功したベンチャー企業は多い。

ホールフーズマーケットからの教訓

ホールフーズマーケットのケースはマクロレベルのトレンドがいかに起業家にとって望ましいビジネスチャンスを作るかについて明示している。社会文化の動向は、既存の企業によって満たされないニーズを持つ顧客層を生み出す。アメリカでは一九八〇年代から健康に対する関心が高まり、その傾向は現在も続いている。また、同じような傾向が見られる国では、起業家にとってのビジネスチャンスが生まれ続けている。

社会には、明日にも起業できそうなチャンスが潜在している。マクロレベルでの現在の動向を理解することは、そのチャンスを発見するための一つの鍵である。

シンキング・マシンズからの教訓

製品についてのアイデアが生まれたあとで、その製品を提供する市場でのニーズの特定に必要な作業を進めてもいい。第二章で取り上げたiモードはこの戦略の成功例に当たる。しかし、シンキング・マシンズは次のステップ、自社が提供するコンピュータ市場をまったく特定しなかった。つまり、顧客のニーズをまったく理解していなかったのだ。

このような間違いはテクノロジー系のビジネスでよく見られる。テクノロジーに対する起業家の愛情が、実際の市場ニーズを見る目を曇らせてしまう。第二章で論じたように、顧客がいなければ会社は成り立たない。メリットを示せなければ顧客はつかめない。ターゲット顧客を特定したうえでそのニーズを理解することは重要なステップだ。そのためには、本章の冒頭で紹介したシェークスピアが記したように、大きな波に乗りながら潮の流れを見極めることが大事なのだ。本章で学んだように、顧客の数や顧客が使う金額などから市場の規模を評価すること、そしてその数が増えるスピードを知ることもそれと同じくらい大事である。シンキング・マシンズは、これらのステップを完全に無視したため、最終的に破綻の道を進んだのだ。

ロードテストの第2段階——マクロレベルでの市場テスト

- あなたは、どんなビジネスを望んでいるのか？　巨大な規模に成長できそうな事業か？　それとも、ニッチ市場にサービスを提供する小規模のライフスタイル事業か？　まずこの問に答えなければ、特定のチャンスに対する以下の問に答えることはできない。
- あなたが狙っている市場の規模はどれくらいか？　規模の測定に何種類の方法を使ったのか？
- 過去1年、3年、5年の間に、その市場はどれほどの速さで成長してきたか？
- 次の半年、2年、5年、10年の間に、どれほどの速さで成長しそうか？
- あなたの市場に影響を与える経済、人口動態、社会文化、技術、規制、自然の動向を特定できるか？　これらの動向はあなたの事業にとって望ましいものか？　あなたの事業にどのような影響を与えるのか？

以上の情報は二次情報源（図書館の資料やインターネット上の情報など）に限らず、一次的情報源（見込み客、サプライヤーや競合他社の関係者など）からも得られる。あなたは、市場の動向について一次情報源からどのような情報を得られるのか？

最後に、あなたにはベンチャー・キャピタルが必要か？　小規模で成長が遅い市場で事業を展開するのであれば、ベンチャー・キャピタルは忘れることだ。

第4章 業界の評価

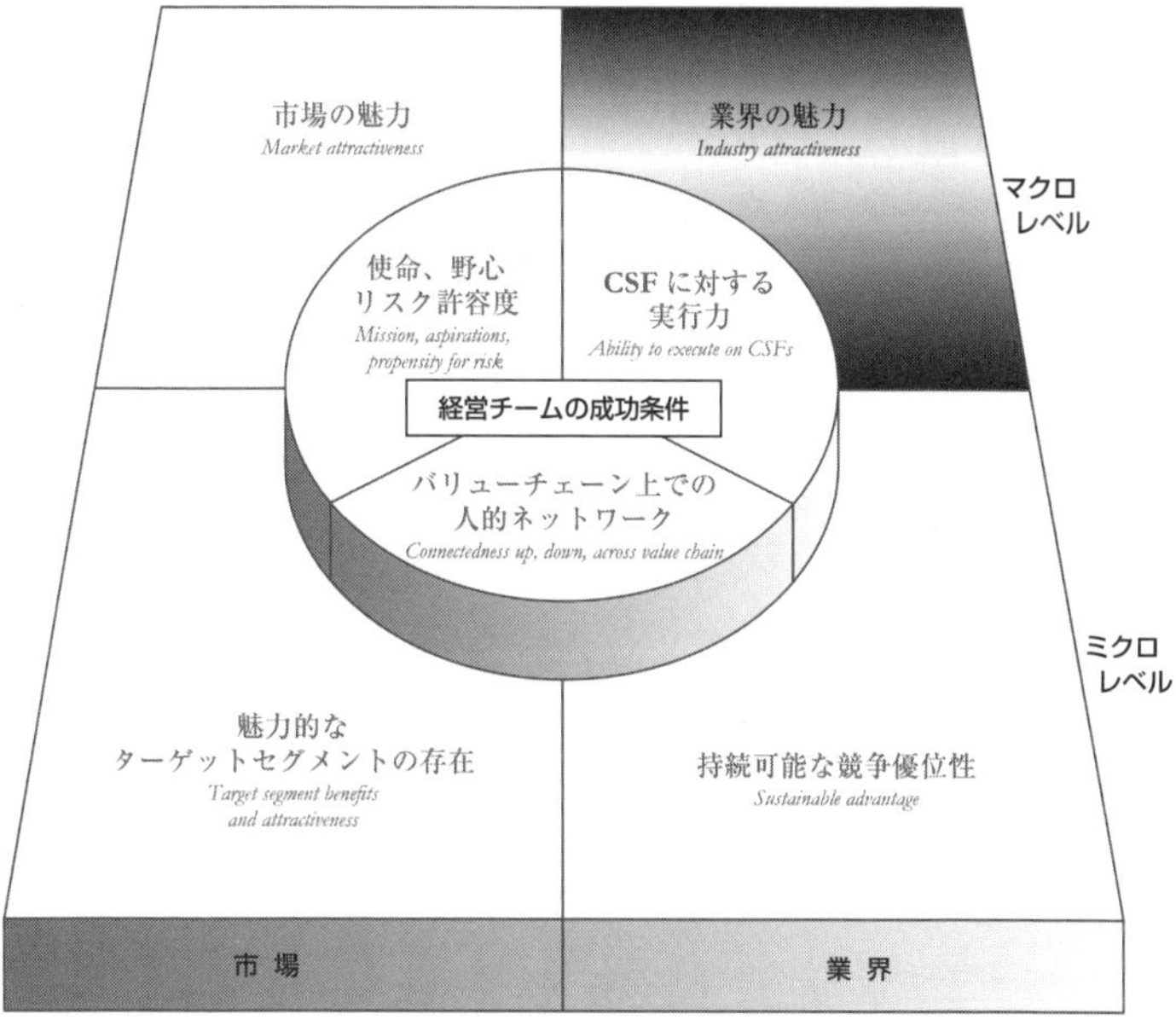
市場の魅力
Market attractiveness
業界の魅力
Industry attractiveness
マクロ
レベル
使命、野心
リスク許容度
Mission, aspirations, propensity for risk
CSF に対する
実行力
Ability to execute on CSFs
経営チームの成功条件
バリューチェーン上での
人的ネットワーク
Connectedness up, down, across value chain
ミクロ
レベル
魅力的な
ターゲットセグメントの存在
Target segment benefits and attractiveness
持続可能な競争優位性
Sustainable advantage
市場
業界

君の名前はトミー、十歳。家族は君が生まれるずっと前から閑静なこの町に住んでいる。かつては若い夫婦が多かったこの町も、今では年金生活者が大半だ。だから、同じ年頃の友だちが少ない。その代わり、孫のようにかわいがってくれるお年寄りがたくさんいる。

去年と今年の夏、君はレモネード売りに励んだ。レシピはメアリーおばあちゃん直伝で、レモン、砂糖、氷、ソーダで割ったオレンジの絞り汁を使う。君はとても恵まれている。ママが毎週スーパーで買ってきてくれる材料をガレージに眠っていた冷蔵庫に入れておく。ママは、とても信頼できるサプライヤーだ。君に品物を渡すときには店で払った金額だけを請求する。

この町には昼間、働いている大人がほとんどいない。君のビジネスにとっては好都合だ。毎日ぶらぶら歩いている彼らは子ども好きだ。とくに、君のそばかすだらけの顔とふっくらした頬を気に入っている。こんなかわいい顔を見れば、レモネードを買わずにはいられない。

他の子がレモネード売りを始めない理由は一つ。君にテリーという兄がいるからだ。十三歳にして体重七十キロのお兄さんだ。売上の一〇％をテリーに渡すのは、この実入りがいい業界に他の子が入ってくるのを防ぐためだ。君の用心棒には、それだけの価値がある。

君はなかなかうまくやっている。去年の夏にはマウンテンバイクを買った。今年はゲーム機を買うつもりだ。君の成功は、おばあちゃんのレシピ、テリーの存在、君のかわいい頬っぺによるものだ。君はとてもいい業界で商売をしている。そこでは大きな儲けが期待できる。

「頭が切れる」と評判の経営者が、
「採算が取れない」と評判のビジネスに取り組んでも、
そのビジネスの評価は変わらない。

――投資家　ウォーレン・バフェット[01]

好調な業界、好調な事業

トミーのレモネードの商売がこんなにうまくいっているのはなぜだろうか？　第一章で論じたように、業界の魅力は「五つの競争要因」に大きく左右される。新規参入の脅威、代替品・サービスの脅威、サプライヤーの交渉力、買い手の交渉力、競合他社との敵対関係だ。

では、トミーの例で考えてみよう。

[01] Herb Greenberg, 2002, 'How to avoid the value trap', *Fortune*, 10 June, p.194. から引用。

新規参入の脅威

トミーがレモネードを売るときに用意したのは、レモネードと折りたたみ式のテーブルと大きな看板だけだ。つまり、新規参入を妨げるほどの初期投資や特別な知識がなくても開店できる。レモネードは誰だって簡単に作れる。この点でも参入を妨げる壁はない。レシピには著作権や特許権はない。今のところ、トミーは自分の知的財産権を保護されてはいない。しかし、売上の一〇%をもらっているテリー兄さんのおかげで、少なくとも近所の子どもたちはレモネード売りを始めていない。つまり、トミーにとって新規参入の脅威はほとんどない。

サプライヤーの交渉力

トミーの母親はスーパーで毎週レモンや砂糖、紙コップを仕入れてくれる。しかも手数料を取らずに、レシートどおりの金額だけをトミーに請求する。地元のスーパーにはレモン、砂糖、オレンジジュース、紙コップの在庫が十分あり、取り寄せ注文をする必要がない。もしも何かの理由で母親が材料を供給してくれなくなっても、近所のおじいさんかおばあさんに頼めば喜んで引き受けてくれるとトミーは確信している。つまり、トミーの業界ではサプライヤーの交渉力が弱い。これは、レモネード売りには好都合だ。

買い手の交渉力

トミーの顧客はお年寄りで、近所に住む数少ない子どもたちをかわいがっている。彼らにはそれなりの可処分所得があり、新鮮なレモネードでのどを潤すのを楽しみにしているようだ。この近所に他のレモネードスタンドはないので、別のスタンドにくら替えすることもない。しかも買い手として現状に満足しているので、トミーのような売り手に売り方の変更や値下げを迫ることもない。このように、買い手の交渉力が弱いこともトミーの商売の追い風になっている。

代替品・サービスの脅威

トミーの町でカフェインを求めるお客は、数ブロック先のナンシー・リプトンのアイスティー・スタンドへ行く。値段はトミーのレモネードと同じくらいだ。最近では散歩のときに、水筒やペットボトルを持ち歩く人もいる。実際、トミーの商品には多くの代替品が存在する。これは、トミーの商売にとって最大のマイナス要因だ。しかし今のところ、トミーの笑顔が顧客をつなぎとめているようだ。

競合他社との敵対関係

テリーのおかげで、近所にレモネード売る他の子はない。いたとしてもトミーより安い値段で売ることはないだろう。地元の食料品店で新鮮なレモネードを売ってはいるが、トミーよりもかなり値段が高い。つまりトミーは、ふた夏続けて「トミーの特製レモネード」を売り、そのブランドは定着しつつある。近所にあまり子どもがいないことも、この町のレモネード市場にほとんど競争がない要因である。トミーにとっては、競合他社がほとんどいないという素晴らしい環境なのだ。

レモネード業界の魅力　サマリー

このように、トミーのレモネード業界の場合には、五つの競争要因のうち四つについて望ましい結果を得られた。つまりトミーのいる業界はきわめて大きな魅力があるということだ。唯一の不安材料である代替品・サービスの脅威も、それほど深刻には思われない。トミーは、とてもいい業界を選んだ。結果として、ビジネスは絶好調だ。

現実には、このシナリオのように魅力的な業界はほとんど存在しない。また、これほどわかりやすく、分析しやすい業界は少ない。では、現実に目を向けてみよう。そして、トミーの場合ほどの魅力も単純さもないような業界について検討しよう。まず、業界の定義に目を向けなければならない。

あなたの業界の定義づけ

トミーが属しているのは、レモネードスタンド業界だろうか？　それとも商品流通業界だろうか？　まず、自分が競争する業界を定義しなくては、評価はできない。

ここで重要なのは、あなたの業界を定義する範囲だ。狭く定義する場合には、いくつかのメリットがある。主に競合他社に焦点を合わせられることから、業界内の競争環境を評価するのに有用である。またそうすることによって第二章で論じた重要項目である「差別化要因」についても明確に検討できる。イージージェット社は、ライアンエアー、ブリティッシュ航空、エアーフランスといった航空会社と敵対関係にある。だが、市場を狭く定義する場合、注意しないとその市場に関連した代替品・サービスの存在を見落とすだろう。業界によっては、この点がきわめて重要な場合もある。イージージェットがレジャー旅行客を獲得する場合には、自動車のことも考えなくてはならない。

業界を広く定義することにもメリットはある。代替品・サービスを直接評価することになるからだ。これによって見逃しかねないような代替品に驚かされることは減るだろう。また、商品やサービスを修正し、市場性を高めやすい。「食品流通業界に身を置いている」とトミーが考えていれば、「レモネードスタンドでクッキーも売ってみよう」と思うかもしれない。業界を広く定義することのマイナス面は、広い視野で見すぎて焦点が定まらない可能性があることだ。キャッシュが不足しがちのスタートアップ企業にとって焦点を定めることはとても重要だ。あれもこれもうまくやれるほどの資源は存在しない。

では、どちらがいいのだろうか？　これは簡単ではない。通常は、広義と狭義の両方で考えたほうがいい。大切なのは、あなたの業界を構成しているのは顧客でも他社製品でもなく、顧客ニーズに合った商品やサービスを提供する競合他社なのだ。

「どの業界か」は重要か

第二章で論じたように、顧客が買いたいと思える商品やサービスを売ることは起業家が成功をおさめるうえで重要だ。第三章では、大きな成長市場と小さなニッチ市場のどちらもが、状況次第では起業家にとって魅力のある市場となりえると論じた。しかし多くの場合、顧客が望む製品と魅力的な市場だけでは、長期にわたってビジネスを成功させられない。業界として厳しいということがあるからだ。そこでは、ほとんどの企業の利益率が低く、最悪の場合は失敗する可能性が高い。

第一章や本章でのレモネードスタンドの事例で論じたとおり、業界の魅力を評価するうえで最も有効なのは、マイケル・ポーターの五つの競争要因のフレームワークである[02]。表4・1には、それぞれの競争要因についての重要な問を挙げた。すべての競争要因を分析したあとで、業界の総合評価をすることの重要性を示す。

本章では、起業家の観点から二つの業界の事例を検討する。どちらも最近、広範囲に活動を推進している業界である。一つめは、国際化している製薬業界だ。長年にわたり利益率が高く、また競争環境としてもさほど厳しくない。製薬業界は今もそれほど魅力的なのだろうか? 二つめは、DSL（デジタル加入者線）業界だ。この業界は、競争という点ではあまり魅力がない。どちらの例においても、業界の魅力を評価するために、五つの競争要因モデルを用いる。

一九八〇年代の製薬業界

一九七〇年代、八〇年代にフォーチュン五〇〇社に入っていた製薬会社の平均利益率は、

[02] Michael Porter, 1979, 'How competitive forces shape strategy', *Harvard Business Review*, March-April.

表4・1◆マクロレベルの5つの質問による業界評価

5つの競争要因	質問	起業家の聞きたい答え
新規参入の脅威	この業界に企業が参入するのは難しいか？ それとも簡単か？	「すぐにこの業界から抜け出そう」と考えている起業家は、参入の脅威が少ないことを望む。自分たちも簡単に参入できるからだ。 「長期にわたり持続可能な事業を立ち上げたい」と願う起業家は、参入障壁が高いことを望む。他社が容易に参入できないからだ。
サプライヤーの交渉力	この業界に対するサプライヤーは、取引条件を決定してしまうほどの交渉力を持っているか？	起業家にとっては、サプライヤーの交渉力は弱いほうが望ましい。
買い手の力	買い手は、取引条件を決定してしまうような交渉力を持っているか？	起業家にとっては買い手の交渉力が弱いほうが望ましい。
代替品・サービスの脅威	代替品が市場を奪うのは簡単か？　それとも難しいか？	起業家にとっては、代替品の脅威が小さいほうがいい。
競合他社との敵対関係	競合状況は厳しいか？ それとも緩やかか？	起業家は、競合状況が緩いことを望む。

5つの競争要因に基づいたとき、この業界の総合評価はどのようになるか？
この業界には、どれほどの魅力があるのか？　あるいは、魅力がないのか？

五〇〇社が属するすべての業界の中央値の二倍だった[03]。一九八一〜八三年までに販売された医薬品は、「税引き後で少なくとも、開発費を三六〇〇万ドル上回る利益を投資家にもたらした。……新薬開発のリスクを考慮しても、その利益率は類似の業界より二〜三％高かった[04]」約二十年後の九九年になっても製薬業界は依然としてスターだった。フォーチュン誌では、売上高経常利益率、総資本利益率、株主資本利益率のすべての指標でトップに挙げられている[05]。製薬業界がこれほど高い利益率を維持しているのはなぜだろうか？　この業界は、今後も魅力を保ち続けるのか？

新規参入の脅威

参入障壁が高ければ、その分だけ起業家がビジネスを始めにくくなる。しかし、幸いにも参入できた起業家は同じ壁によって自分たちのビジネスが守られる。製薬業界では新規参入への壁が多い。その中には、高い固定費や厳しい知的所有権保護のような、ファイナンス面での壁や無形の壁もある。まずは、一九八〇年代の製薬業界の状況を細かく見てみよう。

医薬品の調査研究には、今も昔も膨大な費用がかかる。薬品の発見、開発、製造、そして、米国食品医薬品局（FDA）や英国医薬品安全委員会（CSM）など、さまざまな規制団体の認可という骨の折れる工程がある[06]。開発プロセスは、時間や費用がかかる一方、結果は不安定である。八〇年代には、薬を売り出すまでに平均して十二年、一億九四〇〇万ドルを要した[07]。調査研究、臨床実験、政府の認可といった長くて面倒なプロセスを経たからといって、望まし

[03] Public Citizen, 2001, 'Drug industry most profitable again', http://www.citizen.org/congress/reform/drug_industry/corporate/articles.cfm?ID=838

[04] *San Jose Mercury News*, 1993, 'Study: drug profits excessive', 26 February.

[05] David Noonan, Joan Raymond and Anne Belli Gesalman, 2000, 'Why drugs cost so much', *Newsweek*, 25 September, p.22.

い結果が保証されるわけではなかった。開発費の半分以上が、決して市場に出ることのない製品に使われていたのだ[08]。製薬業界の参入を考えていた起業家にとって、このような投資の規模とリターンの不確実性は強力な参入障壁だった。

費用がかかるのは、調査研究だけではなかった。製薬会社は病院や医師へのプロモーションにかなりのコストを割いていたため、販売やマーケティングコストもかなりの金額にのぼった。新興企業が業界のトップ企業に対抗するためには、営業部隊や他のマーケティング、プロモーションなどに毎年巨額のコストを使わなくてはならなかった。

アメリカの製薬業界への参入を阻んだのは、このようなファイナンス面の障壁だけではない。知的所有権に対する政府の保護が、さらに壁を高くしていた。たいていの製薬会社は、新薬の化学構造、製造方法、合成方法に対する特許を取っていた。このように、アメリカの製薬会社は、特許を取ることでライバルから身を守ることができた。ある化学構造に対する特許を取得した場合には、他社が同じ構造の医薬品を製造・販売することは十七年間禁止された。現実には、その医薬品が実際に売り出されてから八〜十二年に相当する。

極端に高い壁が存在した結果、八〇年代の製薬業界において新規参入の脅威はほとんどなく、既存企業や参入に成功した新興企業にとって非常に好ましい業界環境であった。

サプライヤーの交渉力

当時のアメリカでは、多くのサプライヤーがこれほど収益力の高い製薬業界に対して、原材

[06] *US Business Reporter*, 2001, 'Pharmaceuticals industry', 15 December, http://www.activemedia-guide.com

[07] Anita M. McGahan, 1994, 'Industry structure and competitive advantage', *Harvard Business Review*, November-December.

[08] Perry L. Fagan, 1998, 'The pharma giants: ready for the 21st century?', Harvard University Note 9-698-070, 6 May.

料を売り込もうと列をなしていた。八二年には国内だけでも一万二〇〇〇以上の化学品製造会社があった[09]。原材料に当たる化学製品は棚持ちがいいうえに、さまざまな製造業者からいつでも入手できたため、ほとんどの場合には価格と納品の速さが決め手になっていた[10]。そのためサプライヤーの交渉力はないも同然だった。

買い手の交渉力

買い手は製品の値段を知らされない。知ったとしても、彼らが文句を言うことはまずない。さらに、あなたの製品を使わなければ命にかかわる。代替品もほとんどない。あなたにとって、このような業界はどうだろうか？　これが一九八〇年代の製薬業界の概況である。

当時、買い手にはほとんど交渉力がなかった。製薬会社に利益をもたらしたのは、何も知らない医師だった。最も効果が高い治療を施すため、価格度外視でブランド薬を処方していたのだ。患者は、処方薬の値段など気にせず、ただ医師の診療を鵜呑みにしていた。代替品も、ほとんどなかった[11]。つまり、買い手の交渉力の弱さが製薬会社の収益に大きく作用していた。

ヨーロッパや北米の健康ブームも製薬会社にとって追い風になった。消費者は健康にますます関心を持つようになり、そのうえ、病院で診察を受けても治療費を全額負担することはほとんどなく、医薬品の値段を気にする必要はなかった。八〇年代、ほとんどの先進国で政府機関や保険会社、雇用主が患者の処方薬代を肩代わりしていた。また、治療に関する情報を手に入れるのは至難の業だったため、患者は医師の指示に従うしかなかった。

[09] *Chemical Week*, 1984, 'A prudent boost in spending', 11 January, p.3.
[10] Alfred A. Sagarese, 1989, 'Fine chemicals: ripe for takeover', *Chemical Week*, 3 May, p.24.
[11] [07] 参照

代替品・サービスの脅威

世界を相手にする製薬業界では、八〇年代の半ばまで代替品に脅かされることがほとんどなかった。製薬会社は、病気の患者に対して医師の処方箋による薬を提供した。特許法は、ブランド薬の模造を十七年間禁じていた。また、同等の成分を含んだジェネリック医薬品を開発することも禁じていた。処方薬で治療できるような症状では、医師が処方する治療以外に方法はなかった。

競合他社との敵対関係

一九八〇年代の製薬業界には無数の企業が存在したが、マーケットシェア五％以上を占める企業はなかった。これほどまでに業界が細分化されていた理由は主に二つあった。

一つは、企業ごとにまったく違う種類の医薬品を扱っていたこと。もう一つは、業界全体の成長率が高かったので、競合他社がお互いのシェアを侵すことなく成長できたうえに、成長のチャンスが業界の内部にふんだんにあり、業界内部のニッチ市場に対する他の市場からの圧力がほとんどなかったことだ。

このような細分化の結果、ほとんどの製薬会社には直接の競合他社がいなかった。そのため、意のままに価格を上げられた。競合他社の不在、代替品の脅威の少なさ、買い手の交渉力の弱さが重なり、収益目標を満たすために業界全体で値上げに踏み切ってもほとんど反対されなかった。つまり、競合他社との敵対関係がほとんどなかったのだ。

製薬業界の魅力　サマリー

高い参入障壁、御しやすいサプライヤー、交渉力のない買い手、代替品の脅威のなさ、競合他社の不在という状況にあり、一九八〇年代の製薬業界は、想像しうる完璧な業界に近かった。それだけの魅力があったからこそ、遺伝子学者や分子生物学者、ベンチャー・キャピタルが関心を寄せていたのだ。彼らは、製薬業界に魅力を感じた一方で、薬物療法への画期的なアプローチに対して十分な資金を集められれば、これまでのような強固な参入障壁は崩壊すると考えていた。

バイオテクノロジーの進歩が確実になったのを機に、ジェネンテック（Genentech）やアムゲン（Amgen）のようなベンチャー企業が数多く設立され、科学の飛躍的な発展で得られた成果でビジネスを行おうとした。バイオテック企業で最初に成功したジェネンテックは、血栓生成を阻害するプロテインを開発した。ガンなどの病気を治療中の患者が貧血を起こした場合には、このホルモンの投与によって造血ホルモンの供給を増やすことができる。アムゲンは、分子生物学での研究を基に、組み換え型ＤＮＡを用いてエリスロポエチンを製造した。エリスロポエチンは二〇〇〇年までに二十億ドルの売上を達成し、三十億ドルのライセンス料をアムゲンにもたらした[12]。どちらのベンチャー企業も大躍進した。

八〇年に上場したジェネンテックの株価は、二〇〇一年にＩＰＯ時の二十七倍にまで上昇した。二〇〇四年には、七億八五〇〇万ドルの利益を上げるとともに、八三〇億ドルの時価総額を記録し、製薬業界に長年君臨していたメルク（Merck）を上回った[13]。アムゲンの〇一年の株価は八三年のＩＰ

[12] Elisa Williams and Robert Langreth, 2001, 'A biotech wonder grows up', *Forbes*, 3 September, p.118.
[13] American Health Line, 2005, 'Industry Profits Unlikely Until Decade's End, Report Says', 1 June.

〇時の一六〇倍にまで達し、〇四年には二四〇億ドルの売上に達した[14]。

製薬業界は魅力の高い業界であったのだろうか？　バイオテック業界全体でまだ利益が出ていないにもかかわらず、ジェネンテックやアムゲンなどの企業を支持したベンチャー・キャピタリストはその成長をあきらめていない。ほとんどのバイオテック企業は、いばらの道を歩いている。新薬を開発するための莫大なコストと、新薬の安全性や効果の実験に必要な長いプロセスを背負うだけではない。老舗の製薬会社が超大型新薬から得るようなキャッシュフローもない。しかしながら、アムゲンやジェネンテックなど、他社に先駆けた発見で大成功した企業にとっては、製薬業界の高い参入障壁は挑戦する価値があるものであった。

このように、製薬業界のような魅力がある業界は、高い参入障壁を乗り越えるための資源を持つ起業家や、顧客が買いたいと思えるような製品を持つ起業家にとっては、「戦い甲斐のある場所」になりえる。

二十一世紀の製薬業界

製薬会社にとっては残念なことだが、安定した業界はない。ビジネスの世界が常にそうであるように、製薬業界もダイナミックに変化する環境にさらされている。この業界における変化を見てみよう。

[14] Geoffrey Carr, 1998, 'Survey of the pharmaceutical industry', *The Economist*, 21 February, p.16.

新規参入の脅威

一九八〇年代半ばから、製薬業界の高い参入障壁に亀裂が入り始めていた。新しい法律によって、ジェネリック医薬品会社が市場に参入しやすくなったのだ。アメリカでは、八四年の薬価競争及び特許期間回復法（ワックスマン・ハッチ法）制定を機にジェネリック医薬品の製造規制が変わった。安全性や効能を証明する代わりにブランド薬と同じ製法であることだけを示せばよくなったのだ。その後、ジェネリック医薬品はめざましい勢いで普及し、九六年には、処方薬の四〇％以上を占めるようになった。二〇〇三年、FDAはさらに規制を導入し、特許で保護された製薬会社に対してジェネリック医薬品の発売を遅らせる権限を制限した。その結果、ジェネリック医薬品の市場シェアはさらに増えつづけている[15]。

アメリカの製薬会社は、ジェネリック医薬品の流入以外にジェネンテックやアムゲンといったバイオテック企業の参入を経験した。これは二つのことを示している。まず、以前に比べて、スケールメリットが小さくなってきたこと。もう一つは、いまだ絶対的には高い参入障壁が、ベンチャー・キャピタルのおかげで低くなっていることだ。さらに、化学に焦点を当てたバイオテック企業の新しい研究モデルが、医薬品の発見に対する従来のアプローチを覆している。

このような変化の結果、参入障壁は低くなり、参入の脅威が高まると同時に、業界はいくぶん魅力を失っている。

[15] Henry Dummett, 2003, 'New FDA Generics Regulations Take Effect', *WMRC Daily Analysis*, 19 August.

買い手の交渉力

一九八〇年代半ばから、製薬業界の買い手の力が次第に強くなりはじめた。その背景には、三つの要因が挙げられる。

アメリカでは、医療保険を基礎にしたシステムからマネージド・ケア（総合管理医療）への移行によって製薬業界の動きが一変した。マネージド・ケア・オーガニゼーション（MCO）への加入者は、八〇年に人口の五％だったが、九三年には八〇％にまで増加した。MCOは通常、処方薬代の全額を負担していたが、加入者が非常に多いことから製薬会社に対して強い交渉力を持ち、医薬品の値下げに圧力をかけるようになった。患者は相変わらず薬価に関心を持たなかったが、医療サービスの提供業者は、以前にもまして薬価の動きに鋭く反応した。

健康医療団体（HMO）は、医薬品フォーミュラリー（さまざまな薬価と効能を比較したリスト）を作成し、アメリカの医療関係者に薬価への関心を高めさせた。HMOは、これらのフォーミュラリーを評価したうえで、承認薬を決定する。また、HMOに加入している医師は、未承認の薬を処方できない。当然ながらHMOは、ブランド薬よりも価格の安いジェネリック医薬品を好んだ。九五年のメディカル・マーケティング&メディア誌（Medical Marketing & Media）の記事で、「製薬業界はジェネリック薬品やフォーミュラリー、その他のコストの圧力に押され、日用品になろうとしている」と記述された[16]。価格引下げの圧力をかけていたのはアメリカのHMOだけではなかった。ヨーロッパ各国の政府も薬価統制の実施によって処方薬の販売価格を抑えた。イギリスでは国立最適医療研究所（NICE）が新たに設けられ、国民医療保険サービス（NHS）が処方薬代を支払う前に医薬品の費

[16] William C. Castagnoli, 1995, 'Is disease management good therapy for an ailing industry?', *Medical Marketing & Media*, January.

用対効果を判断している。
最後に、インターネット時代の到来によって今世紀の初めまでにおよそ十万の医療関連ウェブサイトが作られている。これらのサイトで情報を得た患者は、製薬会社に対する影響力をより強めた。アメリカでは、処方薬の宣伝を認める法律の制定を境に、患者の立場が一変した。患者は治療方法の決定に関して以前よりも知識を持ち、主体的になった[17]。買い手の交渉力が著しく強まった結果、処方薬の値下げに対する圧力が高まったのだ。

代替品・サービスの脅威

製薬業界に影響を及ぼしているのは、ジェネリック医薬品から直接受ける脅威だけではない。自然療法の流行を受けて、顧客は処方薬に代わる手段を試すようになっている。エクササイズ、サプリメント、漢方薬の代替療法はいずれも処方薬メーカーから市場シェアを奪いはじめた。

競合他社との敵対関係

製薬業界内では、一九八〇年代後半から九〇年代初めにかけて競争が高まった。既存の製薬会社は、先に述べたような新しい圧力に加え、スケールメリットを求めて合併すべきとの圧力を感じはじめた。合併を選ぶことによって大手の製薬会社では競争が激化した。各社の得意領域が、合併によって重複しはじめたのだ。
さらに、次々に誕生する医薬品開発企業からも競争が起きている。バイオテック企業の中には大

[17] Ken Lacey, 2000, 'Under transformation: the pharmaceutical industry reinvents itself', *Pharmaceutical Technology Europe*, December.

きな製薬会社に買い取られたところもあれば、自力で製薬会社の強力なライバルになったところもある。バイオテック企業は、製薬会社と違って管理部門のコスト負担に苦しまない。自ら選んだセグメントにおいて優れた製品や病気についての知識を持っている。また、合理的な薬剤設計によって、以前よりも速く、効率よい方法で新しい治療用の化学成分を発見できるようになった。従来のバイオテック企業は、新薬を発見すると既存の製薬会社に売却していたが、このパターンは変わりつつある。いくつかのバイオテック企業は新薬の発見にとどまらず、開発や販売も手がけるようになった。

製薬業界は、いつの間にか今までとはまったく違う競争相手に取り囲まれていた。その中には、機動性と科学的な専門知識を兼ね備えた企業も存在する。遺伝学の発展も製薬業界の競争に拍車をかけた。製薬会社は、個々の症状に見合った薬の種類や生命に関わる副作用を受けやすい患者を予測できる診断技術の開発を始めているからだ。この結果、業界の中心だった超大型新薬戦略が脅かされるようになった。つまり、大きな患者市場を対象に、何百万人もの患者が服用しそうな新薬を開発するという戦略に陰りが見えてきた。いくつかの製薬会社は、今まで以上に対象を絞り込んだ薬品と、特定の遺伝的プロファイルを持つ患者に焦点を移している[18]。

二十一世紀初めの製薬業界の魅力　サマリー

アメリカの連邦議会予算局は製薬業界について次のように述べている。「新薬の販売に対する予想リターンは、一九八四〜九〇年までの間に約一二％（二七〇〇万ドル）減少した。この結果、医薬

[18] Kerry Capell, Michael Arndt, and John Carey, 'Drugs Get Smart', *Business Week* European Edition, 5 September, pp.76-85.

品開発全般を不採算事業にしたわけではなかった。しかし、いくつかの不採算プロジェクトはあっただろう[19]」

業界を取り巻く状況の変化は、業界の収益性に目に見えるほどの影響を与えた。二〇〇〇年には、アメリカの製薬業界は、国内の業界で最も利益率の高い業界であった。当時の総資産利益率は、およそ一七・七%だった[20]。しかし、それから〇五年までの間に一〇・三%にまで低下し、フォーチュン誌のランキングで九位にまで転落した。たった五年で四〇%以上の減少であった[21]。しかし、製薬業界は依然として、他のほとんどの業界よりもはるかに好調である。たとえば、航空業界の総資産利益率は、マイナス七・七%である。次章で論じるテレコム業界は、一・七%だった。

製薬業界はビジネスの場として以前ほどの魅力を失っている。それでも、他の業界に比べればその魅力はまだ色褪せてはいない。その理由は何だろうか？

- ジェネリック医薬品メーカーやバイオテック企業の参入にもかかわらず、新規参入の脅威は比較的低い。製薬会社の設立はレストランを始めるほど単純ではない。
- 買い手の交渉力は増している。これは深刻な問題だ。
- しかし、サプライヤーは依然として交渉力が弱い。
- ガンなどの生命に関わる病気に関しては、エクササイズ、サプリメント、漢方薬などの代替品は、処方薬の相手にもならない。
- 共通の利害を持つ医薬品会社は、これまでどおり高利益率を守ろうとする。そのため、業

[19] Congressional Budget Office, 1998, 'How increased competition from generic drugs has affected prices and returns in the pharmaceutical industry',

[20] *Fortune*, 2001, 'Most profitable industries: return on assets'

[21] 'How the industries stack up', *Fortune*, 17 April, 2006, p.F-26.

界内での競争はまだ激しくない。

このように、アメリカの製薬業界には、依然としてビジネスの場としての魅力がある。その魅力は、次に検討するDSL業界はおろか、ほとんどの業界を上回る。製薬業界の魅力は今後も維持されるのだろうか？　それとも、さまざまな圧力が業界の魅力をさらに損ねてしまうのだろうか？　答えは、時間が教えてくれるだろう。

DSL業界

一九九〇年代の後半にインターネットのアクセス速度が速くなり、その結果、高速インターネットへのアクセスを含むさまざまなニーズを持つウェブサーファーの市場が急速に拡大した。二〇〇〇年には世界中で三億七五〇〇万人がインターネットにアクセスできる環境にあり、このうち三分の一をアメリカ人が占めていた[22]。インターネットが今後も世界中に広がり続けることは明白であった。アメリカでは〇四年までに、全世帯の七五％がインターネットに加入すると予想されていた[23]。

この市場は、マクロレベルで魅力的に見えるだけではない。二〇〇〇年の終わりにはDSLと呼ばれる新技術によって電話線を使い、通常の56kモデムよりも画期的と言えるほどの早いス

[22] *Newsweek*, 2000, 2 October, p.74L.
[23] Allison Haines, 2000, 'Gartner says consumers will spend 20 times more on e-commerce with broadband access', http://www.gartner.com/5_about/press_room/pr20001017b.html

ピードでデータの送受信が可能になった。インターネットを含むデータを一秒に一六〇万バイトの速度で通信できるのだ。この速度は、56kモデムの十～二十八倍も速い。

DSLの導入によりダウンロードが速くなり、株価の検索やチケットの予約などがあっという間に完了する。中小企業にとってはインターネット革命に加わるチャンスが生まれた。ダイヤルアップではストレスのあった音声や映像のダウンロードを誰もができるようになった。

これらのメリットと大規模かつ急成長の市場のため、DSL技術は素晴らしい起業チャンスのように思われた。だが、実際のところ、DSL業界には、どれほどの魅力があったのだろうか？ 二〇〇〇年時点でのアメリカのDSL業界を五つの競争要因のフレームワークで見てみよう。

新規参入の脅威

DSL業界への参入には、多くの障壁が存在していた。事業スタートのためのわずらわしさ、縄張り争い、専門知識、設備コスト。たしかに、いずれも乗り越えにくい障壁だ。しかし、どうにか問題を解決し、参入がかなえばその後は定着できる。そして、彼らは実際にDSL業界へ参入した。多くのベンチャー・キャピタルを惹きつける野心旺盛なビジネスプランを持ち、テレコム業界の幹部連中が会社を辞め、コバッド、リズムス、ノースポイント・コミュニケーションズといったDSL企業を立ち上げた。このようにDSL市場が拡大しているにもかかわらず、うまくいかないのはなぜだろうか？

この三社は、二〇〇三年の終わりまでに合計四十四万二〇〇〇人の加入者を獲得した。しかし、彼らは想像をはるかに超える参入障壁があることを知った。三社が顧客にサービスを提供するには、ツイストペアケーブルを通じて、顧客の住居内のいわゆる「ラスト１マイル」に信号を送ることが必要だった。このケーブルを所有しているのは、顧客が利用している電話会社や地域ベル系事業者（Regional Bell Operating Companies：ＲＢＯＣ）で、三社とは強い競合関係にあった。

ＲＢＯＣもまた、ＤＳＬの将来性を高く評価し、積極的にＤＳＬ事業の展開に努めていた。新規参入企業がＤＳＬへの接続装置を設置するために、自社のケーブルや他の設備へのアクセスを認めるはずなどなかった。規制によりこのようなアクセスを促そうという動きが見られたが、現実はまったく異なっていた。ＡＴ＆Ｔのロビイスト、ピーター・ジャコビーはこう述べている。「あなたがＤＳＬのプロバイダーであれば、根本的な問題がある。ベビー・ベル（Baby Bell）の設備に依存しない限り、自前でサービスを提供できないことだ[24]」

ＲＢＯＣにしてみれば、新参者のＤＳＬプロバイダーを助けても、失うものこそあれ、得るものはほとんどない。そのためＲＢＯＣは、「対応が遅くて頑固」という評判を立てられた。ケーブルに接続しようとしても、ＤＳＬの通信が可能とは限らないことも問題に輪をかけた。ＤＳＬには、古いケーブルの電話回線と互換性のない場合があったが、回線の互換性やコストは加入者のエリアで実際に作業を始めてみなければ通信事業者にもわからなかった[25]。このような問題の解決にはさらに時間がかかり、サービスの新規申込から利用開始までに半年も経っていることさえあった。高成長を目指すＤＳＬ企業にとってこれは想定外の事態だった。

競合他社が参入できないほど高い障壁の存在は好ましいものだ。しかし、あなたでも乗り越えら

[24] David A. Chidi, 2001, 'DSL options starting to trim down', *Info World*, 30 April, p.61.
[25] Steven Rosenbush, 2001, 'Broadband: what happened?', *Business Week*, 11 June, p.38.

れないほど高すぎるとすれば、それは問題だ。「ラスト一マイル」の障壁はそれに当たる。

サプライヤーの交渉力

シーメンス、ルーセント、ノーテル、シスコ、ノキア、エリクソン、アルカテル、NEC、富士通。DSL企業へのサプライヤーには、世界でも最も有名なハイテク企業が名を連ねている。これらの企業の中には、顧客のニーズに応じた製品を高い価格で提供する企業もある。しかし、DSL企業が求める部品の大半は複数のサプライヤーから入手できた。つまり、サプライヤーはDSL企業にほとんど重要な影響を及ぼしていない。一般に、サプライヤーの交渉力は業界にとっては大きな問題ではなかった。

買い手の交渉力

DSL企業の買い手は規模も利用形態もさまざまだ。個人にとってDSLは魅力的な選択肢であった。とくに、インターネットの利用が多い個人には大いに魅力があった。中小企業にとっても同様だった。かつて、電話を頻繁に利用する大企業はT1回線を使っていた。DSL回線は古いT1回線の数分の一のコストで、高速でのインターネットアクセスを可能にした。このような買い手にほとんど交渉力がなかったことは、DSLプロバイダーにとって朗報だった。買い手は、高速でのインターネットアクセスのメリットをわかっていた。そして、価格が適正であれば支払ってもよいと考えていた。現に料金はそれほど高くはなかった[26]。この業界では買い手の交渉力も問題では

[26] Tim Kenned, 2000, 'Bringing DSL home', *Telephony*, 18 September.

なかった。

代替品・サービスの脅威

DSLの他にも、従来の56kモデムを使うよりかなり速くインターネットに接続する方法はいくつかある。個人住宅向け市場でDSLの代替サービスとして最も強力なのは、ケーブルモデムでインターネットに接続する「ケーブルブロードバンド」である。DSLと同じレベルのサービスで、妥当な月額料金だった。ケーブルモデムはDSLと違って同軸ケーブルを使った。ほとんどのアメリカの家庭では、このケーブルを通じてテレビを見る。ケーブルブロードバンドのプロバイダーは、56kモデムよりも一五倍以上速い一〜三Mbpsで接続でき、場合によってはDSLよりも速く接続できるという点を宣伝した。

個人住宅向け市場では、ケーブルインターネット会社はさまざまな要因によってDSLより優位に立っていた。とくにアメリカでは中央局から二マイル以上離れていれば電話会社がDSLサービスを提供できない。これが最も深刻な要因になった[27]。これに対して、ケーブルテレビ会社はブロードバンドのインターネット接続が始まるずっと前から存在していた。そのため、既存の顧客ベースから収益を得ながら、個人住宅や近隣地域にいる何百万人もの加入者にインターネット接続サービスを提供していた。二〇〇一年の秋までにケーブルインターネットの利用者はおよそ五〇〇万人になった。

しかし、ケーブルインターネットにもいくつかの欠点があった。第一の欠点は、ケーブルテレビ

[27] Darrell Dunn, 2001, 'DSL may finally be ready for expected breakthrough', *Electronic Buyers' News*, 12 February.

の近くにパソコンを置かなくてはならなかったことである。つまり、ほとんどの家庭ではケーブル回線の増設が必要だったのだ。第二の欠点は、ケーブルオペレーターの社員がシステムを接続しなくてはならなかったことである[28]。ケーブルネットワークでは、基本的に回線を共有するため自分たちが利用するインターネットデータの安全性、プライバシーや接続が集中するときの接続速度の低下を懸念するユーザーもいた[29]。それでも、ほとんどのアメリカの家庭でケーブルテレビを利用しているため、ケーブルブロードバンドはＤＳＬにとって強力な代替サービスだった。ケーブルインターネット会社は、価格を低下させたためＤＳＬプロバイダーの利益に影響を与えた。

ケーブルブロードバンドは、商業エリアにはケーブルが普及していなかったためにビジネスユースではＤＳＬの代替サービスにはなりえなかった。固定無線などによるインターネット接続は料金も接続速度もＤＳＬに近い。しかし、二つの送信デバイス間によるデータの伝送が必要であり、多くの企業は利用できない。高速でのインターネット接続を望む企業同士が隣接していればＴ１回線の共有も代替サービスとして考えられるだろう。このように、ビジネス市場でのＤＳＬには、代替サービスの脅威が比較的少ない。コバッド、リズムス、ノースポイント・コミュニケーションズといった新規参入企業が力を入れているのは、このような市場なのだ。

[28] Roger O. Crockett, 2001, 'Broadband and Main: use of digital subscriber lines and other broadband applications in everyday life', *Business Week*, 8 October, p.86.

[29] Simon Romero, 2001, 'Internet services put credibility to test', *New York Times*, 19 March, section C, p.4.

競合他社との敵対関係

少し前まで、アメリカのテレコム業界は、現在と違う様相を見せていた。電話サービスでは競争はなく事実上独占状態にあった。そして、ベビー・ベルやAT&Tがローカルや長距離市場を支配していた。この状況は、規制緩和の波によって一変した。連邦議会は一九九六年に、電話業界での競争を増やす目的で電気通信法改正法を通過させ、RBOCの独占状態にあった地域電話市場に、新しいサービスプロバイダーや長距離電話会社の参入を促した[30]。

アメリカのテレコム業界では法律の改正によって競争が始まった。利益が上がりやすいローカル電話市場は新規参入企業に門戸を開いた。それと同時にインターネットが急速に普及した。テクノロジーの専門家は、「増大するデジタル通信の需要を満たすには高速ネットワークが必要」と予想した。ゴールドラッシュが始まったのだ。およそ四〇〇のテレコム企業が株式市場で合計四八九〇億ドルを調達し、三八九〇億ドルの借入を行った[31]。

しかし、既存の企業に競争優位があったのは間違いない。（それ自体が、以前に実施されたのは規制緩和から生まれたものである）長距離通信会社やベビー・ベルには資源がふんだんにあった。このような会社は、「ラスト一マイル」を含むインフラのほとんどを所有していたので、幅広い通信手段を提供できた。また、DSLの見込み客にも直に接触していた。ノースポイント・コミュニケーションズの調査によれば、ベビー・ベルの代替サービスがあることすら知らなかった消費者は回答者全体の三分の一以下だったという[32]。

現に、ベビー・ベルは、既存企業と積極的に競い合った。コバッド、リズムス、ノー

[30] Charles Waltner, 2001, 'Meet your connection: if you can avoid the pitfalls, these are great days to be shopping for communications services', *Fortune*, 1 June, p.59.

[31] *Newsweek*, 2001, 'Telecome's big tumble: after badly misjudging the market, the industry faces huge losses and a chain reaction of failures,' 18 June, p.33.

[32] Todd Wallack, 2000, 'Pacific Bell rules DSL; but FCC will make it easier for rivals to compete', *San Francisco Chronicle*, 22 May, p.E11.

スポイント・コミュニケーションズのサービスへの加入者が、二〇〇〇年に合計で四十四万二〇〇〇人に達した。そのとき、SBC（アメリカ南西部でサービスを提供するベビー・ベルの子会社）での加入者は、一社だけで七十六万七〇〇〇人だった。ベリゾン社では五十四万人、クエスト社では二十五万五〇〇〇人、ベルサウス社では二十一万五〇〇〇人だった。競争はかなり激しかったのだ。

DSL業界の魅力　サマリー

個人住宅向け市場では代替サービスが深刻な脅威であった。個人住宅向け、企業向けサービスともに、業界内での競争は厳しい。さらに、RBOCによって設けられた「ラスト一マイル」の障壁が参入を妨げている。このような業界でビジネスを始めたいと思う起業家がいるだろうか？

その結果は、とくに新規参入のDSLサービスのユーザーにとってあまり喜ばしいものではなかった。投資家もまた好結果を得ることができなかった。

世界中に十万人以上の顧客を持つノースポイント・コミュニケーションズは、DSL業界のリーダーだった。しかし、二〇〇一年三月に廃業。残されたユーザーは、オンラインアクセスの環境を求めて奔走した。その直後、ウィンスター・コミュニケーションズとテリジェントの両社も連邦破産法十一条の適用を申請した。二〇〇一年六月までにDSLの主要なプロバイダーのうち、廃業、倒産、深刻な経営危機のいずれかに陥った企業は二十社を超えた[33]。

たしかに、DSLサービスの市場は魅力にあふれていた。顧客は常時接続できるDSLのハイスピードに夢中だった。しかしやがてアメリカでは、DSL業界の魅力がなくなり新規参入企業の多

[33] Joan Raymond, 2001, 'URL, interrupted', *Business Week*, 18 June, p.SB7.

くは低迷した。既存の電話会社にとっても状況は同じであった。彼らは、さまざまな新技術の登場で生じる激しい競争に直面していた。二〇〇五年六月の時点でブロードバンドユーザーに最も多く利用されていたのはケーブル回線だった。二一四〇万という回線数はDSLの一三八〇万回線を上回っていた[34]。加入数は、ケーブル、DSLともに増え続けていた。しかし、DSL企業が新規参入者として既存の会社に対抗しながら生き残ることは至難の業であった。

投資家の知りたいこと

投資家は、「優れたアイデアや経営陣に投資する」と考えられている。しかし、これは誤解だ。もちろん一部正しいところはあるが、シリコンバレーの投資家ボブ・ジダーによれば、ベンチャー・キャピタル投資の真髄は別のところにあるという[35]。

「現実としては、ベンチャー・キャピタリストは魅力のある業界に投資する。つまり、市場規模から見て、競争が激しくない産業である」

ジダーの発言を五つの競争要因の観点に置き換えれば、「新規参入の脅威がほとんどない（将来競合しそうな企業が近づけないほど障壁が高い）、サプライヤーと買い手の交渉力が低い、代替品・サービ

[34] Tarifica Alert, 2005, 'FCC Details U.S. Broadband Growth: Will ADSL Catch Cable?', 26 July, at www.tarifica.com

[35] Bob Zider, 1998, 'How venture capital works', *Harvard Business Review*, November-December, p.133.

スの脅威が少ない（その結果、他の業界からの競争を制限できる）、業界内の競合他社との敵対関係が厳しくない業界」ということになる。以上の点は、投資家にとって重要であるため、起業家が投資を受けるには自分たちが参入しようとする業界を十分に理解するための時間と努力をつぎ込むことが大切だ。

ほとんどのプロ投資家は投資の対象になる業界をはっきり意識しながら投資の決断を下している。さまざまなベンチャー・キャピタルのディレクトリなどのガイドでこの情報を公表している投資家すらいる[36]。あなたが新規事業を起こして参入したい業界が、すでに特定の投資家が注目している場合には、その投資家はその業界についてかなりの知識を持っているだろう。場合によっては、あなた以上に理解しているかもしれない。このように、本章で学んだ教訓を使って自分の業界を分析することは、「自分の戦う戦場を理解している」という信頼を築くのに役立つ。

本章からの教訓

本章では、二つの業界について詳しく検討した。その一つは、きわめて魅力の高い業界で多額の利益を得られるものだった。もう一つの業界は、ほとんどすべての新規参入企業が生き残れなかったほどの厳しい戦場だ。

起業家は、この事例から何を学べるのであろうか？　本章からの教訓で何よりも大事なことは、「市場と業界は違う」ということだ。両者を混同してはいけない。魅力的な市場を見つけた際には、その市場はあなたが競争で勝ち残れる業界であるのかどうかを必ず確かめなければならない。本章

[36] イギリス、ヨーロッパ、アメリカのベンチャー・キャピタル協会は、メンバー企業の投資性向を記したダイレクトリーを出版している。類似の情報が掲載されている Pratt's Guide to Venture Capital は多くのビジネスライブラリーで閲覧できる。

の最初に記したウォーレン・バフェットの言葉にあるように、業界の特徴は起業家としての勇気よりも大切である。

製薬業界からの教訓

製薬業界の事例が示すように、規制の問題は業界の魅力やそこで活躍する企業の収益に大きな影響を及ぼす。規制によって新規参入が難しい、また参入したとしても勝ち抜くことが難しい場合や、加えて他の競争要因が起業家に有利になる場合には、バイオテック企業のように何とかして参入していく価値があるだろう。新規参入のバイオテック企業は、既存の老舗企業と共存しながら、ともに利益を上げられた。

製薬業界の事例では、高い参入障壁が望ましいことがわかった。いったん業界に参入したあとは、参入障壁を高く維持するように努めるのだ。私たちが見てきたように、買い手とサプライヤーの交渉力の弱さや代替品の脅威の少なさについても同じことが言える。五つの競争要因には製薬業界全体の業績を大きく左右するような影響力がある。それでも、製薬業界は他の業界に比べればまだまだビジネスの場としての魅力がある。

最後に、起業家ならぜひ覚えておくべきことがある。大半の先進国の図書館では本章で製薬業界の業績を示すために引用したようなデータが簡単に入手できる。ビジネスチャンスを評価する初期の段階ではこのようなデータに目を通しておくだけでも非常に価値がある。業界全体で業績が低調であれば自分のチャンスを厳しく見つめ、自分のチャンスが「うまくいくはず」と考える理由を検証することである。説得力のある答えが出せないのならより魅力のある業界でのビジネスをお勧めする。

DSL業界からの教訓

参入障壁が高いのは望ましい。しかしDSL企業が、顧客のパソコンへの「ラスト一マイル」をつなぐケーブルに接続できなかったように、どうしても乗り越えられない壁が一つあるだけでもあなたは窮地に陥る。乗り越えられない壁がないことを確実にしておかなければならない。

DSL業界から学べるもう一つの教訓は、ケーブルインターネットのような代替サービスがあれば、あなたのサービスの価格に大きな制限を加えられるということだ。プラスチック容器の値段は、アルミやガラスの容器の会社が付ける値段を抑えられる。自分の業界の外を見回し、他の業界があなたの市場にもたらしそうな影響について考えなければならない。かつては目につかなかったデジタル技術も今や着実に進歩し、従来は銀塩が主流だった写真業界にも入り始めている。コダックやアグファ（Agfa）、富士フイルムといった企業が持つ長年にわたる技術はしばらくすると不要な技術となってしまうかもしれない。

ここで繰り返しておきたいのは、インターネット人口のように大きな急成長市場があるということは必ずしも新規事業の成功を保証するというわけではないということだ。

「DSLでインターネットに接続できる世帯は、二〇〇一年までに一〇〇〇万に達する」

起業家たちはこの予測に釣られてしまった[37]。忘れてならないのは、調査会社はあらゆる市場や

[37] [41] 参照

業界にバラ色の未来を予測しては金を儲けているということだ。

予測を妄信せず、業界の魅力について調べなければならない。希望するゲームへ簡単に参加できるのであれば、遅かれ早かれきっと敵もやってくる。DSL業界のように構造的に魅力がない業界であれば、ほとんどの参入企業は失敗するだろう。

魅力のない業界で稼げるか

本章からの教訓は厳しいものだ。現実には、DSL業界以上の業界はあるとしても、製薬業界ほど魅力のある業界はほとんどない。魅力のない業界で成功できるだろうか？　アメリカのDSL業界の場合には、新規参入企業がほとんど生き残れないほど条件は厳しかった。条件がそれほど悪くない場合にはどうだろうか？　起業家は成功できるだろうか？　本章の冒頭にウォーレン・バフェットの言葉を引用したように、「採算が取れない」と言われるビジネスで成功できるだろうか？

この点については、次の第五章で論じよう。

ロードテストの第３段階――マクロレベルの業界テスト

・あなたはどの業界で戦おうとしているのか？　慎重に定義しなさい。

・この業界に参入するのは簡単か、それとも難しいのか？

・この業界へのサプライヤーは、取引条件を決定するだけの交渉力を持っているか？

・買い手は取引条件を決定するだけの交渉力を持っているか？

・代替製品が市場を奪ってしまう可能性は高いか？　それとも低いか？

・競合他社との敵対関係は厳しいか？　それとも緩やかか？

以上、５つの競争要因を基に、業界についての総合評価を実施しなければならない。

あなたの業界全体が低迷しているのであれば、第２章と第５章からの教訓を基に、あなたが別の方法でうまくやれることを証明できるほどの説得力のある理由があるか？　ないのであれば、別の業界でビジネスをすべきだ。

第5章 競争優位の維持

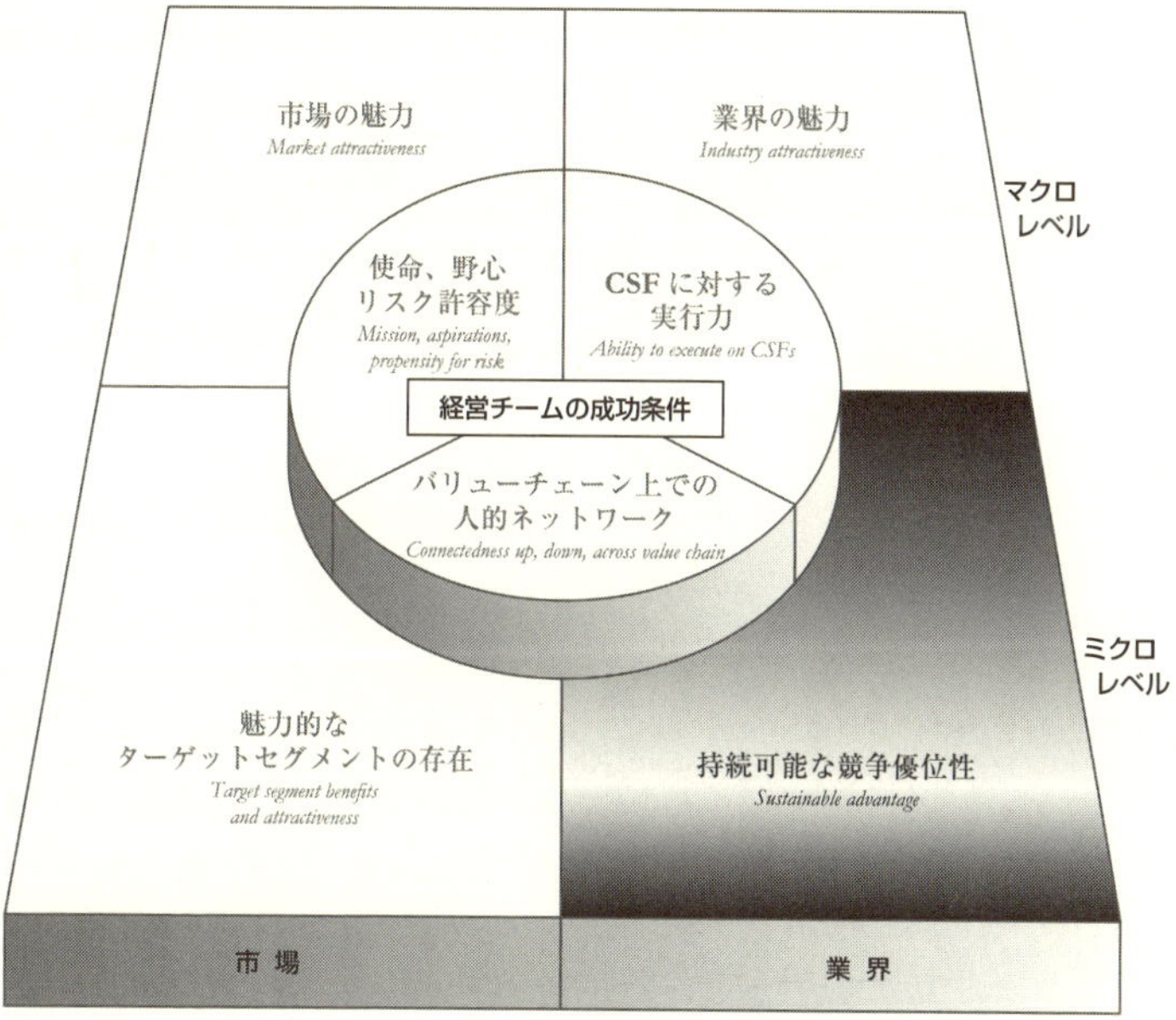
市場の魅力
Market attractiveness
業界の魅力
Industry attractiveness
マクロ
レベル
使命、野心
リスク許容度
Mission, aspirations,
propensity for risk
CSFに対する
実行力
Ability to execute on CSFs
経営チームの成功条件
バリューチェーン上での
人的ネットワーク
Connectedness up, down, across value chain
ミクロ
レベル
魅力的な
ターゲットセグメントの存在
Target segment benefits
and attractiveness
持続可能な競争優位性
Sustainable advantage
市場
業界

一九九〇年、あなたは親友のサイモンとイギリスで休暇を過ごし、アメリカに戻った。旅先では、目に付いたビールを片っ端から飲み歩いた。あなたはこう思う。「パブは博物館より面白い。イギリスのビタービールに比べたら、アメリカのものは気が抜けたようだ」

あなたとサイモンは、「そろそろ、イギリスのビターやエールのような豊かな味のビールが売れてもよさそうなものだ」と考えた。長年、エールビールを醸造しているあなたは、自分の舌とサイモンのマーケティング経験があれば、地ビール業界で大儲けできると確信している。

「おい」とサイモンが言った。「急成長している地ビールメーカーがいくつかあるぞ。たとえば『ウィックド』のピート・スロスバーグ（Pete Slosberg）。ここは地ビールで足場を固めている。そうそう、君が去年作ったオートミールスタウトは、とてもまろやかだとビール通の友だちに好評だったよね。あのユニークな味を、誰が真似できるだろうね？」

いや、ちょっと考えてみよう。もし九〇年代に地ビール醸造を始めていたら、どうなっていただろう？　九七年、アメリカの地ビール消費量は急激に落ち込んだ[01]。ライバルのように破産したかもしれない。地ビールの醸造自体は難しくない。数千ものメーカーが「秘密の製法で作ったビール」の大当たりを夢見ている。これが現実なのだ。九六年までに、一〇〇〇以上のビールメーカーが独自のビールを売り出した[02]。しかし、小売店の棚には限りがある。そこへ数多の地ビールが押し寄せたのだから、勝ち抜くのは容易ではなかった。

[01] Philip Van Munchen, 1998, 'The devil's adman', *Brandweek*, 15 June, p.30.
[02] Joan Holleran, 1997, 'Craft brews, a beer rabbit?', *Beverage Industry*, January, p.8.

最高のものが先行者を打ち負かす。

——ジム・コリンズ[03]

持続可能な優位性

実に多くのアメリカの起業家が、地ビール業界への参入を試みたにもかかわらず、大成功をおさめられなかった。なぜだろう？　これほど多くのレストランが失敗するのはなぜだろうか？　第四章で見たように、アメリカの製薬業界では、大半の企業が膨大な利益を得ている。しかし、たいていの業界は製薬業界とは違う。レストランや地ビール業界では、新規参入の脅威が極端に高い。新しいライバルも毎日参入してくる。代替品も無数にある。空腹を満たしたり、のどの渇きを癒したりする方法もさまざまだ。その結果、失敗する確率が非常に高く、業界の平均収入も、それほど大きくはないのだ[04]。

他の業界には、また別の難問がある。食品小売業界では、業界内の競合他社との敵対関係が

[03] Jim Collins, 2000, 'Best beats first', *Inc.*, August, pp.48-51.

[04] Institute for Brewing Studies, 1997-1998, *North American Brewers Resource Directory 1997-1998*, Institute for Brewing Studies, Boulder, CO

National Restaurant Association, 2001, *Restaurant Industry Operations Report*, National Restaurant Association, Washington DC.

非常に厳しい。食料品店では、毎週のように顧客獲得競争が繰り広げられている。アパレルメーカーでは、買い手の力が強いため、ギャップやベネトンのような大きなアパレルチェーンが購買時の条件を設定できる。しかし、このような困難にもかかわらず、成功しているレストランや地ビールメーカー、食料品店、アパレルメーカーも存在する。なぜだろうか？

あまり魅力のない業界で勝ち抜くための主な解決策は、ミクロレベルにある。つまり、七つの成功条件の下段で見つけられるのだ。第二章で見たように、重要なのは、ターゲット顧客が買いたがるものを売ることだ。速い、質が良い、安い、という理由で、顧客があなたの製品やサービスに集まりだせば、本格的に事業を進めていいだろう。

しかし、最初にベネフィットを提供するだけでは、長期的に事業を確立することはできない。ほとんどの業界では、既存の競合他社や新規参入企業が、すぐさま製品やサービスを模倣しようとするだろう。そうなれば、初期の競争優位は、瞬く間に消えてしまう。実際、多くの大企業が最も得意としているのは、他社にすばやく追随することだ。イノベーションにともなうすべてのリスクを、あなたのようなスタートアップ企業に負わせ、より優れた実行力でマーケットを奪っていく[05]。つまり、野心的な起業家があまり魅力のない業界で勝ち抜くための第二の鍵は、初期の競争優位を長期にわたって「維持」できるような要因が存在するかどうか、にある。よく言われる「先行者優位」は、多くの場合幻想である。ジム・コリンズが言うように、ほぼ毎回と言っていいほど、「最高のものが先行者を打ち負かす」のだ[06]。

第一章で見たように、長期的に持続可能な競争優位を築き上げるためには、ポイント5・1のよ

[05] Constantinos C. Markides and Paul A. Geroski, 2005, *Fast Second: How Smart Companies Bypass Radical Innovation to Enter and Dominate New Markets*, San Francisco, CA: Jossey-Bass.

[06] [03] 参照

ポイント5.1◆競争優位を維持するための鍵

初期の競争優位が生じるのは、起業家が顧客に差別化をはかったメリットを提供したとき、すなわち、競合他社の製品やサービスよりクオリティが高く、価格が安く、あるいは提供のスピードが早いと顧客が思えるようなときだ。このような競争優位は、以下の場合に持続できる。

- 他社が複製もしくは模倣できそうもない財産（特許、企業秘密など）がある。
- 他社が複製もしくは模倣できないほど優れた組織プロセス、能力、資源がある。
- ビジネスモデルに採算性がある。たとえば、潤沢なキャッシュがあることなどが当てはまる。逆に言えば、採算性は以下の要因に大きく依存している。

　—必要な資本投資や利益率に見合うだけの売上がある。
　—顧客獲得・維持のコストや、顧客を惹きつけるために要する時間が妥当である。
　—必要な固定費をカバーできるほど十分な貢献利益がある。
　—以下に述べるような運転資金サイクルの特徴が好ましい状況にある。

　・運転資本（在庫など）に必要な現金や期間は、どれほどなのか？
　・顧客は、どれほど早く代金を支払うのか？
　・仕入れ代金や賃金の支払いを、どれくらいまで引き延ばせるか？

うな論点が必要だ。

　新たに事業を起こす企業は、持続可能な競争優位によって、長期にわたって優位を維持できる。本章では、そのための条件について探求していく。まずは、三つの成功事例を見てみよう。第一の事例は、イギリスの製薬会社グラクソ（現在のグラクソ・スミスクライン）だ。同社は、特許の手厚い保護を受けながら、「ザンタック」によって長らく有利な立場を確立した。前章で学んだ製薬業界の状況を鑑みるに、驚くことではないだろう。第二の事例は、フィンランドのノキアである。携帯電話産業で成功したノキアは、競合他社よりも数歩先を歩み続けている。他社に真似できないような組織プロセスを活用することで、改革を続けているのだ。最後の事例は、インターネット・オークションのイーベイだ。ドットコム業界で成功した企業の一つである。そのビジネスモデルは、あらゆるウェブベースの企業の中で、もっとも説得性がありかつ採算性も高いことが実証されている。

　次に、長期的に成功することができなかった企業として、ＥＭＩとウェブバンの事例を見てみよう。ＥＭＩは、ＣＴスキャナの発明によって、医療業界に旋風を巻き起こしたが、先行者優位を維持できなかった。特許による保護が不十分であったことに加えて、組織プロセスや資源が不足していたのだ。最後に、ドットボムの典型として、オンライン食料品店ウェブバンのビジネスモデルを取り上げ、同社が失敗した理由を検証する。

保護と収益――胃潰瘍治療薬「ザンタック」

成人の十人に一人は、人生のある時点で胃潰瘍《いかいよう》にかかるという。治療が必要なほどの痛みを持つ患者が、大きなターゲット市場である[07]。一九七〇年代後半に頻用された胃潰瘍の治療薬は、スミスクライン・ビーチャム社の「タガメット」だった。しかし、イギリスの製薬会社グラクソの研究者は、新薬を開発した。どちらの薬も、胃酸の分泌を減少させることで、胃潰瘍の治療に効果を示したが、科学的な成分に違いがあった。

グラクソは、巨大な市場を視野に入れながら、タガメット以上に明らかなメリットを医師や患者に提供したかった。同社はこの薬を「ザンタック」と名づけ、特許を取得した。そして、八一年のヨーロッパを皮切りに、八三年にアメリカでも発売された。ザンタックは、副作用が少ないうえに、一日に四回服用しなければならないタガメットに対して、一日二回で済む。グラクソは、この点を医師に訴求したのだ[08]。

これらのメリットは、研究開発への投資を回収できるほど、長期にわたる競争優位を保てるか？

グラクソの株主はこの点を知りたがっていた。製薬業界についてすでに見てきたように、その答えは特許保護にあった。

[07] Joel Dreyfus, 1983, 'SmithKline's ulcer medicine "holy war"', *Fortune*, 19 September, p.129.
[08] [07] 参照

特許の取得

グラクソは一九七八年に、十七年間有効なアメリカの特許権を取得した。八三年には、FDAからザンタックの販売に対する認可が下りる。特許を手にしたグラクソは、新薬の価格をタガメットよりも二割高くすることに決めた。

ザンタックの売上は、FDAの認可後わずか三年で十億ドルに達し、処方薬で世界最高の売上を記録した。八九年までに、ザンタックは胃潰瘍の処方薬市場で、タガメットの二九%をはるかにしのぐ、五三%のシェアを獲得した。九四年、ザンタックの売上高は三十六億ドルに達した。そのうち、アメリカでの売上高は二十一億ドルである。そして九五年までに、世界中でザンタックの処方を受けた患者は二億四〇〇〇万人にのぼった[09]。

しかしこのころには、ザンタックの特許が切れる寸前だったため、ジェネリック医薬品メーカーが圧倒的な低価格で模倣薬を売り出す準備をしていた。それでも、グラクソはザンタックをあきらめなかった。

グラクソは、特許の保護期間が切れる日に備えていたのである。ザンタックの売上で得た利益の一部を研究者の増員に充てたのだ。八六年に二〇〇〇人いた研究者は、八九年には五〇〇〇人に増えた[10]。もっとも、グラクソは新薬に賭けただけではなかった。二億人もの患者に真の価値をもたらしながら、十二年の保護期間を享受できるようであれば、どのような薬でも強力なブランドを確立できる。しかし、同じ成分の薬が破格の値段で手に入れば、強力なブランドでも競争優位を守れないことがある。薬価に敏感になっている保険会社や政府が処方薬を決めるのであればなおさらだ。

[09] Leon Jaroff, 1995, 'Fire in the belly, money in the bank', *Time*, 6 November, p.56.
[10] William E. Sheeline, 1989, 'Glaxo's goal: new wonder cures', *Fortune*, 6 November, p.101.

グラクソは、九六年にザンタックの特許が切れると、FDAから「ザンタック75」の発売許可を得た。ザンタックよりも効き目の弱いこの薬は、処方箋がなくても薬局で入手できる。胃潰瘍の患者は、ザンタックの代用品を自分で購入できるようになったのである。効能の等しいジェネリック医薬品がもっと安く手に入るとしても、多くの患者は認知度の低いジェネリックより、強力で信頼のおけるザンタックブランドを選んだのであろう。

ザンタックの事例は、製薬業界の魅力が非常に大きい理由を示している。また、この事例を見れば、特許が切れても今までの流れを止めなくてもいいことがわかる。発売から十二年という特許保護期間を享受したザンタックは、模造しにくい優れた薬品だった。そして、グラクソの従業員、株主、患者にすばらしい成果をもたらした。患者は、ザンタックによって胃潰瘍から解放され、さらにその後継薬からも恩恵を得た。

ザンタックの持続可能な競争優位は、製薬業界でたびたび取り上げられる非常にわかりやすいストーリーである。それに比べれば、次に挙げるノキアの事例は、かなり複雑だ。

並外れたイノベーター——ノキア

ノキアは、一八六五年パルプと紙の製造業者として誕生した。その名は、フィンランドの都市タンペレ郊外の小さな川に由来する。創業以来、ゴム長靴、タイヤ、テレビなどを製造するかたわら、発電事業にもかかわってきた。一九六〇年代初めには、テレコム業界に参入している。ノキアはそれ以来、わずか四十年間にテレコム事業を発展させたばかりか、事業の焦点を絞り込んできた。そして、携帯電話事業に専念することで、世界有数のテクノロジーリーダーとなり、世界第五位のブランドの地位を占めている[11]。

二〇〇〇年には、一億二八〇〇万台の携帯電話の販売によって、二六一億ドルの売上と五十二億五〇〇〇万ドルの税引き前利益を得た。〇一年の八月には、世界の携帯電話市場の三五%を占め、二位のモトローラのほぼ三倍に達した。さらに、ノキアの利益率は、競合他社をはるかに上回った。ノキアの税引き前利益率が二〇%、電話一台あたり約二十八ドルであるのに対し、モトローラは二%、三ドル以下だった。二〇〇〇年代初めには、折りたたみ式携帯電話機の流行を見逃したものの、それでも〇四年の市場シェアは三〇%。最大のライバルであるモトローラに対して、相変わらず二倍以上の差を付けた。

ノキアは困難な状況へと向かっているのだろうか？「そんなことはない」というのが、業界通の意見だ。「絶対的な収益はもちろんのこと、効率や規模においても、競合他社を依然としてはるかにしのいでいる」とテレコム業界アナリストのアンディ・ラインハルトは言う。「携帯電話の価格が今後も下がり続けるのなら、ノキアは競合他社以上に、低価格機種への移行を切り抜けながら利益を搾り出すための準備を進めるだろう。たとえば、同社はインドで、巨大な新しい工場を建設している。その狙いは、安い労働力を活用しながら、最大級の成長市場によりよいサービスを提供することにある。〇四年の第二・四半期には、中国で市場シェア首位の座を固めた[12]」

[11] Andrew Tausz, 2001, 'Still the one to beat; Nokia strives to maintain its lead in the wireless handset market', *Telephony*, 13 August.

[12] Andy Reinhardt, 2005, 'Nokia's Disconnect', *Business Week Online*, 22 July.

テレコム業界で、ノキアほど成果を得ている企業は見当たらない。同社は、この競争の激しい業界で、どのようにして成功をおさめてきたのか？「優れた組織プロセス」と指摘するのは、テレコム業界の専門家アンドルー・タウスだ。「つまり、イノベーションを許容・奨励するような組織プロセスにあるのだ」。同社のイノベーションに対するサポートは、人材開発と社内ベンチャーという二つの領域を重視している。

能力の獲得

どんな技術志向の企業にも必要なのは、その企業にふさわしい人材である。ノキアは、経験や創造力に富んだ人材だけではなく、社風に合う人材を求めた。また、海外からも人材を招き、スキルの育成に取り組んだ。人口わずか五〇〇万人のフィンランドでは、業務上必要な知識や能力が手に入らなかったからだ[13]。

ノキアの人事政策やプロセスは、精鋭を惹きつけるうえで重要な役割を果たした。人材マネジメントには、厳密で詳細なインタビューや、チーム単位の報奨制度が含まれていた。また、同社が人材を獲得・維持できた背景には、社風（組織構造、学習環境、チーム重視、業務の柔軟性など）の影響もあった[14]。

ダン・スタインボックはかつて、自著でノキアの改革を詳しく論じたことがある。その彼によれば、「同社は改革の結果として、『スカンジナビア諸国全体で最も技術力の高い社員』を獲得した」という。簡単に言えば、ノキアは働き甲斐のある会社だったのだ。その人事政策や社風は、組織

[13] Yves Doz, Jose Santos and Peter Williamson, 2001, *From Global to Metanational: How Companies Win in the Knowledge Economy*, Harvard Business School Press, Boston, MA.

[14] Dan Steinbock, 2001, *The Nokia Revolution: The Story of an Extraordinary Company that Transformed an Industry*, American Management Association, New York.

構造やプロセスとあいまって、新しいアイデアを生み続けた[15]。

ノキアはまた、「学び続ける組織」であることを自負していた。同社が社員に求めたのは、独創性とアイデアの共有だった。戦略部門のマネージャー、マーカス・カヤントはこう語る。「あなたが素晴らしいアイデアを持っているなら、ノキアでは誰もあなたを止めようとしないだろう[16]」このような環境は、独創性と意欲と協調性を兼ね備えた、まさにノキアが求める人材を惹きつけた。

比類なき組織プロセス

イノベーションは、ビジネスの世界、とくにハイテクビジネスの世界で生きていくためには不可欠である。しかし、大企業でイノベーションを推進するには、厄介なこともある。いかにして成長しながらもイノベーションを続けていくか、という課題に直面した点では、ノキアも他の成長企業と変わらない。「『イノベーションを続けろ』と社員に強要することはできない。ただし、イノベーションの育成や促進は可能だ。しかし、無理強いはだめだ」。ノキアのコミュニケーション担当上席副社長のラウリ・キビネンは、こう述べている[17]。「いったん箱の外に出て考え、四方を見渡しながら、一連の開発の成果を想像しようとする。その精神こそ大事なのだ」。キビネンは「我が社の成功には秘伝などない」と付け加えた。「イノベーションとは、絶えず育てなくてはならないものだ。間違いを大目に見る代わりに、大胆な行動を認めることで、社員の活力を広げるのだ」

[15] Jonathon, D. May, Paul Y. Mang, Ansgar Richter and John Roberts, 2001, 'The innovative organization', *McKinsey Quarterly*, Spring, p.21.

[16] Katherine Doornik and John Roberts, 2001, 'Nokia corporation innovation and efficiency in a high-growth global firm', Graduate School of Business, Stanford University, Case Number S-IB-23, p.9.

しかし、「自分の会社ならイノベーションを続けられる」と口で言うのは簡単だ。実際のところ、ノキアはどうやってイノベーションを続けているのか？　その答えは、組織プロセスにある。ノキアの重要なプロセスのうち、いくつかはノキア・ベンチャー・オーガニゼーション（NVO）に見られる。この組織は、イノベーションを奨励・育成する正式なアプローチだ。NVOを設けた目的は、まだノキアの中核事業になっていないようなビジネスチャンスの開拓にあった[18]。そこでは、社内から生まれたプロジェクトだけではなく、社外のプロジェクトも発展させている。いったんアイデアが形になれば、ノキアの事業単位の一つに組み込まれるか、社外へ売却される。ノキアでは、NVO内にこのような戦略を実行するための社内ベンチャーに対応したツールや能力を集めていた。とくに見逃せないのは、以下に挙げるように、イノベーションの推進や新規事業の開拓をリードするための四つのイニシアティブがあったことだ。

洞察・展望グループ（Insight & Foresight group）……技術面で変革的なテクノロジーを特定し、新しいビジネスモデルを開発した。

新興成長事業グループ（New Growth Business group）……ビジネスアイデアを採用し、そのアイデアを持続可能なビジネスとして実現した。

アメリカ・イノベント（Us-based Innovent）……社内の専門家や経営資源の提供を通じて、社外の起業家に協力するチーム。起業家は、このチームからの協力によって、ノキアが関心を持つ領域についてビジョンを明確にした。また、事業構想の立案から営利化までのプロ

[17] Tracy Sutherland, 2000, 'The Finn formula', *The Australian*, 28 November, p.32.
[18] Nokia, 2001, 'Nokia expands ventures organization with new tool for corporate innovation'.

セスを推進できるようになった。

ベンチャー・パートナーズ（ＮＶＰ：Nokia Venture Partners）……ノキアだけではなく、社外の投資家から資金を調達し、携帯電話や関連の新規事業に投資した。

他社に真似できないプロセス

ノキアのイノベーション・プロセスは、非常に個性的で、他社に真似のできないものであった。ＮＶＯによって、中核事業に集中することができると同時にノキアより小さい企業と同じように、イノベーションを効率よく育成していった。また、ＮＶＯのような組織によって、イノベーション・プロセスを容易に変更することができた。さらに、「社内で生まれたアイデアに目を向けたほうがいい」と考えられる場合には、ＮＶＯが社内のプロジェクトに資金を振り分けられた。逆に、社外にアイデアを求める場合には、ＮＶＯが社外から資金を調達できた。ほとんどのグローバル大企業にとって、この種の柔軟性を確立・維持することは、並大抵のことではない。

組織のプロセスと能力が優れていれば、持続可能な競争優位を生み出せる。これは、ノキアの事例でも実証されている。同社が達成してきた成果は、同業他社に比べても群を抜いている。果たしてノキアのような並外れた業績が、今日のテレコム業界のような入れ替わりの激しい世界でも、維持できるのだろうか？　その答えは、時間が経たなければわからないだろう。しかしノキアは、一三五年にわたって、市場の変化への適応を続けてきた。この歴史を見れば、長年にわたって確実に成長を遂げたことがわかる。

有効なインターネットビジネス・モデル——イーベイ

特許やビジネスプロセスは、企業に対して、どのような形で持続可能な競争優位を長期的にもたらすのか？　本章では、この点を論じてきた。しかし、この重要なパズルには、まだ入念に調べていないピースがもう一つある。そのピースがあれば、採算の取れる方法で、パズルを完成させることができる。ドットコム・バブルの時期には、まさにビジネスモデルに採算性がないという理由で、無数の企業が倒産した。しかし、目を見張るほどの業績をおさめたドットコム企業が、一つだけあった。イーベイである。その理由はどこにあるのか？

イーベイは、一九九五年九月にピエール・オミディアによって設立された。オミディアたちが手掛けたことの多くは正しかった。最も驚かされたのは、彼らが構築したビジネスモデルだった。

表5・2には、イーベイのビジネスモデルが、本章の最初で見た採算性の基準にどれだけ合致しているのかを示している。項目ごとに見てみよう。

十分な収入

イーベイは、多様な料金や手数料によって収益を生み出した。「それは、非常にわかりやすいモデルだ。リスクは少ない」とイーベイのラジブ・ダッタＣＦＯ（最高財務責任者）は述べている[19]。

[19]　Daniel Eisenberg, 2001, 'Why are these CEOs smiling?', *Time*, 5 November.

表 5.2 ◆ イーベイの巧妙なビジネスモデル

採算性の鍵	イーベイの答え
必要な投資や利益率に見合うだけの売上がある。	多くの収入――顧客は、喜んで取引手数料等を支払う。投資は適切である。
顧客獲得・維持コストや、顧客を惹きつけるために要する時間が妥当である。	顧客はクチコミでやって来る。マーケティングの費用はほとんどかからない。出品する顧客には事欠かない。
必要な固定費をカバーできるほど、貢献利益が十分にある。	販売される商品のコストは、文字通りゼロである。品物は顧客のもので、取引に紙はいらない。貢献利益は膨大であり、固定費は最小限で済む。
以下に述べるような運転資金サイクルの特徴が好ましい状況にある。 ・運転資本（在庫など）に必要な金額や期間は、どれくらいか？ ・顧客は、どれくらい早く料金を支払うのか？ ・仕入れ代金や賃金の支払いを、どこまで引き延ばせるか？	売り手は事前に出品手数料を支払う。さらに、落札の際に落札手数料を支払う。売掛も在庫もない。在庫は、売り手であるイーベイの顧客が持っている。

第一に、イーベイは、オークション開始価格に応じて出品手数料を課金した。出品者は、イーベイのサイトに商品を載せるために、一品当たり三十セントから三・三〇ドルを払う。そして、出品期間を延長したり、宣伝をする場合にも、別途料金がかかった。また、企業が自社製品をオークションにかけたり、固定価格商品、一回のオークションで複数の品を出せる「逆競り」など、それぞれに料金を設定した。

イーベイの売上の基本は手数料だった。オークションごとに課し、料率には、商品の販売価格に基づくスライド制度を設けた。二〇〇一年には、同社の手数料収入が三億ドルに達した。二〇〇二年一月には、「落札手数料」に当たる手数料率を引き上げた。二十五ドル以下で落札される品物には五・二五％、二五・〇一ドルから一〇〇〇ドルで落札される場合には二・七五％、一〇〇〇ドル以上で落札される場合には一・五〇％の手数料が課された。

一番良かったのは、出品者も落札者も十分いたことだ。イーベイは一九九八年、設立からわずか三年で、一〇〇万人の買い手、六十万点の出品、六〇〇万ドルの収入を記録した。二〇〇四年には、三四〇億ドル相当の取引を成立させ、収入が三十億ドルに上った[20]。イーベイはもはや、ぬいぐるみの交換サイトではなくなった。ユーザーは、車や飛行機、コンピュータ、プリンタ、カメラなどをイーベイで購入するようになった。

顧客獲得・維持コスト、顧客を惹きつけるために要する時間

幸運なことに、イーベイのユーザーの半分以上が、他のユーザーにイーベイを紹介していた。つ

[20] イーベイ社の2004年年次報告から。'2004 Annual Report', eBay, http://investor.ebay.com/

まり同社は、マーケティングにあまり費用をかけずに済んだ[27]。折々の広告や、AOLのような主要ポータルサイトとの契約以外には、顧客獲得にほとんどコストをかけなかった。顧客の維持では、さらにコストを抑えられた[21]。テクニカルライターのリック・スペンスは、次のように書いている。「去年の秋、私はイーベイと恋に落ちた。そこには何でも揃っている。私はすっかり夢中になった[22]」

必要な固定費をカバーするほど十分な貢献利益

イーベイが最も優れているのは、実のところサーバ上に置かれた一連のアプリケーション群以外の何者でもないということである。そのため、ビジネスを運営していくうえでの実際のコストはきわめて低い。アマゾンのそれよりはるかに低いのはたしかだ。イーベイは製品を仕入れなくてもよいため、包装・販売という手間もかからない。その代わりに、これらのコストを出品者に負担させるのである。またイーベイは、固定費を要する流通センターがなくても運営できる。ビジネスウィーク誌のロバート・ホフは、記事の中でこう書いている。「イーベイにとって、製品開発チームやマーケティング、販売、セキュリティの実装のすべてを一手に担っているのは、他でもないユーザーなのである[23]」

このようなビジネスモデルはすべて、「八五%以上の粗利益率」という最終結果につながっている。もちろんイーベイは、ソフトウェア、サーバー技術、カスタマーサポートに投資しなくてはならない。しかし工場や流通センター、配達用のトラック、どれも必要ない。このような二十一世紀のビジネスモデルは高くつく。イーベイは、他人の持ち物を再販売できるうえに、売れるたびに小さな

[21] Whit Andrews, 1998, 'Investors betting on eBay to maintain its auction lead', *Internet World*, 5 October, p.72.
[22] Rick Spence, 2000, 'The eBay economy', *Profit*, February-March, p.6.
[23] Robert D. Hof, 2001a, 'The people's company', *Business Week*, 3 December, p.EB14.

分け前を取っているにすぎないのだ[24]。

運転キャッシュサイクルの特徴

ほとんどの起業家は、次の点を心配しなくてはならない。運転資金はどれほどなのか？ 顧客の支払いサイトはどれくらいか？ サプライヤーへの支払いをどれほど先まで延ばせるのか？ しかし、イーベイの場合は違っていた。実際の取引は出品者と落札者の間で完結するため、何も心配する必要がなかった。売り手は、出品時に手数料を支払ううえに、落札時にも別の手数料を支払った。支払いを怠れば、イーベイを使えなくなる。ここでは自己管理のシステムが、うまく機能している。好条件のキャッシュサイクルを生み出すことができた理由は、イーベイがいったん事業を起こし、株式を公開すれば、追加資本を集めなくても成長できるという点にあった[25]。

輝かしい成果

イーベイのビジネスモデルは、参加者全員がハッピーになれる仕組みだ。取引が成立すれば、出品者と落札者は満足し、イーベイも分け前を得る。その分け前も、申し分ない額であった。

一九九八年のイーベイでは、二〇〇〇万点の出品があった。そして、これらの品物が合計七億四六〇〇万ドルで取引されることによって、四七一〇万ドルの売上を得た。この売上を社員一人あたりに換算すると、六十八万七〇〇〇ドルになった。イーベイの登録ユーザーは、二〇〇五年の六月までに一億五七〇〇万人になった。そのうち、過去一年以内にオークションを実施したユーザー

[24] Michael Rappa, 2002, 'Business models on the Web', http://www.digitalenterprise.org/models/models.html

[25] Tom Gardner, 1999, 'The eBay model: powerful networks', http://www.fool.com/

は、六四六〇万人だった[26]。第二・四半期に限れば、一〇九億ドル相当の品物の取引によって、売上が十億八〇〇〇万ドル（前年同期比四〇％増）に達した。

しかし、それよりもっとすごいのは、高い利益性である。二〇〇五年の第二・四半期には、営業利益が三億七九〇〇万ドル（前年同期比四九％増）に達した。これは、売上の約三五％に相当した。ライバル社は恐れを抱いていた。「この連中は、ものすごいことをしでかした」とアマゾン・ドット・コムのウォレン・Ｃ・ジェンソンＣＦＯは認める。また、フォーストマン・レフ・アソシエイツのウィリアム・ハーニッシュ社長兼ファイナンシャル・アナリストはこう述べている。「不況にあっても、急成長を続けられる企業は数少ない。イーベイはその一つだ。現に、同社のビジネスモデルは素晴らしい[27]」

知的財産の保護、優れた組織力とプロセス、経済的に魅力のあるビジネスモデルが、いかにして持続可能な競争優位をもたらすのか？　本章ではこれらについて論じてきた。一見簡単なことに見えるかもしれない。では、失敗してしまうのはどのような場合だろうか？

失われた競争優位——ＥＭＩ

英国企業のＥＭＩは、古くから「技術面でのパイオニア」と目されてきた。世界で初めて開発したテレビコマーシャルシステムは、一九三七年にＢＢＣ（英国放送協会）に採用された。ＥＭＩは、

[26] *Business Wire*, 2005, 'eBay Inc. Announces Second Quarter 2005 Financial Results', 20 July.
[27] Gene G. Marcial, 2001, 'eBay — for hard times', *Business Week*, 3 December, p.63.

先進的な電子技術製品を取り揃えていた。七〇年代に入ると、専属契約を結んだトップ・アーティスト（ビートルズ、ローリングストーンズなど）の成功により、映画・レコード業界で確固たる地位を築いた。しかしＥＭＩは、気まぐれな音楽ビジネスに安住せず、技術力を発展させながら、既存事業以外のビジネスチャンスにつながりそうなイノベーションを奨励した[28]。

ゴッドフリー・ハウンズフィールドは、ＥＭＩのシニア・リサーチエンジニアとして、パターン認識の研究に従事していた。この研究とその後の臨床実験から生まれたのが、コンピュータ断層撮影装置（ＣＴスキャナ）と呼ばれる医療機器である。ＣＴの発明は、人体やその一部の断層撮影を可能にしたため、やがて「放射線学におけるＸ線以来の最も重要な進歩」との称賛を受け、七九年にはノーベル賞を受賞するに至った。またＥＭＩは、七三年に医療機器業界へ参入した[29]。そして参入後の三年間で、世界のスキャナ市場で七五％のシェアを獲得するまでに成長した。その結果、四二〇〇万ポンドの売上と一二五〇万ポンドの税引き前利益を上げた。未来はバラ色に見えた[30]。

ＥＭＩは、病院が求める最先端の製品を、規模も利益も大きいアメリカの放射線市場にもたらしたことで、先行者としてのポジションを築いた。また、ハウンズフィールドの技術に対する特許も取得した。ところが、事態は瞬く間に急変した。同社は参入から六年もしないうちに、市場のリーダーの地位を失った。それればかりか、八年もしないうちに医療機器事業から完全に撤退したのである。これほどまでに見事なスタートを切ったはずのＥＭＩが、なぜここまで落ちてしまったのだろうか？

[28] Christopher A. Bartlett, 1985a, *EMI and the CT scanner (A)*, Harvard University Press, Boston, MA.
[29] David J. Teece, 2000, *Managing Intellectual Capital*, Oxford University Press, Oxford, p.93.
[30] Christopher A. Bartlett, 1985b, *EMI and the CT scanner (B)*, Harvard University Press, Boston, MA.

特許による保護

ＥＭＩが特許を取得できたのは、技術力のおかげだ。もっとも、ザンタックの事例のでも見たように、特許によって守られるのは、特許を得た製品だけに限られる。タガメットが先に特許を得たにもかかわらず、ほんの少し化学成分を変えただけで、ザンタックの発売が可能になったのだ。

他の市場でＥＭＩと競合するメーカーは、同じやり方で医療機器市場に参入した。Ｘ線撮影装置メーカー大手のゼネラル・エレクトリック（ＧＥ）は素早くこれに対応した。ＥＭＩの特許権を侵害せずに、類似のスキャナを開発しようとしたのだ[31]。他社の追随によって、一九七四年後半までに、アメリカの市場で同様のＣＴスキャナがせめぎあうようになった。ＧＥは、七五年に自社製のＣＴスキャナを発表すると、翌年半ばから配送を始めた。ＥＭＩは、特許によって永遠に保護されたわけではなかった。

ＥＭＩと競合するメーカーは、スキャナ市場への入口だけではなく、スキャナ技術を改善する方法も見つけ出した。当初、ＥＭＩのスキャナは、画像の読み取り速度で競合他社の機器を上回っていたが、他社はすぐさまＥＭＩを追い抜いた。また、ＥＭＩのスキャナは、頭部の画像を取り込むだけだったが、他社製品には、人体の画像をまるごと取り込める機種すらあった。これに対抗して、ハウンズフィールドは、第二世代のスキャナ CT5000 を開発した。画像の解像度が改善され、人体全体のスキャンも可能になった。

[31] Pier A. Abetti, 1989, 'Technology: a key strategic resource', *Management Review*, February, p.37.

組織力とプロセス

ＥＭＩと医療機器市場で競合したのは、かねてから定評のある医療機器メーカーだった。いずれも、医療機器製造の経験豊かなメーカーばかりだ。また、サービスやサポートシステムにとどまらず、流通チャネルへのアクセスや関連するケーパビリティをも確立していた。さらには、世界最大のスキャナ市場であるアメリカの病院システムを深く理解することで、利益を得ていた[32]。ＧＥを例に取れば、一九七六年にスキャナを発売した時点で、三〇〇人の営業担当者と一二〇〇人からなるサービスネットワークを擁していたのだ。

ＥＭＩは、それらをすべて一から学習・開発しなくてはならず、その挑戦は並大抵ではなかった。十分な特許保護を受けていないばかりか、経験豊富な競合他社に対抗するための組織構造、プロセス、能力も欠いていた。七八〜七九年にかけて、スキャナの製造問題や技術上の不具合に悩まされた結果、スキャナ事業の業績は頭打ちになり、二三五〇万ドルの損失を計上したのだ。特許侵害でＧＥを訴えても、大した成果は得られず、あまりに遅すぎた。ＥＭＩにとって、この失敗は非常に深刻だった。七九年十二月、同社はソーン電気工業との合併を余儀なくされた。合併で設立されたソーンＥＭＩは、スキャナ事業をわずかな金額でＧＥに売却することで、同社との和解に応じた[33]。

ＥＭＩは、巨大な成長市場に参入してから六年足らずで、革新的リーダーの座を追われ、さらには事業から完全に撤退するまでにいたった。その理由は、特許保護が不十分だったこと。そして、経験豊富な競合他社に対抗するために必要な、組織プロセスや能力を確立できなかったことだ。

医療機器市場への参入当初、ＥＭＩにはまぎれもない競争優位があった。しかし同社は、その優

[32] *Business Week*, 1976, 'Can Britain's EMI stay ahead in the US?', 19 April, p.122.

[33] *Business Week*, 1980, 'GE gobbles a rival in CT scanners', 19 May, p.40.

位を維持できなかったのである。

持続不可能なビジネスモデル——ウェブバン

本章の前半では、イーベイが創業した第一日目から、独自のビジネスモデルによって正のキャッシュフローを実現したことを論じた。このモデルをじっくり観察すれば、なぜインターネットベースの企業が利益をあげることができるのかがわかる。

では、生き残れなかったドットコム企業が非常に多いのはなぜだろうか？　多くの企業のビジネスモデルには、採算性がまったくなかった。ある企業は、かさばる袋に入ったペットフードを販売し、顧客の自宅まで届けた。顧客が支払った金額は、配達された商品の原価よりもはるかに少なかった。別の企業は、新規顧客を獲得するために、その顧客の将来価値を超えた資金を投入した。ドットコム企業のビジネスモデルで、最も採算性が低かったのは、ウェブバンのモデルだろう。同社の消滅によって、投資家は十億ドル以上の損害を被った。

ウェブバンのアイデア

ルイス・ボーダーズは、起業家として、アメリカの書籍業界で成功をおさめていた。そして一九九七年に、食品業界にビジネスチャンスを見出す。オートメーションで運営する倉庫と、コンピュータに対応したスケジューリング・ソフトウェアを使えば、インターネットで顧客から食料品の注文を受けられる。さらに、スーパーでの買い物よりも安いコストで、商品を玄関先まで配達できる。彼は「このチャンスが業界の大革命になる」と信じていた[34]。ボーダーズは、過去の輝かしい業績のおかげで、きら星のごとく並んだ一流の投資会社から資本を得られた。その中には、ベンチマーク・キャピタル、セコイア・キャピタル、ゴールドマン・サックスなどもあった。

九九年六月、ウェブバンはサンフランシスコ・ベイエリアで最初の注文を受けた。同社は、顧客に対して、年中無休のオンラインによる食料品注文サービスを提供した。「注文された品物を三十分以内に配達する」と約束し、顧客の都合のいい時間帯に受け取れるようにもした。顧客にとっては魅力的な話だった。毎週、スーパーへ買い出しに行くことも、レジで列を成して待つこともない。新鮮な桃を選ぶために押し合うこともない。では、このビジネスモデルは、採算の基準に合致しているのだろうか。表5・3で見てみよう。

必要な資本投資や利益率に見合うだけの売上

ウェブバンは初期段階で、多大な資本を投じた。八〇〇〇坪を超える同社の流通センターは、世界で最も自動化が進んでいた。「インフラがすべてだ」とマサチューセッツ州ケンブリッジのフォレスター・リサーチのアナリスト、デビッド・クーパースタインは述べ、次のように続けた。「正しい方法でオンライン販売サービスを運営するには、市場に急ぎ足で参入するのではなく、非常に複雑な流通システムを開発することが必要だ。食品業界ではマージンが非常に薄いため、レバレッ

[34] Saul Hansell, 2001, 'Online grocery goes to the checkout lane', *Milwaukee Journal Sentinel*, 10 July, p.lA.

表 5.3 ◆ ウェブバンのビジネスモデル

採算性の鍵	ウェブバンの答え
必要な投資や利益率に見合うだけの売上がある。	ハイテクの流通センターを作るために巨額の先行投資を実施する。アメリカの食品流通業は、非常に利益率の低いビジネスである。この壁を乗り越えるには、一回の注文で大金を使う顧客を多く確保することが必要だ。
顧客獲得・維持コストや、顧客を惹きつけるために要する時間が妥当である。	ドットコム・ブームのおかげで、誰もがウェブバンを知っている。しかし、同社に乗り換えるだろうか？　同社がもたらすベネフィットには、どれほどの説得力があるのか？
必要な固定費をカバーできるほど、貢献利益が十分にある。	普通の食料品店であれば、品物を選んで自宅へ持ち帰るのは顧客であり、そこにはコストをかけなくて済む。ウェブバンでは、これらのコストを負担しなければならないため、貢献利益は少なくなる。
以下に述べるような運転資金サイクルの特徴が好ましい状況にある。 ・運転資本（在庫など）に必要な金額や期間は、どれくらいか？ ・顧客は、どれくらい早く料金を支払うのか？ ・仕入れ代金や賃金の支払いを、どこまで引き延ばせるか？	ここには大きな問題はない。顧客はクレジットカードを使って、即座に代金を決済する。サプライヤーは、仕入れ代金の支払いを待ってくれる。在庫の回転は速い。しかし、賞味期限が問題になりえる。

ジの対象を見出さなければならない」

彼の意見では、「ウェブバンは流通にレバレッジを効かせようとした」という。同社がこの投資から見返りを得るには、一回の注文で多額の出費をいとわない顧客を多数確保するか、または利益率を高めるかのどちらかしかないのである。表5・3でさらに詳しく見てみよう。

アメリカの食料品販売ビジネスの利益率

アメリカの食料品販売ビジネスでは、売上利益率が二〜三%もあれば「健全」とみなされ[35]、一%という企業も珍しくはなかった。極端に低い利益率で大量の商品を扱うことでこの業界は成り立っているのである。顧客は、ウェブバンの利便性に対して、もっと高い代金を払う気にはならないだろう。また、アメリカ人が毎週のようにスーパーへ買い出しに行くことを考えれば、店舗よりもオンラインでよりたくさんのお金を使うことも考えにくい。つまるところ、採算を得るには、生産性を大幅に高めるしかないのだ。だからこそ、ウェブバンの倉庫は高度の自動化を図っていた。

手ごろなコストで顧客を獲得

当時のアメリカでは、誰もがウェブバンなどのオンライン食品流通業者を知っていた。折からのドットコム・ブームに乗って、大いに名を売ったからだ。しかし、顧客は乗り換えただろうか？「ウェブバンが食べごろの熟した桃を配達してくれる」と思うだろうか？　もしスーパーに出かけ、新鮮なサヤインゲンが見つからなければ、「今夜のおかずはブロッコリーにしよう」と、ブロッコリー

[35] John Case, 2001, 'Food for thought: the on-line grocery business just keeps growing. So why can't anybody make any money at it?', Inc., September, pp.44-46.

を買って帰るだろう。果たしてウェブバンも同じことをしてくれるだろうか？　品切れで予定どおりの夕飯が作れなくなり、スーパーに走るようなことはないだろうか？

逆に、ウェブバンの立場で考えれば、巨額の投資に見合うほどの数の顧客が、スーパーから自社のサービスに乗り換えてくれるだろうか？　ウェブバンは一九九九年に、上半期だけで一三〇〇万ドルの売上を達成した。二〇〇〇年の終わりには、およそ四万七〇〇〇の世帯がサンフランシスコでの顧客リストに名を連ね、第四・四半期の売上は、九一〇万ドルに達した。しかし、注文金額の平均は八十一ドルにすぎず、ウェブバンのプランで必要とされていた一〇三ドルには届かなかった。同社は、一般の大規模なスーパーに比べ、多大な資金を投じていた。それにもかかわらず、売上高は、この種のスーパーとは比べようもないほど少なかった[36]。ウェブバンのようなオンライン食品流通業者は、買い物という根強い習慣や「自分で触ってメロンの固さを確かめたい」という顧客の習性を乗り越えなくてはならなかった。さらに、特売品を探して出費を抑えようとする顧客にとっては、価格が大きな分かれ目になった[37]。困ったことに、ウェブバンでは、顧客を一人獲得するのにおよそ二一〇ドルを要した[38]。

固定費と貢献利益

本章で見てきたように、ウェブバンが自前のビジネスモデルを機能させるには、売上を大きくするか、営業効率をかなり高めなければならなかった。設備を稼動させながら、ブランドを売り込み、注文品を届ける。いずれのプロセスでも、予想以上のコストがかかった。とくに高くついたのは、

[36] Carol Emert, 2000, 'Webvan sees sales surge 136%', San Francisco Chronicle, 28 July, p.B1.

[37] Dana Canedy, 1999, 'Need asparagus? Just click it; on-line grocers take aim at established supermarkets', New York Times, 10 September, p.Cl.

受注のプロセスだった。

ウェブバンでは、一件の受注・発送に対して、およそ二十七ドルを要した。しかもそのうちの十八ドルが配達コストだった[39]。普通のスーパーマーケットでは、顧客がこの部分を担うため、小売業者にコストがかからない。ウェブバンでは、当初五十ドル以下の注文に対して、四・九五ドルの配達料を課したが、配達コストが予算を超えたため、二〇〇〇年十一月から配達料の課金対象を七十五ドル以下の注文にまで広げた。

ワシントン大学で金融財政学を研究するポール・マラテスタ教授によれば、「食料品の配達サービスは、人口密集地域でこそ意味がある。複雑な流通システムの構築に経費をかけなくても済むからだ」という。「大量の食料品を箱に詰めてエレベーターで運ぶ作業に対して、比較的安い賃金で配達員を雇えるのであれば、投資は少なくて済む。しかし、十万ドルのトラックを郊外へと走らせ、一日のかなりの時間を渋滞に巻き込まれて過ごすにもかかわらず、ドライバーに時給二十五〜三十五ドルを払わなくてはならないなら、まったく意味がない[39]」

ウェブバンはまた、クロガーやセーフウェイといった大型チェーンのような購買力を欠いていた。競合他社が享受していた巨大な経済力がなかったため、商品にかかる仕入コストを抑えられなかった。

このように、ウェブバンでは高い変動費（通常よりも高い商品コストや配達コスト）によって、貢献利益に厳しい圧力が加わった。しかも、これで終わりではなかった。ウェブバンが持つハイテクの流通センターには、食料品業界の非常に低い利益ではカバーできないほど高い固定費がともなった。

[38] Carolyn Said, 2000, 'Webvan sees revenue losses grow', San Francisco Chronicle, 14 April, p.B1.
[39] Los Angeles Times, 2001, 'Online grocers hurt by delivery costs, apathy', 22 May, Business Section, p.7.
[40] Monica Soto, 2001, 'When a company fails to deliver', Seattle Times, 7 May, p.Al.

運転キャッシュサイクルの特徴

ウェブバンは、表5・3で見た採算性の四つの条件のうち、最初の三つをとても満たしそうにならなかった。四つ目の条件だけは合格だった。同社は、他の商品小売業者と同じ条件で、サプライヤーに仕入れ代金を支払った。消費者は注文時に代金を決済していた。在庫回転率もまずまずだった。しかし、他の三つの条件の領域で、経済的な不利益に直面していた。その不利益は、以上の特徴を持つキャッシュサイクルでは相殺できないほど大きかった。

結果

ウェブバンは、事業開始からほぼ二年後の二〇〇一年七月までに、投資家から募った十二億ドルをすべて使い切ってしまった。「食料品流通業界を改革する」という壮大なもくろみはうまくいかなかった。そして同社は七月九日に廃業する。ベイン・コンサルティングのマイルス・R・クックは、「ウェブバンのアプローチでは、収益を逃してしまう」[41]と述べている。

ウェブバンは、外見はニュー・エコノミー企業であったが、実体はオールド・エコノミー企業同様であった。コストの高い倉庫、トラック部隊、労働集約型の配達システムを持っていたため、他社と競合できなかった。同社のビジネスモデルは、本書での紹介や専門家の予想どおり、まったく現実にそぐわなかった。

[41] Vanessa Hua, 2001, 'Running out of gas; Webvan's efforts to keep on truckin' not likely to succeed, analysts say', San Francisco Chronicle, 27 April, p.B1.

投資家の知りたいこと

これまで見てきたように、エンジェル投資家やベンチャー・キャピタルは、投資に対して、ほとんどの事業が年間を通して生み出せないような高い見返りを求めている。このような見返りを獲得するには、時間をかけて事業を育て、株式を公開するか、あるいは同業他社に売りさばくしかない。しかし、この方法では時間がかかる。ドットコム・ブームのような異常な時期でもなければ、通常五〜七年以上かかるだろう。投資家は、どのような事業であろうと、あなたが始める事業がもたらすベネフィットが、長期にわたって存続できるのかどうかを知りたがる。そうでなければ、競合他社の参入を許すどころか、撤退する前に乗っ取られてしまうかもしれない。持続可能な競争優位があれば、成功したまま市場から撤退できるようになる。表向きは魅力的に見える市場に対して、画期的な製品を提供するだけでは不十分なのだ。

投資家はまた、金融市場の循環性を知っている。投資を成功裡に回収できるかどうかは、あなたの会社の業績だけではなく、金融市場の条件にも依存する。ＩＰＯの窓は開いているだろうか？あなたの業界のサイクルから見て、今は事業買収やＩＰＯの価格が高い時期に当たるのだろうか？

投資のタイミングを判断するのは難しい。魅力的な価格でＩＰＯや売却できる時期を正確に判断することは不可能である。したがって、投資家にとっては、時期のいかんにかかわらず、市場の条件が追い風になるまで競争優位が続いていることが重要である。

最後に、前章では、ほとんどの業界に製薬業界ほどの魅力がないことを示した。今は投資が報われるだけの魅力があろうとも、明日にはその魅力がなくなってしまうかもしれない。おそらく、事業を売却するまでにそうなっているだろう。本書で見てきた製薬業界ですら、ある程度当てはまることである。投資家はそのことを知っている。一般論ではあるが、持続可能な競争優位と採算性を備えたビジネスモデルを構築すれば、変化や将来の競争から身を守れる。しかし、本書で見てきたとおり、業界の魅力の程度にかかわらず、そのような保護が保証されるとは限らない。

本章からの教訓

第四章の最後で、私は次の質問を投げかけた。「起業家は、魅力のない業界でも成功できるだろうか?」本章では、市場は有望でも生き残りが難しいとされる業界の例として、携帯電話業界を見た。最近の困難な状況にもかかわらず、ノキアは大きな成功をおさめ、なお成長を続けている。逆にタガメットは、最も魅力の大きい製薬業界で、胃潰瘍治療薬の王座をザンタックに奪われた。EMIは、CTスキャナ市場への参入直後に優位に立っていたにもかかわらず、結局、GEに追い抜かれた。この二つの企業では、参入当初の成功が長続きしなかった。

ザンタックの教訓

特許によって財産権を手厚く保護されている企業は、比較的穏やかな競争環境を享受していられる。また、十分な利益を得られるよう、ある程度自由に商品やサービスの価格を設定できる。その利益を再投資に回して未来に向けた優位を築くのもよし、あるいはまた単純に銀行へ預金することも可能なのであろう。ザンタックは、十二年間、ジェネリック医薬品から保護されていた（残りの五年は、ＦＤＡの認可を得るために使われた）。一九九五年までには、世界中で二億四〇〇〇万人に処方されたことで、三十六億ドル以上の売上を記録した[42]。そう簡単には破られない特許で保護される優れた商品を持っていれば、それは紙幣を印刷するためのライセンスに匹敵するのである。

しかし起業家は、自らの製品やアイデアが特許を得られるかどうかだけを考えてはいけない。そこで得られる特許保護が、他社を寄せ付けないほどの手厚いものかどうかを知っておくことも重要だ。このためには、業界の動向とともに、関連する技術についても理解を深めなければならない。

ノキアの教訓

ノキアのように、社内に優れた組織プロセスや能力を築ける起業家は、特許による保護がなくても、現在どころか未来にわたって競争優位を維持できる。ノキアには、熟練した人材の獲得・維持やイノベーションの実現に向けたプロセスがあった。このプロセスのおかげで、規模を大幅に広げてからも、独創性や敏捷性を維持できた。起業家は、ビジネスチャンスを評価する際に、次の疑問を自分にぶつけてみるべきであろう。「自分の作る新しい会社が、現在や将来、競合しそうな相手にとって真似のできないようなプロセスやシステムを築くことで、少なくとも数歩先を行くようになれるか」という点である。

[42] George Trefgarne, 2005, 'Online and Mail Order Bony Retail Spending,' Daily Telegraph, 17 June.

ＥＭＩの教訓

ＥＭＩのＣＴスキャナは、この種の機器で最初に発明されたにもかかわらず、同社が得た特許権は、模倣を退けるほど十分なものではなかった。特許さえあれば保護されるなどと思い込んではいけない。さらに、ＥＭＩには、ＣＴスキャナ技術で最先端にとどまれるほどの組織力も、医療業界でマーケティングやサービスを展開するほどの能力もなかった。このため、より長い歴史を持つ競合他社に比べて、不利な立場に置かれ、たった六年で市場でのリーダーシップを失ったばかりか、八年後には市場から完全に撤退した。

自社の特許製品がノーベル賞を得られるほど優れていても、長期にわたって成功が続くとは限らない。起業家はこのことを肝に銘じておかなくてはならない。ザンタックはタガメットを、ＧＥはＥＭＩをそれぞれ下したのだ。

また、ＥＭＩの事例は、先行者優位が当てにならないことを辛辣《しんらつ》に語っている。世界初の表計算ソフトVisiCalcは、どこへ行ったのだろうか？　最初のポータブルＰＣ、オズボーンはどこへ追いやられたのか？　いずれも、今では影も形もない。シンクレア社やコモドール社のコンピュータが、今使われていないのはなぜか？　実際には、特許の保護だけでは語れない場合が多い。新しくて優れた製品やサービスだけが生き残るわけではない。業界の首位を守るには、それなりの組織プロセス、能力、資源を備えることが肝要だ。そうすれば、「持続可能な」競争優位を獲得できる。

イーベイやウェブバンの教訓

ここで、わかりやすい例を出そう。あなたのビジネスモデルの帳尻が合わなければ、あなたの事業は長続きできないだろう。いくら独創性があっても、自分のやりたいことにコストをかけすぎていれば、あなたの事業はおしまいだろう。イーベイの場合には、実際に採算が取れていた。ウェブバンはその逆だ。たとえば、イーベイには、業務遂行能力など多くの要因が備わっていた。ウェブバンの場合には、業務遂行能力のなさが失墜を早めた。ビジネスモデルの観点に沿えば、ウェブバンが消滅する運命にあったことがわかる。

採算性のあるビジネスモデルは、「万能薬」とは言えない。しかし、出発点としては重要だ。採算の取れるビジネスモデルがなければ、長い間定位置を守ることはできない。ビジネスプランをまとめる前に、本章で行った検証に取り組んでみよう。検証で問題点が見つかれば、打開策を立てるか、別の事業を始めるべきだ。

ライフスタイル・ビジネスにおける持続可能な競争優位の確立

起業家は必ずしも、社外の投資家を求めるわけではない。また、ノキア、ザンタック、イーベイの事例のように、持続可能な競争優位を確立できるだけの資源を持つわけでもない。それでは、多くの起業家が、長期にわたってかなりの収益を得られるようなビジネスモデルを確立できるのはなぜだろうか？　場合によっては、数年や数十年どころか、何世代にもわたって事業を継続できることもある。起業家は、限られたリソースの中で、自分の席を奪いそうな勢いの貪欲な競合他社から、どうやって身を守ればいいのだろうか？

ライフスタイル・ビジネスを目指す起業家や、つつましい野心を持つ起業家の場合には、競合他社のレーダーの下を飛ぶことが往々にして持続可能な競争優位の鍵になる。つまり、起業家が理解し、共感できる特有のニーズを持つニッチ市場に対して、商品やサービスを提供すればいいのだ。顧客の嗜好にあったオーダーメードなやり方で、他に例を見ないような優れた実行力でサービスを提供することで、大企業に奪われないほど強いロイヤルティを築くことができる。

小さな企業が生き残るためには、顧客とのきわめて良好な関係と、相応する販売スキルを持ち合わせることが必要である。そうすれば、マス・マーケティングを得意とする大企業が満たせないような顧客ニーズについて深い洞察を得ることができる。さらに、販売スキルを有効に使えば、顧客ロイヤルティまでも生み出せる。小企業の経営者にこのようなスキルやロイヤルティがなければ、ブランド力の強い大企業や、経営効率のよい企業の参入で顧客がすぐに乗り換えてしまうことを思い知らされるだろう。

「市場」と「業界」についてのまとめ

ここまでは、四つの市場と業界に関する成功条件に関して、いくつかの事例を詳しく観察してきた。要点は次のとおりだ。

● 市場と業界は同じではない。
● ビジネスチャンスに対するミクロレベルとマクロレベルの評価を組み合わせることによって、片方だけの評価では見えなかった魅力の全体像を描き出せる。
● 低迷する市場や競争の激しい業界でも、ミクロレベルで十分な強みがあれば成功できる。ターゲット顧客に優れたベネフィットを提供しながら、そのメリットが長期にわたってもたらす競争優位を維持することは、その一例である。
● 時間が起業家を有利にするとは限らない。先行者優位はたいてい幻想だ。

ロードテストの第４段階――ミクロレベルでの業界テスト

・ あなたには、他社が真似できないような財産権の要素（特許、企業秘密など）があるのか？

・ あなたのビジネスでは、他社が真似できないような優れた組織プロセス、能力、資源を開発・採用しているか？　証拠を挙げるように！

・ あなたのビジネスモデルには、採算性があるのか？　たとえば、「手持ちの現金がすぐに尽きてしまうことはない」と証明できるだろうか？　この問いへの答えは、次の質問への答えにかかっている。

―必要な資本投資や利益率に見合うだけの売上があるのか？
―顧客の獲得・維持にどれほどの費用が必要なのか？
―顧客を惹きつけるには、どれほどの時間が必要なのか？
―あなたの貢献利益は、固定費をすぐにカバーできるほど十分なのか？
―運転資本（在庫など）に必要な現金や期間は、どれほどなのか？
―顧客は、どれほど早く代金を支払うのか？
―仕入れ代金や賃金の支払いを、どれほど引き延ばせるのか？

第6章 起業家としての夢の実現

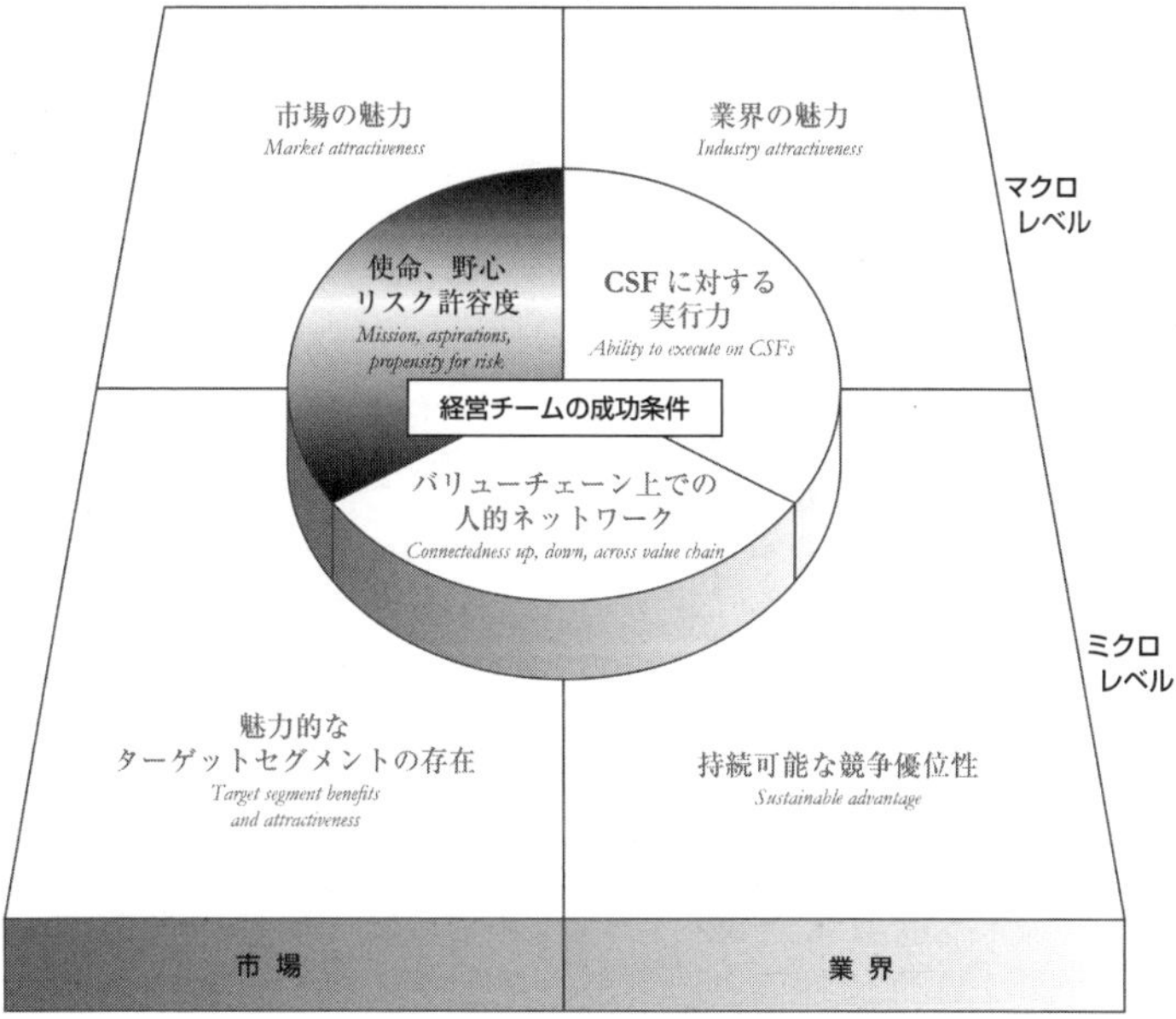

市場の魅力
Market attractiveness
業界の魅力
Industry attractiveness
マクロ
レベル
使命、野心
リスク許容度
Mission, aspirations, propensity for risk
CSFに対する
実行力
Ability to execute on CSFs
経営チームの成功条件
バリューチェーン上での
人的ネットワーク
Connectedness up, down, across value chain
ミクロ
レベル
魅力的な
ターゲットセグメントの存在
Target segment benefits and attractiveness
持続可能な競争優位性
Sustainable advantage
市場
業界

インド独立の父マハトマ・ガンジー。彼ほどインドや国民に尽くした人物はいない。ガンジーは、偏見を取り除くことへの情熱と、平和的解決という確固たる信念を合わせ持っていた。

その彼が非暴力不服従運動《サッティヤーグラハ》へ参加したのは、必然の成り行きだった。ガンジーは、インドの下層カーストの権利、ヒンズー教徒とイスラム教徒の友好、インドのイギリスからの独立のために、七八年の生涯を捧げた。

ガンジーは暴力ではなく、平和的な抵抗や経済面での圧力によって、望ましい結果を得ようとした。暴力を終わらせるために、何週間も断食したこともあった。イギリスからの独立を求めて、同志のインド人とあの伝説的な「塩の行進」を実行した。またインド人には、イギリス製の布を買う代わりに、自分たちで織物を作ることを奨励した。

一九四七年に、インドはイギリスから独立した。ガンジーの不断の努力、リーダーシップ、そして夢が実を結んだのだ[01]。

ガンジーの成功の要因は何だったのだろうか? 彼は、「インドの国民に正義をもたらす」という自らの使命を守り続けた。「すべてのインド人に正義を」という気高い願望は、野心に満ち溢れ、決して揺らがなかった。またガンジーは、その願望を果たすためなら、大きな危険を冒すこともいとわなかった。投獄された揚げ句、暗殺されたのだから。

[01] Indira Ghandi, 1982, *Indira Ghandi: My Truth*, Grove Press, New York.

夢のない人生などあるだろうか？

――詩人・劇作家　エドモンド・ロスタン[02]

夢を実現させる三要素

ガンジーのように、自らを犠牲にしてまで大義に身を捧げるような人間はほとんどいない。ガンジーの熱意を起業家の熱意になぞらえたとしても、決してガンジーの努力や成功を過小評価するわけではない。それどころか、ガンジーの使命、野心、リスクを恐れない精神、そしてその一貫性は、一人の人間が達成しうる感動的な事例を示している。

優れた起業家は、起業の夢を実現するうえで大切と思われる要素を、自分の事業にひととおり取り込んでいる。

使命……どのようなビジネスを目指すのか？　どのような市場にサービスを提供するのか？

野心……どこまでの目標達成レベルを狙うのか？

[02] Edmond Rostand, 'La Princesse Lointaine', 1980, *The Oxford Dictionary of Quotations*. 3rd ed. Oxford University Press, p.410. から引用。

リスク許容度……夢を実現させる過程で、どのようなリスクを冒すのか？　そのために、どのような犠牲を払うのか？

ナイキのフィル・ナイトの使命は、長距離ランナーが最高のパフォーマンスを引き出せるような製品やサービスを提供することだった。おそらく彼は、それ以外の市場を狙った起業には興味がなかっただろう。アマゾン・ドット・コムを創業したジェフ・ベゾスは、本の購入方法を大きく変えることで、世界規模の小売業者にのし上がった。彼は、規模や対象が限定された小さな事業では満足していなかっただろう。

これから本章で見るのは、私たちがよく知っているスターバックスの事例だ。創業者のハワード・シュルツは、起業家としての夢を実現するために、二度までも約束されたキャリアを棒に振ろうとした。シュルツの夢は、「コーヒーのミステリーとロマンスを明らかにすること」だった[03]。イタリア人にとって、コーヒーは音楽のようにいつも身近にある。このことに気づいたシュルツは、イタリアのコーヒー文化をアメリカで再現しようとした。

起業家精神とは、自分が自由に使えるリソースに関係なく、まずはビジネスチャンスを追い求めようとする気概である[04]。ここで指摘しておきたいのは、これがきわめて個人的なものだということだ。あなたは起業家として、何を得たいと思っているのか？　起業家精神があっても、この点についての明確なビジョンがなければ、成功にはつながらない。

あなたの使命は何か？　スポーツ選手にサービスを提供したいのか？　コーヒーを売りたいの

[03]『スターバックス成功物語』ハワード・シュルツ、ドリー・ジョーンズ・ヤング著、小幡照雄、大川修二訳、日経BP社、1998年

か？　あなたの野心はどれくらい大きいのか？　あなたは、第二のリチャード・ブランソン、フィル・ナイト、ハワード・シュルツになりたいのか？　それとも、自分だけでまわせる小さなファミリービジネスを目指すのか？　あなたはどれほどのリスクを負う覚悟があるのか？　自分の貯蓄を危険にさらす覚悟があるのか？　あるとすればいくらくらいか？　あなたは収入がなくてもやっていけるのか？　どれくらいの期間なら大丈夫なのか？　あなたは自分が起こした会社の経営者になるつもりなのか？　それとも、いつか自分の裁量が及ばなくなるか追い出されるかもしれないような危険を承知で、大企業の大きなパイの一部を手に入れるつもりなのか？

以上のことを決められるのは、あなただけだ。あなたが決めなくてはならない。明確な使命がなければ、起業家としての取り組みも散漫になるばかりか、目的や方向性を欠いてしまう。自分の野心を理解しなければ、資金、時間、愛情など、あなたに必要な支援をしてくれる人たちに対して、支援が必要な理由を明確にできないだろう。リスクの程度や種類は、人や状況によって異なる。しかし、あなたが投資を求めているのなら、自分で負うリスクの範囲を明確にしない限り、意中の投資家にリスクの分担を働きかけることは無理だろう。自分の身を安全な場所においては、資金を集められないかもしれない。

同様に重要なのは、「起業」というあなたの夢を実現させる三つの要素（使命、野心、リスク許容度）を、首尾一貫した方法で組み合わせなくてはならないことだ。ある程度のリスクを負わなくては、大きな夢を追いかけることはできない。優れた起業家は、往々にしてチームプレーに長けている。経営に関するオーナーシップやコントロールを他人とシェアせずに成功することはできない。個人プ

[04] Howard H. Stevenson, H. Irving Grousbeck, Michael J. Roberts and Amarnath Bhide, 1999, *New Business Ventures and the Entrepreneur*, McGraw-Hill/Irwin, Burr Ridge, IL.

レーは、ライフスタイル・ビジネスには有効だ。だが、それでは第二のリチャード・ブランソンやフィル・ナイトにはなれないだろう。

本章で取り上げるスターバックスは、今や全世界に展開するコーヒーショップチェーンである。創業者のハワード・シュルツは、「品質の高いコーヒーとイタリアのコーヒー文化をアメリカの大衆にもたらそう」という使命を抱いていた。彼が先見の明によって作り上げたチェーンは、今日「スターバックス」として世間に知られている。成功へと向かうためのビジョン、良心、力強いエネルギーのある企業の一部になりたいという野心は、企業の設立にとどまらず、その会社の名声を最高峰にすることにも向けられた。彼は、公私を問わず、この野心を達成するのに必要なリスクを負うことをいとわなかった。

「体験」としてのコーヒー――スターバックス

二〇〇五年、スターバックスは三十二カ国でコーヒーショップを展開している。シアトルのコーヒー豆専門の焙煎・小売業者として出発したスターバックスは、今や世界で最もよく知られるブランドの一つにまで成長した。ハワード・シュルツの成功物語を見てみよう。

シュルツの情熱――シアトルでコーヒーを広める

シュルツは、ニューヨーク州ブルックリンのベイサイド・プロジェクトで、ワーキングプアの両親に育てられた。このことは、のちにシュルツ自身が語っている[06]。やがて彼は、スポーツの奨学金を得て大学に進む。卒業後の一九七六年に、営業見習いとしてゼロックスに入社した。しかし、「ワープロやオフィス機器の販売には向いていない」と気づいたシュルツは、三年後に同社からスイス系の建築資材・家庭用品販売会社ペルストープに移った。彼は入社後、ノースキャロライナ州で台所用品を販売する。しかしまたもや、自分の売る製品に興味が持てないことを痛感していた。商品の販売に熱意を持つようになったのは、ペルストープの子会社で、家庭雑貨を扱うハマープラストの副社長兼ゼネラルマネージャーになり、スウェーデン調のおしゃれなデザインの台所用品を扱うようになってからだった。

八一年、ハマープラストで働いていたシュルツは、あることに気づいた。シアトルを本拠地とする小売業者、スターバックスコーヒー・ティー＆スパイスが、シュルツの会社のドリップ式コーヒーメーカーを大量に、しかも立て続けに購入していたのだ。同社は、ほんの一握りの小さな店舗しか持たないのに、ニューヨークの有名デパート、メーシーズを上回るコーヒーメーカーを購入していた。その理由を知りたくなったシュルツは、自分の目で確かめようとシアトルに飛んだ。

スターバックスコーヒー・ティー＆スパイスは、スマトラ、ケニヤ、コスタリカなどの山で栽培された約三十種類ものアラビカコーヒーの生豆や、高級コーヒーメーカーを販売していた。店頭での試飲は勧めていたが、座席スペースは設けていなかった。

シュルツは、同社のコーヒーに魅せられた。それ以上に印象に残ったのは、三人のパートナーの一人、ジェリー・ボールドウィンの自社商品に対する熱意だった。「ジェリーはコーヒーについて熱心に話してくれた。自分の商品をこれほどまでに熱く語る人にはそれまで一度も会ったことがなかった」シュルツは夢中になり、ニューヨークに戻ると、同社で働く道を探すことにした。

第一のリスク

シュルツは、その年から翌年にかけて、ボールドウィンと何度も会った。ボールドウィンのコンセプトとシュルツのマーケティングに関する経験を合わせれば、スターバックスは事業を拡大できると確信していた。一九八二年の春、サンフランシスコでスターバックスのパートナーたちとの夕食会に同席し、その後も自らのビジョンを熱く語った結果、シュルツは仕事を得た。わずかな給与にほんの少し、同社の株がついてきた。

八三年、同社はシュルツをミラノの家庭用品ショーに派遣した。滞在中に、シュルツはイタリアのコーヒーバー文化を体験した。「コーヒーを飲みながらの社交」というイタリア流の儀式は、シュルツの興味をかき立てた。「イタリアのコーヒーショップは、家庭、職場に次ぐ第三の場所だった。そこには信頼や安心があった[05]」イタリアには約二十万のコーヒーショップがあり、そのうち一五〇〇店舗がミラノに集中していることを知った。「このコンセプトや文化を、アメリカに持ち帰ってはどうだろうか？」その考えに心を躍らせた。「コーヒーを愛する人たちの社交の場は、家庭だけではない。私たちがまずやらなくてはならなかったのは、コーヒーショップの雰囲気や秘密を解

[05] Alex Witchel, 1994, 'Coffee talk with Howard Schultz; by way of Canarsie, one large cup of business strategy', *New York Times*, 14 December, p.Cl.

き明かすことだった」シュルツは述べている。「コーヒーバーは、イタリアのあらゆる街の中心だ。だからこそ、私はそれをシアトルに持って帰りたかった[06]」

ミラノから戻ったシュルツは、スターバックスのパートナーたちにコーヒーバーのアイデアを提案した。開口一番、答えは「ノー」だった。彼らは、レストラン・ビジネスになどかかわりたくなかった。飲食業界はそれほど居心地のいい場所ではないと考えていたのだ。

シュルツは、パートナーたちを説得した。そしてようやく、八四年四月にオープンする予定だった六つめの店舗にエスプレッソの小さなカウンターを作った。それまで一日の平均来客数が二五〇人だったのに対し、この店はオープンから二カ月も経たないうちに一日八〇〇人の客を迎えるようになった。しかし、コーヒーバーの成功を裏付ける数字が出たにもかかわらず、パートナーたちは「コーヒーショップをさらに発展させよう」というアイデアには納得しなかった。

「スターバックスに対する忠誠心と、イタリア式のエスプレッソバーという私のビジョンに対する自信。私はこの相反する感情に引き裂かれていた」

第二のリスク

シュルツは一九八五年、スターバックスに加わって日が浅いにもかかわらず、一つの重大な決定を下した。同社を離れ、まだ将来性の不確かなコーヒーバービジネスを始めることにしたのだ。当時、コーヒーはリスクのある商品だと思われていた。アメリカでは、コーヒーに含まれるカフェインの健康に及ぼす影響が明らかになったこともあり、六〇年以降はコーヒーの消費量が減り続け、コー

[06] Malt Rothman, 1993, 'Into the black', *Inc.*, January, p.59

ヒー市場が活況からほど遠い状況にあった。

最初の店舗をオープンし、事業を始めるには、四十万ドルの初期投資が必要だった。まもなく子どもが生まれるシュルツには、手持ちの資金はなかった。彼の資金繰りを見たスターバックスは、十五万ドルの投資を申し出た。また、ジェリー・ボールドウィンは、シュルツの会社の役員になることに同意した。さらに、スターバックスでのボールドウィンのパートナー、ゴードン・バウカーも協力してくれることになった。その直後、シュルツは地元の医師から十万ドルを受け取った。医師はこう言っていた。「成功する人間は、何か信じられないような意欲を持っているように思えます。……彼らは、いちかばちかの賭けにエネルギーを注ぎ込むのです。この世界では大きな賭けをしようとする人は、相対的に少ないのです」

一九八六年一月、シュルツに息子が生まれた。このときまでに、シュルツは最初の店のオープンに必要な残りの資金を調達していた。しかし、本当の目的は、さらに一二五万ドルを集め、新たに七店舗をオープンし、このアイデアが広い範囲で有効であることを証明することにあった。シュルツは、一年がかりで全額を集めた。その間、資金を出してくれそうな二四二人の投資家にアプローチしたが、二一七人に断られた。結局シュルツは、一年以上かけて、三十人の投資家から一六五万ドルを調達する。コーヒーバーを八店舗開くには十分だった。シュルツはこう述べている。「私に資金を出してくれた投資家に、『あのときなぜ危険を冒したのか?』と聞いてみれば、ほとんど全員がこう言うだろう。『私のアイデアではなく、私に投資したのだ』と」

四月八日、シュルツはイル・ジョルナーレ一号店の営業を始めた。店名の「イル・ジョルナーレ」

は、イタリア語で「毎日」という意味で、イタリアで一番読まれている新聞の名前でもあった。開店初日には、三〇〇人の客が訪れた。半年もしないうちに、この店は一日一〇〇〇人の客を迎えるようになった。シュルツは、最初の店から大きな夢を持っていた。「当時、私たちの計画はありえないほど大胆だった。まだ誰もイル・ジョルナーレの名前を知らなかった。それでも私は、主要都市に必ず店を出すことで、北米最大のコーヒー会社を築こうと夢見ていた」

最初のイル・ジョルナーレは、完全に成功したわけではなかった。シュルツはすぐに、コーヒー好きのアメリカ人が、店内に流れるイタリアのオペラ音楽を好まないことに気づいた。店でくつろぎながらしばらくゆっくりしたいという顧客のための座席も必要だった。シュルツは、このような失敗から学習した。そして、最初の店のオープンから半年後に、シアトルの高層オフィスビル内に二号店を開いた。八七年半ばには、三店目のイル・ジョルナーレをオープンした。どの店舗でも年間売上はおよそ五十万ドルにのぼった。

第三のリスク

一九八七年三月、ジェリー・ボールドウィンとゴードン・バウカーは、スターバックスの六店舗と焙煎工場、そして「スターバックス」の名前の売却を決めた。イル・ジョルナーレの一号店がオープンしてから、一年も経っていなかった。ジェリーは、スターバックス時代に買収したピーツに専念したかった。ピーツは、コーヒー豆や挽いたコーヒーを売る小さなチェーン店だった。シュルツはこう語った。「このニュースを聞いたとたん、スターバックスを買収しなくてはならないことに気づいた。それが私の運命だったのだ」。しかし、買収にはおよそ四〇〇万ドルが必要だった。当時のスターバックスは、ピーツの買収による債務超過に苦しんでいた。この状況を見たシュルツは、株式の売却で資金を集めなくてはならないと悟った。しかし、そうなれば、彼の所有権や裁量は弱まるだろう。そこでシュルツは、必要な資金を調達するために、再び投資家に頼ることにした。投資家の中には、イル・ジョルナーレに資金を投じた者も、投じなかった者もいた。投資家に対するシュルツの売り込みは、次のような純粋な情熱から来ていた。

「アメリカ人が毎日口にする飲み物は、いったい何種類あるだろうか？　コーヒーは、ただの飲み物ではない。文化と言ってもいいだろう。コーヒーの魅力と歴史はそこにある。私たちはこのチャンスを通して、イタリアで見たような社交やくつろぎの場所としてのコーヒーバーを再現したい。そして、これ以上ないほどおいしいコーヒーや優れたサービスを提供したい。私が考えているコーヒーバーは、今までのコーヒーショップとは違う。アメリカ人の一日の始まりを変えられるのだ」

シュルツに成功をもたらしたのは、素晴らしいコーヒーと、自分のコンセプトに対する情熱だった。そして彼は、一九八七年八月までにさらに三八〇万ドルを集め、スターバックスを手に入れた。このときシュルツは三十四歳だった。

その後の物語

シュルツは、企業を引き継ぐ難しさを痛感していた。彼は買収当初、二つの目的を掲げていた。一つは、旧スターバックスの社員のサポートを得ること。もう一つは、戦力になるマネージャーを雇うことだった。シュルツは、社員との最初のミーティングで、自分の使命は、社員全員が誇りを持てるような価値や原理原則を持つ全国規模の企業の確立だと宣言した。シュルツは、今いる社員が、自分の計画とともに前進していく気構えがあることを確かめなくてはならなかった。また、会社が成長するにつれて、他人の専門知識に頼らなくてはならないことにも気づいた。「『自分から出向いて、自分より経験豊かな人材を経営陣に雇わなくてはならない』。私はそう思った」

シュルツはそのとおりに実行した。経験豊かな人材を多数雇い入れては、経営陣に加えたのだ。彼の哲学は単純だった。「自分よりも賢い者を雇いなさい。そして、彼らに道を譲りなさい[07]」最高の人材を見つけ、確保しておくこと。これが、確固たる成長基盤を築くために、シュルツが取った方法の一つだった。

一九八七年一〇月、シュルツたちは、「スターバックス」の名前でシカゴに最初の店を開いた。西海岸から離れる最初の試みだった。シカゴには、続く半年間でさらに三店舗を開いた。結果は「素晴らしい」とは言えなかった。流通・輸送コストを加えると、シカゴでの販売コストはシアトルよりもかなり高かった。また、シカゴの住人は、シアトルほどコーヒーショップ体験に関心を示さなかったのだ。八七年、同社は三十三万ドルを失った。

しかし、この損失も、シュルツたちをひるませはしなかった。彼は投資家に対して、店舗ごとの

[07] Don Jones Yang, 1994, 'The Starbucks enterprise shifts into warp speed', Business Week, 24 October, p.76.

魅力的な実績を示しながら、ビジネスモデルの有効性を強調した。見込み客への到達に必要な人材やシステムに投資するには、全体的な損失は避けられなかった。投資家はまた、いれたてのエスプレッソと同様、コーヒー専門店が世界中のスーパーやコーヒーバーでブームになっていることを知っていた。スターバックスの成長は止まらなかった。

● 一九八八年、スターバックスは十五店舗を新たに開くとともに、最初のカタログ販売を始めた。しかしこの年、同社の損失は七十六万四〇〇〇ドルに達した。
● 八九年、同社はさらに店舗を増やす一方で、一二〇万ドルを失った。
● 九〇年、三十店舗の新規オープンによって、同社の赤字は解消された。

同社はこのときまでに、計三回にわたる投資ラウンドで資金を集めた。旧スターバックスの買収目的で三八〇万ドル、九〇年初めに同社をさらに成長させる目的で三九〇万ドル、さらに九〇年後半には、新しいスターバックスのこれまでの発展ぶりに可能性を見出したベンチャー・キャピタルから、一三五〇万ドルもの資金を得た。

スターバックスの売上は、九二年までの間に、年間でおよそ八〇％伸びていた。同年六月には、持ち株を公開するとともに、店舗の拡充目的で二九〇〇万ドルの援助を得た。ＩＰＯ当初、社員二〇〇〇人に対して、毎週六十万人の顧客を確保していた。その九二年には、五十三店の新規オープンによって、同社の店舗総数は一四〇店になった。

スターバックスは、九三年までに、フォーチュン誌の「アメリカで急成長を遂げた企業四十社」にランク入りした。同社は、単なる成長のロールモデルではなかった。九四年、ビジネスにおける勇気、誠意、社会貢献的なビジョンが評価され、シュルツはビジネス・エンタープライズ・トラスト賞を受賞した。そして成長はさらに続いた。

九七年、スターバックスの売上は十億ドルを超えた。一年後、一五〇〇店舗と二万五〇〇〇人の社員を擁するようになった。スーパーでもコーヒーの販売を始めた。九九年、各店舗の年間平均売上は、八十万ドルにのぼった。イギリスの店舗は八十店、日本は五十三店である。

二〇〇〇年、シュルツは、オーリン・スミス社長兼COOにCEOの地位を譲ることに決めた。もっとも、スターバックスを離れるには早かったため、会長兼最高国際戦略責任者（Chief Global Strategist）として残った。以降も、同社は勢いを弱めてはいない。

- 二〇〇一年末、スターバックスは、世界五〇〇〇店舗で毎週二〇〇〇万人の顧客にサービスを提供している。店舗売上は、一二一カ月連続の増加を記録した。
- その年、三十億ドルの売上に対し、前年比九二%増しの一億八一二〇万ドルの利益を稼いだ。
- アメリカ以外の国での店舗数は、九九年に二八一店であったのに対して、二〇〇二年までには二十カ国で一二〇〇店に達した[08]。

[08] Stanley Holmes, 2002, 'Planet Starbucks', Business Week, 9 September, pp.100-110.

スターバックスの株価は、上場後の十年間で二二〇〇％上昇した。収益率では、ウォルマート、GE、マイクロソフトを抜いた。シュルツの持ち株だけでも、四億ドル相当の価値があった。

二〇〇四年には、年間売上が五十億ドルを超えた。店舗全体の売上も、今なお伸び続けており、二〇〇四年には、前年比が一〇％上昇した。全社での最終売上は、三〇％増えた[09]。また、フォーチュン誌の「働きたい会社ベスト一〇〇」で第十一位にランク付けされた[10]。ブルックリンのベイサイド・プロジェクト出身の若者は、大成功をおさめたのだ。

投資家の知りたいこと

投資家を必要としない起業家もいる。彼らは、外部の資本がなくても、起業の夢を追求できる。他の起業家は、ハワード・シュルツのように、自分や家族や友人以外からも投資を受けなければ、野心を満たせない。起業家の使命、野心、リスク許容度は、投資家の資本を惹きつけるうえでどのような役割を果たすのか？

第一に、プロ投資家にはたいてい、自分なりの使命がある。エンジェル投資家やベンチャー・キャピタルは、すでに知っているものや、以前に自分たちが儲けを得たのと同様のものに心を動かされることが多いのだ。ある投資家は、テレコミュニケーションやメディアといった特定の「業界」に資金を出す。別の投資家は、医療関係者にサービスを提供する企業のような、特定の「市場」に投

[09] 'Starbucks Corporation Fiscal 2004 Annual Report', http://www.starbucks.com/aboutus/investor.asp
[10] Fortune, 2005, '100 Best Companies to Work For', 24 January.

資する。自分の使命を、投資家の使命に合わせることも重要だ。自分たちが選んだ領域以外に資金を投じる人は、数えるほどしかいないからだ。いくつかの企業は、アメリカ人の中に品質の高いコーヒーを求める傾向が強まっていることを見るや、コーヒーの小売より製造や卸売を最初の使命に選んだ。ハワード・シュルツも同じ選択をしていれば、投資グループの顔触れはまったく違っていただろう。たいていの投資家は、どういう形態の会社を設立しようとしているのかを明快に理解したいのである。

第二に、プロの投資家の野心というのはいたって単純なものである。つまり、自分たちや投資してくれる人たちのために大きな利益を上げることである。それは、投資する事業の成長と、「最終的な売却」を意味している。注意してほしいが、一般公開企業への売却もあれば、同業者への売却もある。あなたがいったんベンチャー・キャピタルを受け入れれば、事業の売却に同意したのも同然だ。あなたの野心が、多くの起業家に見受けられることだが、それほど大きくないのなら、また、あなたの夢が、自社事業の売却よりも長期的な独立経営にあるのなら、家族や友人、気まぐれな人たち以外からの投資を求めても意味がないだろう。

第三に、プロの投資家は、自ら負うリスクを理解している。どのような事業であっても、目的を達成する勝算を知っているのだ。ベンチャー・キャピタルの典型的なポートフォリオで大成功をおさめるのは、十件の取引のうち、一、二件だけだろう。元が取れるだけの見返りを得られそうな取引が若干あるかもしれない。残りの取引では、注ぎ込んだ資金の大半か全額を失うだろう。

この厳しい勝率の中で、エンジェル投資家やベンチャー・キャピタリストが知りたいこと、それは、自分たちが支える起業家が、並々ならぬ努力とコミットメントによって、わずかな勝算をものにできるかということだ。あなたが失敗すれば自分たちと同様に何かを失う、投資家はこのことをあなたの覚悟の証として知っておきたいのだ。はっきり言えば、投資家は、自分たちがリスクを負うだけではなく、あなたも自己資本を危険にさらすのを見たがっている。あなたが手持ちの自己資金から、どれだけを危険にさらす用意があるか、通常はここからリスクのシェアに対する覚悟を読み取れる。手持ちの資金が少なければ、投資額はつつましくてもいい。あなたがすでにかなりの資産を築いているなら、他人にリスクを負うことをお願いする一方で、自分の資産の一部を危険にさらすことが期待されるだろう。

　要するにあなたは、ビジネスプランをまとめる前や投資家に接触する前に、自分の使命、野心、リスク許容度を明らかにしなくてはならない。投資家へのアプローチが早すぎれば、時間の無駄になる。最悪の場合には、二度と投資は期待できなくなるかもしれない。投資家は、あなたとゴールが異なると気づけば、あっという間にあなたをリーダーの地位から追い払うだろう。これは、ほとんどの起業家の卵が思っている以上によくあることなのだ。経営者にとって都合のいいビジネスの構築など、ほとんどの投資家の頭にはない。

本章からの教訓

　すべての企業が事業を始めてからわずか十五年で、大企業にのし上がれるわけではない。企業によっては、創業当初から成果をおさめ、順調なまま後任にバトンを渡す企業もある。他方、夢の実現に何十年もかかるほど、ゆっくりと安定した速度で成長する企業もある。ハワード・シュルツのように、創業からスターの地位まで一気に駆け上れる企業は一握りだろう。未来の起業家は、シュルツの事例から何を学べるのだろうか？

● シュルツには、明確な使命が三つあった。イタリアのコーヒーバー文化をアメリカにもたらすような企業を設立すること、最高のコーヒーだけを提供すること、社員を尊重するような組織を運営することだ。シュルツは、はっきりとした目的意識があったからこそ、エネルギーを集中できたのだ。
● シュルツの野心は大胆であった。アメリカ人の一日の始まりを変えるような収益性の高い、一流の大企業を築こうとした。シアトルでいくつかのコーヒーショップを経営するのは、シュルツの性に合わなかった。
● シュルツは、目的達成のために、何度でもリスクを負う覚悟があった。

使命

ハワード・シュルツは、コーヒーの需要を見越してコーヒーを選んだわけではなかった。本章で見てきたように、シュルツや他のエスプレッソ起業家が参入するまで、アメリカのコーヒー消費は長く低迷していた。シュルツがコーヒーを選んだのは、コーヒーに魅せられたからだった。深く煎ったアラビカコーヒーの味や香りは、それまでシュルツの知っていたコーヒーとはまったく違っていた。シュルツは、コーヒーや焙煎方法に興味を持ち、イタリアのコーヒー文化をアメリカ経由で世界に紹介しようというアイデアに夢中になった。

シュルツのコーヒーに向けた情熱、これが、彼自身そしてスターバックスに多大なる貢献をした。コーヒーマニアのデーブ・オールソンのような社員が集まったのも、その熱意に惹かれたからだった。オールソンは、コーヒーに対する同社の情熱をまさに体現したような社員である。またシュルツは、まだ事業を始めてもいない段階から、投資家の援助やサプライヤーの信頼を得られた。彼を信じたサプライヤーはやがて、スターバックスの成長とともに大きな利益を手にする。

金儲けだけを使命にしている投資家は多いが、起業家にしてみれば、それだけでは物足りない。さほど興味もないビジネスで大きな成功をおさめることは、ほぼ不可能だ。金儲け以上の目的がなければ、厳しい戦いを勝ち抜けるわけがない。次章で取り上げるが、パーム・コンピューティング&ハンドスプリングの創業者ジェフ・ホーキンスはこう言っている。「あなたが信じていることをしなさい。なぜなら、あなたがそれを信じているからだ[11]」

シュルツは若いころ、コピー機や家庭用品の販売で成功していた。しかし、オフィス機器の販売で事業を立ち上げようとしていたなら、決してコーヒー「体験」の販売で達成したような成果を上げられなかっただろう。シュルツの物語は、次のことを示唆している。「自分のチャンスに情熱を感じられないなら、感じられるようなチャンスを探したほうがいい」。第一〇章では、素晴らしいビジネスチャンスはどこから訪れるのかを論じる。もっとも、プラスチック、ソフトウェア、バイオテックなど何であれ、流行を追いかけるだけが答えではない。

[11] スタンフォード大学で2002年10月23日に行われた講演から。

シュルツの事例から得られる教訓には、使命に関するものが他にもある。シュルツはまず、自分のビジネスの進む方向をはっきりと一つに定めていた。都会のコーヒーバーだ。起業を志していながら、シュルツのようなひたむきな使命を持たない人は、いくつもの道に目を向けてしまう。シュルツにしても、素晴らしいコーヒーに対する情熱を、別の方法で追求することもできただろう。ジェリー・ボールドウィンの元祖スターバックスのようなコーヒー専門店は、可能な選択肢の一つだった。「品質の高いコーヒーを焙煎してからスーパーマーケットで売る」という手もあった。レーザー光線のごとく一点にフォーカスするのか。それとも、フォーカスを分散させることで、失敗した場合の損失を少なくしておくのか。起業を志す人にとって、意味があるのはどちらだろうか？ 経験豊かな起業家は、後者のアプローチに深刻な欠点が二つあることを知っている。

第一に、起業家の資金が、往々にして潤沢ではないことだ。わずかな資金を多方面に振り向けても、すべてが失敗に帰する可能性がある。投資先が少ないほどうまくいくのだ。たいていは、最も見込みのある道に全力を投じたほうが、複数の道を追うよりははるかにいい。その結果、道がふさがっているのであれば、途中学んだことを活かし、さらに見込みのある道へ進めるだろう。あなたが本書を読んでいるのは、自分にとってのベストな道を探し、それが賭けるに値するかを明らかにしたいからだろう。

第二の欠点は、複数の道を追うことによって、社員や投資家、サプライヤーをあなたの大義に惹きつけられなくなることだ。あなた自身が、自分のビジネスにとって最高の道を、自信と覚悟を持って選べないなら、どうして他の株主があなたについて来るだろう？ あなたがひたむきになれば、どんなときも社員や投資家、サプライヤーを惹きつけられるのだ。

野心

事業に対する野心は、起業家によって違う。自分や家族が満足な生活を送れることや、今のわずらわしい世界から抜け出すことだけを夢見ている起業家もいる。しかし、ヒーローホンダのブリジモハン・ラル・ムンジャル、インドのマハトマ・ガンジー、スターバックスのハワード・シュルツは、世界を何らかの方法で変えることだけを望んでいた。野心のある起業家なら誰でも、次に挙げる三つの質問を投げかけなければならない。

- 私はこの事業をどれくらいまで拡大したいのか？　売上、収益、社員数、支店数などの尺度で考えてみよう。
- この事業で、私はどのような役割を担いたいのか？　自ら行動したいのか？　**マネジメント**に携わりたいのか？　それとも、**リーダー**になりたいのか？
- どれだけの間、この事業に携わっていたいのか？

起業家や経営陣は、何らかの目的にかなう会社を経営したいという野心を持っている。その目的は、家族の生計を立てる、二人以上のパートナーが参加できるような複数の役割を提供するなど、さまざまだ。シュルツのような起業家たちは、大きなものを作りたいと願う。彼自身がこう言っている。「あなたが大きな企業を設立したいのなら、大きな夢を抱く勇気を持たなくてはならない。小さな夢を持てば、小さなことしかできないだろう。多くの人々にとってはそれで十分だ。しかし、もしあなたが、広範囲に及ぶほどのインパクトと長続きしそうな価値を手にしたいのなら、大胆になりなさい」

自分の会社をスターバックスほどの規模にまで成長させるのは、一人の人間の力だけでできることではない。成功させるには、チームワークが必要だ。起業家は必ずしも、チームプレーを実現できるだけの能力、勇気、意志を持ち合わせてはいない。また、複数の人間が集まれば、物事は複雑になる。この種の厄介事をビジネスに持ち込みたくない起業家も中にはいるだろう。家族や趣味といった私生活に、かなりのエネルギーを注ぎたいと思う者もいるかもしれない。しかし、急成長する事業を成功させるには、その事業に全身全霊を捧げることが必要だ。シュルツは、次のように述べている。「あなたは必死で働き、一つのことに多くの情熱を注がなくてはならない。そうなれば、自分の生活をほとんど犠牲にせざるを得なくなる[12]」誰もがそんな人生を望むわけではない。あなたはどうだろうか？

役割も、起業を志す人にとって一考に値する質問である。小さな企業が大きく成長すれば、リーダーの役割も必然的に進化していく。創業当初は、起業家も自ら行動する。シュルツは、自分でコーヒー豆を煎ったり、エスプレッソを作ったり、次の店舗のために資金を集め、用地を探した。しかし、いつまでも一人ですべてをこなせるわけがなかった。そのことに気づいたシュルツは、「自分よりも賢い人材」を連れてきて、それぞれの目的にかなう仕事をさせた。シュルツは、次のように

[12] Scott S. Smith, 1998, 'Grounds for success (interview with Starbucks CEO Howard Schultz)', Entrepreneur, May, p.120.

述べている。

「多くの起業家は、同じところで過ちを犯してしまう。彼らは、自分なりのアイデアを持ち、そのアイデアを実現しようとする熱意を持っている。しかし、それを実現するために必要なスキルをすべて持っているわけではない。彼らは、権限を委譲することをためらい、自分に忠実な部下で周囲を固める。頭の切れるやり手の人間を、経営者として高い地位に置くのは不安なのだ」

しかし、起業家は必ずしも、マネジメントや権限委譲を望んではいない。あなたが建築家として世に作品を認められているとしよう。面白い建物の建築や設計し続けることを望むだろうか？　それとも、事業を大きく成長させ、他の建築家をマネージし、彼らの創造性を発揮できるようにしたいのか？　これは重要な選択だ。簡単には選べない。漫然と考えるのではなく、慎重に決めること。

そしてもう一つの質問である。あなたは、自分のビジネスにおいて、どれほど長く経営に携わりたいのか？　長い年月にわたって、そのビジネスにかかわっていたいのか？　創業後できるだけ早く退いて、別のことをやりたいのか？　たとえば、あなたが夢中になるのは、創業初期の仕事のように何かを創り出すことだろうか？　それとも、後期のマネジメントだろうか？　この選択も、真剣に考えなくてはならない。あなたが起業家として本当に求めているのは何だろう？

リスク許容度

成功をおさめていても、「リスク・テイカー」を自認するような起業家はほとんどいない。「リスク・マネージャー」だと言えば納得するだろうが、リスク・テイカーであることは認めない。彼らの仕事は、サプライヤーや投資家、地主などのために、事業に内在するリスクを取り除くことだ。正直なところ、ほとんどの起業家は無邪気と言ってもいいくらい、あまりリスクを見ていない。彼らは、自分たちが新たに立ち上げた事業の成功を信じてやまないのだ。

しかし、シュルツの事例で示しているように、ビジネスでは何度もリスクを負わなくてはならない。明確なリスクは三つある。あなたと他人の資金、あなたの人生の時間、その時間を他のことに使った場合の機会コストだ。また、これらのリスクほどには知られていないリスクもある。ある時点で、投資家があなたを追い出そうと決めかねないことだ。あなたは、資金を集める代償として、このリスクを負いたいだろうか？　自分の業績や集められる資金の限界を設けてまで、事業に対する支配権を維持することが、あなたにとって重要なファクターだろうか？　あなたが愛する人たちは、あなたの夢のために、何らかの犠牲を覚悟している。この人たちのリスク許容度はどうだろうか？　負担を要するリスクについて、起業家と配偶者の間で合意が成り立っていなければ、その結婚生活はいずれ破綻するだろう。家族との夕食は？　住まいは？　安定収入の保証は？　あなたには、どのレベルまでリスクを負う覚悟があるのだろうか？　あなたのビジネスチャンスがもたらすメリットを勘案した場合、どこまでリスクを受け入れられるだろうか？　シュルツは、次のように語っている。

「私がビジネスのスリルを感じるのは、挑戦しているときだ。我々が試みることはすべて、たいていの人がよじ登れないような険しい山を登ることに等しい。登るのが難しければ、努力はその分だけ喜びになる。頂上に到達したときの満足感も大きい。だが、山登りに夢中になっている登山家のように、我々は常に今までより高い頂上を目指している」

リスクと見返りを常に比較すること。あなたはどちらを、どれだけ選ぼうとするのか？　起業家としてのあなたの夢は、どのようなものか？　そして、実際のところ、そのような夢のない人生とはどのようなものか？

自己診断テストの第５段階――使命、野心、リスク許容度のテスト

・あなたの起業家としての使命は何か？
　―特定の市場にサービスを提供すること。

　―特定の業界を変えること。

　―特定の製品を売り出すこと。

　―そのことに本当に情熱を持っているか？

・起業家としての夢に対して、あなたはどれほどの野心を持っているのか？
　―自分の裁量で、自分のために働くことか？

　―小さな事業を成功させることか？

　　あるいは、大きな事業を成功させることか？

　―現場で行動することか？　マネジメントか？　リーダーになることか？

　―世界を何らかの方法で変えることか？

・あなたはどのようなリスクを負いたいか？　あるいは、負いたくないか？
　―あなたは、給与の保証や、今の仕事で得ているものを失ってもいいのか？　それはどれくらいの期間か？

　―自分の事業に対する支配権を失ってもいいのか？

　―自分の資金を失ってもいいのか？　いくらまでならいいのか？

　―あなたは、自分の家、家族や愛する人との時間を失ってもいいのか？

　―あなたが愛する人たちは、あなたが負おうとするリスクを受け入れているか？

第7章　CSFに対する実行力

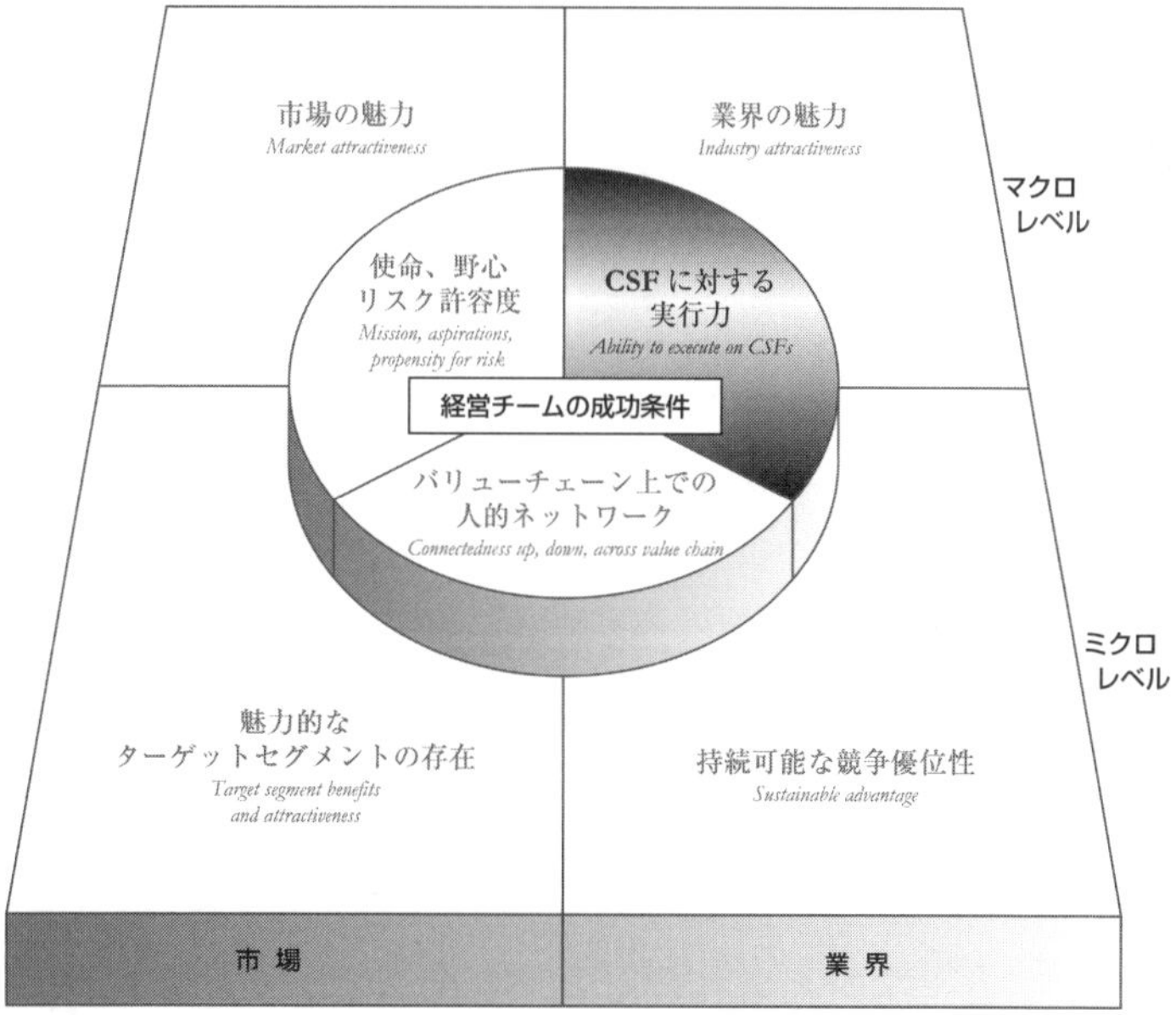

スポーツチームの勝敗の決め手は何だろうか？　当然ながら、スポーツによって違う。言うまでもないが、たいていのチームに必要なのは、優れた才能や素質と鍛えられた肉体を持ち合わせた選手と、有能なコーチ陣だ。しかし、このような基本要件を別にすれば、ＣＳＦはスポーツによって異なる。バスケットボール、サッカー、ポロを例に考えてみよう。優秀なバスケットボールのチームには、目と手をうまく調和させ、機敏に動く選手が必要だ。正確なシュートが勝敗を分ける。もちろん、背の高さも重要だ。

一方、サッカーは足を使うスポーツだ。手の動きはあまり重要ではない。しかし、頭と目で周囲に注意を払いながら、ボールを敏捷にコントロールする能力は必要だ。

ポロ・チームの成功は、選手と馬の両方にかかっている。バスケットボールやサッカーのように、ボールを上手に操ることも必要だ。しかし、それだけではない。ポロの場合には、速いスピードで走る馬に乗りながら、球を打てなくてはならない。

この三つのスポーツでは、持久力もまた重要である。コンディションをうまく整えたチームが勝つことが多い。成功に必要な要因は、スポーツごとに異なる。バスケットボールでは、背の高さとシュート力、サッカーでは、足技とボールを守る能力、ポロでは、訓練された馬と優れた騎手が勝敗を決める。

わが信頼は人民と、わが眼で見た彼らの徳にあった。

——ウィリアム・ワーズワース[01]

「起業」というスポーツ

ほとんどのスポーツにおいて、選手に強靭な肉体が求められる。それと同様に、どの起業にも最低限必要なものがある。優れた製品やサービス、効率の良いサプライチェーン、意欲的な社員などだ。どのようなビジネスも、以上の条件がなければ生き残れない。ここで、少しだけスポーツに話を戻そう。世界有数のテニスプレーヤー、ワールドカップに出場するサッカー選手、オリンピックでスタートラインに並ぶマラソン選手。どの選手も並外れた体力を持っている。体力は、選手の基本要件である。しかし当然ながら、ウィンブルドンで優勝したり、オリンピックでメダルを獲得したりするには体力以上のものが必要だ。

非常に優れたスポーツ選手と、偉大な選手との違いは何だろうか？　偉大な選手は、自分で選んだスポーツのCSF（スピード、強靭さ、バランス、作戦力など）を、もれなく満たしている。こうした

[01] William Wordsworth, *The prelude*, book xi, 1.11.

要因を実現する能力が、「偉大な選手」と「あと一歩及ばない選手」の違いだ。ワールドカップやテニスの試合では、勝者と敗者のパフォーマンスに大きな違いがある。これは、ビジネスの世界にも通じる。携帯電話業界では、モトローラなどのメーカーが低迷する一方で、ノキアが成長を続けている。運動靴業界では、老舗の運動靴メーカーが青息吐息の一方で、ナイキが成功をおさめた。同じ業界でも、このように業績に違いが出るのはなぜだろうか？

すでに論じてきたように、他社が簡単に真似できないような特許保護、組織プロセス、組織力は、「違い」の源の一例だ。しかし、違いを生み出すものは他にもある。CSFをいくつか実現できるような経営陣の能力だ。CSFの数は、往々にして片手で収まる程度だが、同じ業界内の企業同士での業績の違いに、大きな影響を与えることが多い。どのスポーツにも、勝者と敗者を分ける鍵になる属性がいくつかある。起業家の場合も同じだ。双方に共通する勝者と敗者の違いは、勝者は特定の分野のCSFを見つけ出し、それに応じてチームを編成するということだ。敗者は、CSFを特定することも、それらの要因を実行できるチームを持つこともない。

それでは、あなたが競争の熾烈な業界にいて、五つの競争要因の少なくとも一つが、あなたや潜在的な競合相手に不利に働いていればどうだろうか？　それでもあなたは成功できるだろうか？　この質問に対する答えは、「イエス、『しかし』……」である。

本章では、この「しかし」に正面から取り組む。相対的に魅力のない業界ですら、少なくともいくつかの企業は、めざましい成功をおさめている。残りの企業は、ほこりにまみれたままだ。したがって、「しかし」は次のように言い換えられるだろう。「イエス、起業家は非常に厳しい業界でも成功できる。『しかし』そのためには、次のことができなくてはならない」

● その業界特有のCSFを特定する。
● これらの要因を実行できる人材を集める。

もちろん、七つの成功条件モデルの残りの条件をうまく満たすことも重要だ。

本章ではまず、自分が属する業界のCSFを特定する方法を論じるつもりだ。次に、一つの企業の事例を検討しよう。パーム・コンピューティングは、ハンドヘルド・コンピュータの草分けとして大成功を遂げた。同社の属する業界での成功要因を特定し、経営陣（投資家が信頼を寄せるキーパーソン）がどの程度それらを実現したか見てみよう。

念を押しておきたいが、あなたに参入の可能性がある業界は、製薬業界ほど魅力がないかもしれない。本章の教訓からは、すでに学んだ第五章の教訓とともに、あなたのビジネスチャンスにある「業界の魅力のなさ」という欠点を克服する方法を学べるだろう。

主要成功要因（CSF）の特定

「私の業界では、どうすればCSFを見つけられるだろうか？」あなたは、こう自問するかもしれない。業界紙やインターネット、経営戦略の教科書に答えが載っているだろうか？　残念ながら違う。どの業界についても、ＣＳＦに対する知識は、個人の経験の中にある。たいていは苦労を重ねながら、どの要因を絶対的に押さえないといけないかを学んでいくのだ。あなたにそのような経験がある場合にも、経験がなくて誰かに頼る場合にも、自分の業界のＣＳＦを特定するうえで重要な質問が二つある。

- 企業の業績に深刻な悪影響を与える決定や行動とは、どのようなものか？
- 企業の業績にこの上ない好影響を与える決定や行動とは、どのようなものか？

私は、主に流通業界でキャリアを積んできた。この業界のＣＳＦは、一にも二にも「立地条件」だと言われている。好立地の店を持つ小売業者は、他の条件が悪くても、少なくともある一時期は成功できる。逆に、他の点で非常にうまくいっていても、立地条件が悪ければ、生き残るために奮闘しなくてはならないだろう。ＣＳＦとは、これほどまでに強力なのだ。スターバックスのハワード・シュルツは「店舗の場所を決めるには、膨大な時間が必要だった。しかし我々は、一つ足りとも過ちを犯すことはできなかった。立地の判断を一度でも誤れば、少なくとも五十万ドルの損失につながるだろう」と述べている。スターバックスの経営陣は、優れた能力を証明した。「我が社の最初の一〇〇〇店舗のうち、立地の判断ミスで閉店に追いやられた店舗は、たった二店舗だった」[02]

あなたの業界のＣＳＦを特定するには、業界内で成功している起業家や経営陣十五〜二十人に対

[02]『スターバックス成功物語』ハワード・シュルツ、ドリー・ジョーンズ・ヤング著、小幡照雄、大川修二訳、日経BP社、1998年

して、この二つの質問をしなさい。もちろん、さまざまな答えが返ってくるだろう。しかし、その答えはいくつかのテーマにまとめられるはずだ。それこそ、まさにあなたの求めるものだ。

イノベーションの成功――パーム・コンピューティング

最近のビジネス・ミーティングでよく見かけるのは、参加者がＰＤＡをトントン叩いている光景だ。小さなバッテリーで動くこの種の機器は、一九九三年から市場に出回っていたが、人気を集めたのは九六年からだった。パームパイロットは同年四月の発売以来、爆発的な売れ行きを見せ、最初の一年半で一〇〇万台が販売された。パーム・コンピューティングの小さな発明は、どのコンピュータよりも速く市場に受け入れられた。その速さは、テレビやビデオレコーダーなどの電気製品ばかりか、携帯電話をも上回った[03]。同社は、わずか二年で一五〇万台以上のパイロットを販売した。このような大成功は、初期のアップルのニュートンやマイクロソフトのポケットＰＣをしのぐほどだった。その成功の秘訣はどこにあったのだろうか？

困難からの教訓

パームの歴史は、ジェフ・ホーキンスとともに始まった。電気技師にして発明家でもあったホーキンスは、何十億ドルも稼ぐ企業を設立することよりも人間の脳に興味を持っていた。一九八〇年

[03] 『シンプリー・パーム：理想の PDA を目指して』アンドレア・バター、デビッド・ポーグ著、伊藤正宏監修、小林淳子訳、ソフトバンクパブリッシング、2002年

代後半には、サンフランシスコ・ベイエリアにあるグリッドシステムズ社で、ペン・コンピューティングの研究に携わっていた。この新技術によって、ユーザーはタッチペンを使って、コンピュータのスクリーンに直接文字を書けるようになった。理論どおりなら、その方法でユーザーの筆跡を認識できるはずだった。「理論どおりなら」である。というのも、コンピュータの筆跡認識能力に大きく依存していたからだ。

ホーキンスは当時、すでに「パームプリント」と呼ばれる手書きの文字認識ソフトを開発していた。グリッド社は一九八九年、「グリッドパッド」という名のタブレットコンピュータを開発し、販売を開始した。グリッドパッドには、ホーキンスが特許を持つソフトが組み込まれていた。当時、市販のコンピュータで、ペン入力が可能な機種が他になかったため、それなりに成功をおさめた。しかし、グリッドパッドの重さは約二十キログラム、しかも値段は二五〇〇ドルで、想定された特定の市場以外で使うにはあまりにも高価だった。

ホーキンスは九一年、一般の消費者によりアピールできるペン・コンピュータの開発に取りかかった。ペン・コンピュータがきっと売れると確信した彼は、このアイデアをタンディ社に持ち込んだ。グリッドの親会社である同社は、当時約七〇〇〇もの電気店を経営していた。ホーキンスは、次のように考えていた。

「今世紀の終わりには、我が社のデバイスが電卓と同じくらい普及するだろう。この種のコンピュータの市場規模はどの程度だろうか？　ほとんどの高校生、大学生、ビジネスマンが一台ずつ持つと想定すればわかるだろう。二〇〇ドル程度の価格ならありえない話ではない。いずれは、彼らのうちの半数の人が、PDAを所有するか、もしくは使っているはずだ」

タンディ社と二つのベンチャー・キャピタルは、ホーキンスのアイデアを気に入った。パーム・コンピューティングは九二年、ホーキンスの会社の持ち株四〇％と引き換えに、一三〇万ドルを融資した。ホーキンスが提案した商品「ズーマー（Zoomer）」には、アドレス帳や日記帳代わりに使えるようなハードウェアやOSが付いていた。ズーマーの開発は一人では無理だとわかっていた。そこで、九二年の初めに、三人の有能なエンジニアを雇い、仕事に着手した。

ホーキンスたちはすぐに、さまざまなパートナーからの圧力に直面した。秋には、ズーマー・プロジェクトには、カシオ、タンディ、AOL、インテュイットなど六社が参加しており、まさにパームは「船頭多くして、船、山に登る」の典型だった。パートナーはありとあらゆる機能をズーマーに持たせたがった。パームのモンティ・ボイヤーズ技術部長は、こう述べている。「彼らは、デバイスに付けたい機能を延々とリストアップしていた。それぞれの機能に意味があろうとなかろうと、彼らにとってはどうでもよかったのだ。『まったく、こんなに多くの機能は必要ない。他の機能をもっとスムーズに動かそう』我々はそう考えていた」

パームのチームは、ホーキンスを旗頭に、「多ければ多いほどいい」という考え方を退けようとした。そして代わりに、簡潔性と機能性に焦点を当てた。しかし、攻防戦は終わらなかった。九三年八月、アップルがニュートンの販売を開始した。続いて十月には、パームからズーマーが売り出された。どちらも売れ行きは芳しくなかった。ホーキンスは、自分の製品についてこう述べた。「私は自分でこの製品を使ってみた。使えたことは使えたが、欠点もたくさんあった」。七〇〇ドルで販売されたこのデバイスは、とにかく重くて扱いにくい。しかも、よくありがちな筆跡認識ツールが付いているだけだった。パームのチームは、そのころまでに、ＰＣへの接続機能の必要性を実感していた。ズーマーには、この機能が欠けていたのだ。

そして、その考えをすぐに実現させた。同年十一月に、ズーマーの追加機器として、パームコネクトを発売したのだ。この機器を使えば、ハンドヘルド型のズーマーとＰＣの間で、双方向データ通信が可能になる。しかし、実用性のある機器を追加したところで、ニュートンもズーマーも、売上が伸びることはなかった。ズーマーは、最初の二カ月で二万台の売上を記録したが、それ以降カタツムリの歩みのように売れ行きが鈍くなった。

ハイテク業界で勝つために必要なもの

粘り強いホーキンスは、ズーマー・プロジェクトの失敗をものともしなかった。経営陣強化の手始めに、ドンナ・デュビンスキーをＣＥＯに招いた。彼女には、ハイテク・チームのマネジメントに携わりながら、結果を出してきた。それ以上に重要だったのは、デュビンスキーのＣＥＯ就任によって、ホーキンスが経営者の役割から解放されたことだった。そもそも経営者になることなど望んでいなかったホーキンスは、市場に真のアピールをできるハンドヘルド・デバイスを開発するため、ズーマーの失敗から学んだことに専念できるようになった。

ハイテク業界でのイノベーションには何が必要か？　ホーキンスとデュビンスキーがズーマーの経験から得たのは、いくつかの重要な教訓だった。

一つめに学んだのは、技術開発の部分は簡単だということ。ハイテク起業家の多くは、それをやってのけていた。二つめに学んだことはさらに重要である。ハイテクの世界で肝心なのは、「技術力」と「真の顧客ニーズ」を結びつけながら、顧客が現実に抱えている問題を解決することだ。

第二章で見てきたように、顧客ニーズを満足させることは、特段新しいことではない。これは、どの業界でも大切だ。しかし、ハイテク業界で顧客を満足させる決め手は、三つのCSFにある。正しく実行すれば、成功のチャンスを得られるが、誤れば事業の未来はない。

- 顧客の本当の問題やニーズを先読みし、理解すること。もっとわかりやすく言えば、顧客の悩みを知ることだ。
- ある領域の技術を深く理解し、その技術によって可能なことと不可能なことを、現在・将来の両面にわたって把握すること。
- 顧客の問題やニーズを解決するために技術を活用する方法を見つけること。顧客の悩みは、その技術によって解決されるのか？

ハイテクベンチャーでは、技術が先行する場合と、顧客ニーズが先行する場合がある。前者の場合には、新しい技術によって顧客の悩みが解決されなくてはならない。後者の場合には、ニーズを満たすためのソリューションを開発するために、エンジニアを動員しなくてはならない。どちらが先であろうと、技術と顧客ニーズがうまくマッチすれば、第三のCSFが生じる。さあ、これらのCSFを順に見てみよう。パームでは、CSFはどのように作用したのだろうか？

顧客が本当に必要とするもの

「PDAは、どのような顧客ニーズを解決できるのか？」ホーキンスとパームの開発チームは、デュビンスキーを迎えるとこの課題に取り組んだ。しかし、彼らの「顧客」とは誰だったのだろうか？

パームの開発チームは、当時増えつつあったPCユーザーをターゲットに定めた。この大規模な市場の中で同社が狙ったのは、「コンピュータの専門家」とまでは言えなくても、新しい技術を受け入れるプロフェッショナルだった。開発チームは、そのターゲット市場を吟味し、あるセグメントに焦点を絞った。地元だろうが遠隔地だろうが、オフィスの外で働くプロフェッショナルだ。新しい技術に抵抗のないこの「モバイル・プロフェッショナル」が、真にPDAに求めたものは何だろうか？

ホーキンスは、顧客に対して、本当にほしいものを聞いてみようと考えた。明快な答えが返ってきた。「私たちのデスクトップ・コンピュータを別のものに置き換えないでほしい」「ポケット・コンピュータとデスクトップのカレンダーだけを取り替えてくれればよい」。顧客は、自分たちのPCにアクセサリを求めていた。つまり、すでに保存された住所やアポイントなどのデータを持ち運ぶ手段だ。

わかったぞ！「私は気づいた。私の競争相手はコンピュータではなく、紙だった[09]」ホーキンスはそう述べている。パームが苦労の末にズーマーに搭載した機能の大半は、顧客が求めてもいないようなオプションを、画面にちりばめただけだった。このことに気づいたホーキンスは、見込み客が本当にほしがっていた機能の開発に専念できた。デュビンスキーとともに、同社のエンジニアに対してPDAの代わりに、ある機器の開発を命じた。持ち運び可能で、使い勝手のいいデバイスだった。

ホーキンスは他社の計画を知っていたが、どこも顧客が本当に望んでいるものに気づかず、好機を逃していたのはたしかだった。ピーター・スキルマンは、IDEOのコンサルタントとして、ホーキンスと一緒に働いていた。デザイン・コンサルティングや開発を手掛けるIDEOは、パームのいくつかの商品開発に携わっていた。スキルマンは次のように述べている。「ジェフは、顧客の経験を理解しているだけではない。顧客にとって重要なことを、本能的に察知している。顧客の心の琴線にふれるものが何かをわかっているよ」言い換えれば、ホーキンスには、この業界のCSFのうち、第一の要因を実現する能力があった。

ホーキンスは、自分の市場にとって最も重要な特性を見つけた。顧客はシンプルかつコンパクト、価格の手頃さに加えて、魅力的なデザインや他の機器との接続性を求めていた。「我々には、顧客がほしがるものがわかっていた。信頼性があり、直観的に使え、スピーディーに動くものだ。つまり顧客は、紙よりも手軽に運べるものを求めていた。製品が複雑で高度な機能を持っていたとしても、顧客が体験するものは、単純でなければならない[05]」このことは、フォレスター・リサーチの

[04] Paul E. Teague, 2000, 'Father of an industry', *Design News*, 6 March, p.108.
[05] Rae Dupree, 2001 'Words to live by from an apostle of simplicity', *U.S. News and World Reports*, 15 January, p.35.

調査結果からも明らかだった。一般の人がPDAを使う目的は、eメールのやり取りのような複雑な作業よりも、カレンダーやToDoリストの操作にあった[06]。ホーキンスによれば、新しいデバイスは、「平均的な消費者が、簡単に使えるものでなくてはならなかった。技術オタクのための製品ではない。手帳のように、手軽に使えなくてはならなかった」

技術によって可能なことと不可能なこと

製品の大きさを変えずに、スピードや利便性を保つためには、最高の筆跡認識技術をパームに導入しなくてはならない。ホーキンスはこのことに気づいたが、当時の技術力は十分ではなかった。さらに重要なことに、この技術領域（ハイテク業界での第二のCSF）を熟知していたホーキンスは、筆跡認識技術が当面、進歩しないこともわかっていた。今までより優れた筆跡認識ツールを開発しなくてはならなかった。彼の発明には独創性があった。

アップルのニュートンやパームのズーマーは、コンピュータにユーザーの筆跡を認識させようとしたが、結局はうまくいかなかった。ホーキンスはその代わりに、ユーザーが使い方を学べるような標準のアルファベットと文字を作ろうと決めた。ユーザーに対して、新しくても簡単な文字の書き方を教え込むつもりだったのだ。

ホーキンスは、新しいアルファベットに「グラフィッティ」という名を付けた。グラフィッティは、従来のローマ字を簡単に修正したのに過ぎない。このため、技術面での問題点がほぼ完全に解決されることになり、ユーザーにとって重要なベネフィットを二つもたらした。まず、この製品で認識

[06] Katie Hafner, 1999, 'One more ultimate gadget', *New York Times*, 16 September, p.G1.

できる文字の書き方を、誰でも学習できた。その結果、筆跡認識の問題が解決された。また、キーボードを不要にすることで、ハンドヘルド・デバイスの小型化が進んだ。

もっとも、技術面での問題はもう一つあった。画面のスペースが限られていたのだ。小さな画面では、長い単語や文章を最後まで書けない。ホーキンスは、ユーザーに最初に書いた文字の上から次の文字を書かせ、それをソフトウェアで時系列に表示できるようにすることで問題を解決した。ホーキンスはまたもや、技術的に実現可能な画期的かつ現実的な解を生み出した。

ホーキンスたちは、ハンドヘルド・デバイスとPCの間におけるデータ交換の重要性にも気づいた。パームのエンジニアは、マイクロソフトのアウトルックやロータスをはじめ、多くの既存ソフトとのデータのやり取りが可能なソフトウェアを作成した。通常はPCに保存される日々の情報が、この機能の実現を機に、突如携帯できるようになった。

顧客ニーズにかなった技術の活用

パームの開発チームは、高性能のPDAの開発に着手した。その背景には、ホーキンスの規範となるアイデアと、キーテクノロジーの活用があった。彼らは、製品の特徴や機能に非常にこだわった。その製品は、簡単に操作できなくてはならなかった。製品を操作しやすくすることは、機能を絞り込むことを意味した。マーケティング担当のエド・コリガン副社長は、開発中のハンドヘルドPCに組み込む機能を決める際に必ず「この機能を付ければ、もう一台売れるようになるのか?」と尋ねた。答えがノーなら、その機能は採用されない。コリガンの厳格な問いかけは、第三のCS

Fの実現の鍵になる要因だった。エンジニアは、顧客の希望どおりのものをデザインする。それ以上でも以下でもない。最終的に、開発チームは基本機能を四つに決めた。カレンダー、アドレス帳、ToDoリスト、メモ帳である。一方、競合他社は、小さなハンドヘルドPCに機能を盛り込みすぎてビジネスチャンスを逸した。

ホーキンスはまた、彼が想定する単純で機能を絞り込んだデバイスでは、既存のOSが使えそうにないことに気づいた。既存のOSよりも性能の高いOSが必要だった。パームのエンジニア、ロン・マリエッティは、その条件に見合うOSを開発した。顧客のニーズを満たせるだけの同社の技術力が、再び発揮された。

単純な機能に的を絞る一方で、パームの開発チームは、顧客が求めそうな機能を追加するソフトの開発を進め、対応するアプリケーションの提供を社外のソフトウェア開発業者に委ねた。この種の業者は、パームのソフト開発キットを個別に入手し、PDA用の追加シェアウェアや商用プログラムを作成した。顧客の大量獲得を期待しながら、財務用計算機からテレビゲーム、星占い、最新ニュースの配信まで、ありとあらゆる機能をデザインしたのだ。

結果——初日から大ヒット

一九九六年一月、パーム・コンピューティングは、PDAの最新モデルを見本市で発表した。来場した四〇〇人の半数以上が、一四九ドルの前売り価格で最新モデルを購入した。パームは同年四月に、そのモデルの発売を始めた。PCコンピューティング（PC computing）誌の記事では、次のように紹介されている。「パイロット1000は素晴らしい製品だ。速くて使いやすく、しかも安い。手の平サイズの究極のオーガナイザーを探しているなら、これしかない」

パイロット1000は、九六年末までに人気商品になった。クリスマスシーズンが終わるころには、アメリカのハンドヘルドPC市場で、売上シェアが七〇%を超えるようになる。パイロットはこの年、メディアから二十一もの賞を贈られた。同年秋にマイクロソフトから新たなハンドヘルドPCが発売されてからも、一貫して優位を守っている。パームがパイロットの大ヒットを知ったのは、コンピュータ関係のライターがレビュー用の見本を返さなかったときだった[07]。

パイロット1000の売上は、発売からたった一年半で一〇〇万台を超えた。しかし、ホーキンスとデュビンスキーは、決して成功に満足してあぐらをかくことはなかった。勢いを維持するため、さらに優れた新製品の開発に熱心に取り組んだ。九七年三月には、「パーム」が発売された。この機種は、最初のパイロットよりも薄型で、重さも一七〇グラムほどだった。ガートナーグループは、次のようなコメントを出した。「この製品はまさに、今のユーザーが求めているものだ[08]」次に控えていたのは、さらに薄型のモデルだった。従来のパームとまったく同じ機能を備えながら、はるかに魅力のある製品だった。ホーキンスはこう語っている。「目標は『美しさ』だった。とにかく『美しさ』だけを追求し、他の要素には惑わされたくなかった」価格は四四九ドルで、重さは約一一〇グラム、充電式バッテリーが付いていた。パームは、ワイヤレスの世界に飛び込んだ。付属のアンテナによって、eメールの送受信やウェブクリッピングが可能だった。しかし九八年までに、ホーキンス、デュビンスキー、コリガンは、新会社設立のためにパームを離れた。

[07] David A. Kaplan, 1997, 'The cult of the Pilot', *Newsweek*, 21 July, p.35.

[08] Joanna Pettitt, 1998, 'Palm Computing hangs on to control of handheld market', *Computer Weekly*, 16 April, p.21.

パームに残ったメンバーは、しばらくの間輝かしい成果を生み続けた。売上高は、二〇〇〇年五月末までに十億ドルを超え、次の半年間にはさらに九億二二〇〇万ドルの売上を達成した。パームは、三年半で五〇〇万台のPDAを販売したのだ。

しかし、利益となると別問題だった。商品の絶え間ない改良や、ホーキンスの新会社ハンドスプリングの新製品ビスターなどとの激しい競争によって、経費がかさむばかりだった。パームのデバイス販売部門を引き継いだパームワンは、三年間低迷を続け、二〇〇三年半ばまでにおよそ九億ドルの損失を計上した。

同年十月、ホーキンスたちはパームに復帰した。同社の優れた製造や販売能力と、ハンドスプリングの有能なエンジニアやデザイナーが一体になった。両社の統合後に発売されたトレオ600は、大好評を博した。トレオとブラックベリー（PDAと携帯電話を統合した端末）を組み合わせたようなデバイスで、多忙なビジネスパーソンの次なる必需品になった。パームは二〇〇五年に、コリガンCEOの下で、二〇〇〇年以来初めての年間黒字を発表した[09]。

パームがハイテク業界で成功した原因は、何だったのだろうか？　同社は、いくつかの特許を持ち、独自のOSを開発していた。しかし、特許で独占的に保護されるほどの技術によって成功したわけではなかった。競合他社が太刀打ちできないほど、組織プロセスが優れていたわけでもない。それでも、他社製品や自社製品ズーマーが成しえなかったキーポイントがあった。それは、ホーキンス、デュビンスキー、コリガンからなる経営チームが、昔も今もハイテク業界での成功に重要なCSFを、三つとも実現できたからだ。ここで、いかに経営チームがCSFを実現したかをまとめ

[09] Kim Clark, 2004, 'Round two at Palm', *U.S. News and World Reports*, 1 November.

てみよう。

❶**顧客の本当の問題やニーズを理解する**……顧客のニーズが操作しやすい小型製品にあることを知っていた三人は、その実現に専念した。デザインを決める際のコリガンの口癖は、「顧客を喜ばせろ」だった。

❷**技術に対する理解を深め、可能なことと不可能なことを現在と将来の両面で理解する**……ホーキンスは、筆跡認識技術の限界を知っていた。彼は、グラフィッティによって、技術上の問題を解決するための優れた方法を見つけ出した。

❸**これらの問題やニーズを解決するために技術を活用する方法を見つける**……パームパイロットの初期モデルで電子技術を設計したカール・タウンゼントは、こう振り返る。「彼は本当にいろんなことを細かく分析していた。『ほら、どれほど薄いかとか、ボタンの触り心地とかがすごく重要なんだよ』と言っていた。他の社員は、私がかかわっていた製品に、ジェフほど情熱を持ってはいなかった。そうなると、商品は妥協の産物になってしまう」

三つのCSFのうち、技術優先の企業では、❶と❸の要因が見落とされがちだ。顧客のニーズよりも技術の洗練性が優先されることもある。しかし、パームのチームは、三つの要因をうまく実現した。最後に重視されるのは、際立ったデザインや洗練された技術だけではなく、CSFを実行することである。ホーキンスのチームはそれをやり遂げた。顧客が望み、お金を支払うだけの製品を世に送り出したのだ。口にするのは簡単だが実現は難しい。

投資家の知りたいこと

投資家は、CSFの実現を気にするだろうか? もちろんだ。彼らは、そのことで夜中に目が覚めるのだ。生まれたてのベンチャーに投資を決めた投資家にとって、CSFの実現は最高の防御策になる。いったんあなたの事業への投資を決めたなら、投じる資金を守る唯一で最良の方法は、あなたがCSFを実現することだ。

O・D（アメリカ）「現に我々は、経営陣を丹念に調べる。この連中が自ら掲げた約束を本当に守れるのか、一〇〇%確信を持ちたい。だからこそ、彼らのビジネス経験を調べ、その業界や顧客の理解度を確かめる。我々が知りたいのは、CEO、エンジニアリング、R&D、マーケティングをはじめ、目の前にある機会に最も重要な役割を果たすポストのリーダーシップだ」

ベンチャー・キャピタルの世界では、CSFを実行する能力が重要である。だからこそ、これほど頻繁に「マネジメント」という言葉が繰り返されるのだ。偉大な経営陣は何をもって偉大なのか?

この質問を、さまざまな事態が起こる前に全方位から考えてみるとよい。人格は？　雰囲気は？　意欲やモチベーションは？　逆境での忍耐力は？　業界経験は？　顧客をその気にさせる営業力は？　技術の専門性は？　ルイス・ボーダーズがウェブバンの冒険に失敗するまで書籍の流通に携わっていたように、「前職での経験」がものを言うのだろうか？

優れたマネジメントを実現するには、少なくとも以上の条件をすべて満たさなければならない。これは、私が本書のためのリサーチで学んだことだ。人格や意欲や忍耐力は重要だろうか？　もちろんだ。業界経験は関係があるだろうか？　そのとおり。ただし、履歴書に一行書かれているだけのものではない。販売能力は重要だろうか？　当たり前だ。成功する企業家が大半の時間を費やす部分である。しかし、本来は内向的なジェフ・ホーキンスが証明するように、優れた営業能力を、活発な人格と混同してはいけない。スポーツ選手で例えれば、以上の要素の大半は、強靭な肉体のようなものだ。つまり、偉大な選手になるための必要条件であっても、十分条件ではない。それでは、抜け目ない投資家は何を見ているのだろうか？

利口な投資家が、自分の支援する相手（正確には複数の相手）に求めるものは、いたってシンプルだ。だが、ほとんどの野心的な起業家が気づきにくいポイントでもある。

●投資家が知りたいのは、起業リーダーが、今後遭遇しそうな市場や競争環境だけではなく、参入を計画中の業界ＣＳＦを特定し、理解しているかどうかだ。七つの成功条件に対する確実な理解が、その証拠になる。これが第一のステップだ。

●第二のステップも重要である。起業リーダーが、言葉ではなく過去の実績を示せる経営チームを結成しているということ。そうすれば、チームのメンバーとともにCSFを実現できる。自分の事業が属する業界や、そこで求められる戦略のCSFを、一つずつ実現していくのだ。あるいはそうする代わりに、自分の経営チームに必要なことや欠けていることを明確にし、時には投資家の助けも得ながら、そのギャップを満たす必要性を認識していることが重要なのだ。

したがって、新規事業に対する投資がほしいなら、その事業が直面するCSFを理解するよう努めること。参入予定の業界で働いたことがなければ、その経験のある人材を見つけるほうがいい。CSFは、それほど多くはない。その数少ない要因が、勝敗を分けるのである。また次のことを自問してみるとよい。「あなたが自分の仲間に対して、言葉ではなく過去の実績という意味で、何をもたらしているのか?」最後に、自分にないものを持っているか、自分にできないことをやってのける人々を集め、経営チームを作ること。メンバーには、あなたとは違う人々を選びなさい。一般に、多様な人材を集めたチームは、似たもの同士のチームよりもいい成績をおさめるものだ。

本章からの教訓

本書の最初に記したように、起業の大半は失敗に終わる。理由は多岐にわたるが、その多くはビジネスチャンスに起因している。不毛な「市場」を追求する起業家がいれば、誰も成功できないほど魅力のない「業界」を選ぶ起業家もいる。一部の起業家は、見込み客に対して、真のベネフィットやすでに世に提供されている以上のベネフィットをもたらせないでいる。さらには、先行者優位を維持できない起業家もいる。しかし、CSFをうまく実現すれば、これらのいくつかは克服できる。

本書に登場した優れた起業家に、彼らが犯した失敗について質問したとしよう。彼らは微笑み、おそらく含み笑いとともに、「どれくらい時間があるの？」と聞き返すことだろう。本書では、七つの成功条件の理解を深めるために、各条件に関連した事例を紹介したが、現実には世界トップレベルの起業家の大半は、複数の条件をこなしている。正確には、「ほとんどの条件」と言ってもいい。しかし、ジェフ・ホーキンスのズーマーの事例に見られるように、必ずしも初めから成功したわけではない。彼らはまず、多くの失敗を重ねてきたことを話すだろう。CSFの実現にかなった経営チームを持つことは、これらの失敗から立ち直ったり、失敗から学んだりするうえで重要な要素だ。さあ、本書で学んだことを復習しよう。

パーム・コンピューティングの教訓

パーム・コンピューティングの場合、ジェフ・ホーキンスはハイテク企業の成功に必要なことを知っていただけではない。その必要な基準を満たすのにふさわしい社員が、自分の会社にそろっていることも確信していた。パームが手軽なPDAの製造を決めたときには、「このプロジェクトにとって最も重要な社員は……ロン・マリエッティだ」とわかっていた。ホーキンスは、OSの制作に際して、マリエッティ並のエンジニアを必要とした。さもなければ新製品は発売できなかっただろう。

ホーキンスはその前に、ベンチャー・キャピタルの保証人との間で、社外からCEOを登用することに同意していた。登用には一年を要したが、結局はホーキンスの望みどおりの人材を確保できた。「ドンナ・デュビンスキーは、CSFを実行するだけの能力を持ち、自分にできないことをこなせる」ホーキンスはそう考えていた。

立派なことに、ホーキンスは、自分の長所と短所を知っていて、自分に優れた経営者の資質があるとは思っていなかった。彼は、自分のビジネスが直面しているCSFを熟知し、CSFに見合うような経営チームを作った。最後は実行力がものをいう。パームが実行したことを、PDA市場へいち早く参入した企業と比べてみよう。たしかに、後者の企業は、アップルのニュートンやマイクロソフトのポケットPCといった製品を生んだ。しかし、技術力の限界を理解できなかったため、自社の技術を顧客のニーズに結びつけられなかった。

あとから考えれば、少なくとも初期の段階では、PDA業界が厳しい場所だったことがわかる。現に、新規参入企業はほとんど惨敗を喫した。参入企業が非常に多いうえに、ペンや紙といった優れた代替品が存在したからだ。議論の余地はあるが、パームに違いを生み出したのは、ホーキンス、デュビンスキー、コリガン、マリエッティら、経営チームの優れた実行力だった。

経営チームに関する成功条件には、本書でまだ触れていないものがもう一つある。次章で論じるが、この領域は、あなたのチームを完成させるうえできわめて重要だ。とくに重要なのは、社外の資本が事業に必要な場合だ。本章の最初で引用したウィリアム・ワーズワースの言葉に従えば、投資家が最後に信頼するのは、あなたのアイデアではなく、あなたや仲間たちである。

ロードテストの第6段階——実行力テスト

- あなたの業界にとってのCSFを挙げなさい。片手に収まる程度でいい。あなたがCSFを正確に特定していることを示すために、どのような証拠を提示できるのか？

- あなたのチームが、これらのCSFのそれぞれを実行できることを、言葉ではなく、過去の行動で証明できるか？

- あるいは、CSFのうち、あなたのチームでは十分に実現できないような要因はどれか？　チームを増強しなくてはならないような要因はどれか？

第8章 バリューチェーンとの関係

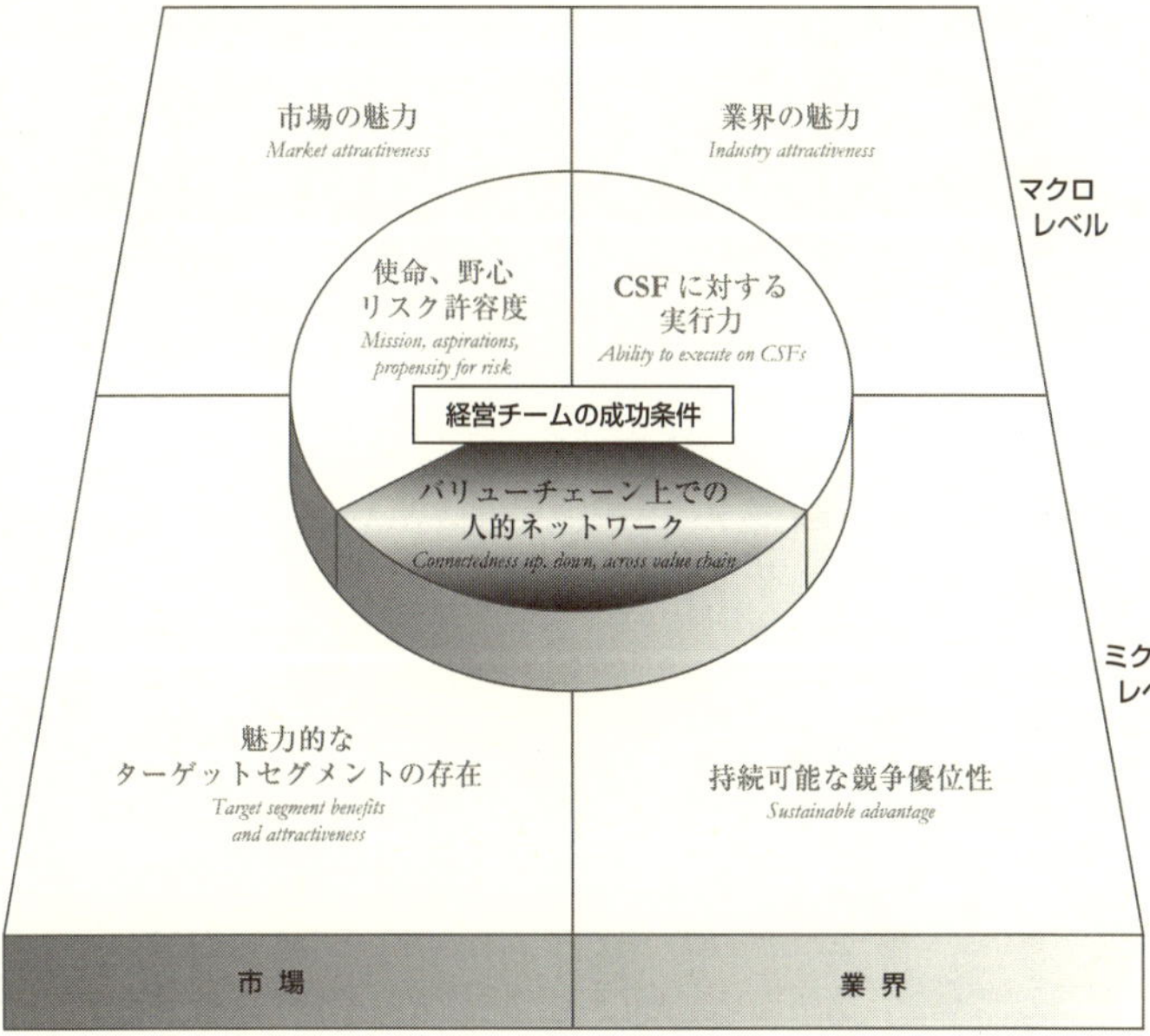

使用済みの酸素ボンベやゴミが散らばるエベレストのベースキャンプ。ここは、六七〇〇メートル上の頂上を目指す登山家たちの休憩所だ。ベースキャンプの目的は二つ。一つは、登山家を高所に順応させること。もう一つは、このヒマラヤの怪物を踏破しようという登山家チームのために、情報の中継地点の役割を果たすことである。登山家は、ワイヤレス技術の到来によって、ベースキャンプにいる仲間たちと緊密に連絡を取り合えるようになった。登山家にとって、ベースキャンプとの交信は命綱だ。嵐が近づいているとわかれば、登頂を試みるか、あきらめて引き返すかを判断できる。何も知らなければ、死の冒険に一転しかねない。

想像してほしい。あなたの登山隊は、標高八〇〇〇メートルで休んでいる。風が吹き抜け、気温は零下。エベレストで三十日目の夜。ベースキャンプからここまで二週間かかった。明日は頂上に着けるだろう。朝五時、激しい頭痛とめまいで目を覚ました。数日前からこの状態だ。とにかく早く頂上まで登り、急いで（もちろん安全に）、この危険な山から離れたい。

隊長の日課は、衛星電話でベースキャンプと交信することだ。山のあちこちにいる登山家たちも同じだ。どの登山隊からも、天候の変化について情報が提供される。「天候は少なくとも数時間は安定している模様」という連絡を受けた。この七日間で初めてのことだ。登頂し、安全に戻るには、数時間もあれば十分だ。隊長から登頂準備の指示を受けたあなたは、荷物をまとめ、最後の数百メートルに挑む。長くて苦しい道のりだが、安全に登れそうだ。

あなたが何を知っているか、ではなく、
あなたが誰を知っているかが大事なのだ。

――ビジネスの知恵（出典不明）

起業家の結びつき

登頂前に、ベースキャンプと交信することは、当たり前のことのように見える。酸素の薄い難所というだけでも過酷なのに、悪天候というリスクを加える必要があるだろうか？

事業を始める場合、酸素不足はそれほど気にならないだろうが、競争の厳しさにはめまいを覚えるだろう。技術の急激な進歩は、新しい市場を次々と生み出している。業界や関連業界の顧客、サプライヤーなどとの強いネットワークを持つ企業は、見晴らしのよいさまざまな地点で、次にやってくる変化を予測・理解できる。ひいては、その変化に対応するための準備ができるのだ。

それと同様に、バリューチェーン上での強い人的ネットワークに取り囲まれている起業家は、次

図8・1　バリューチェーン上での人的ネットワーク

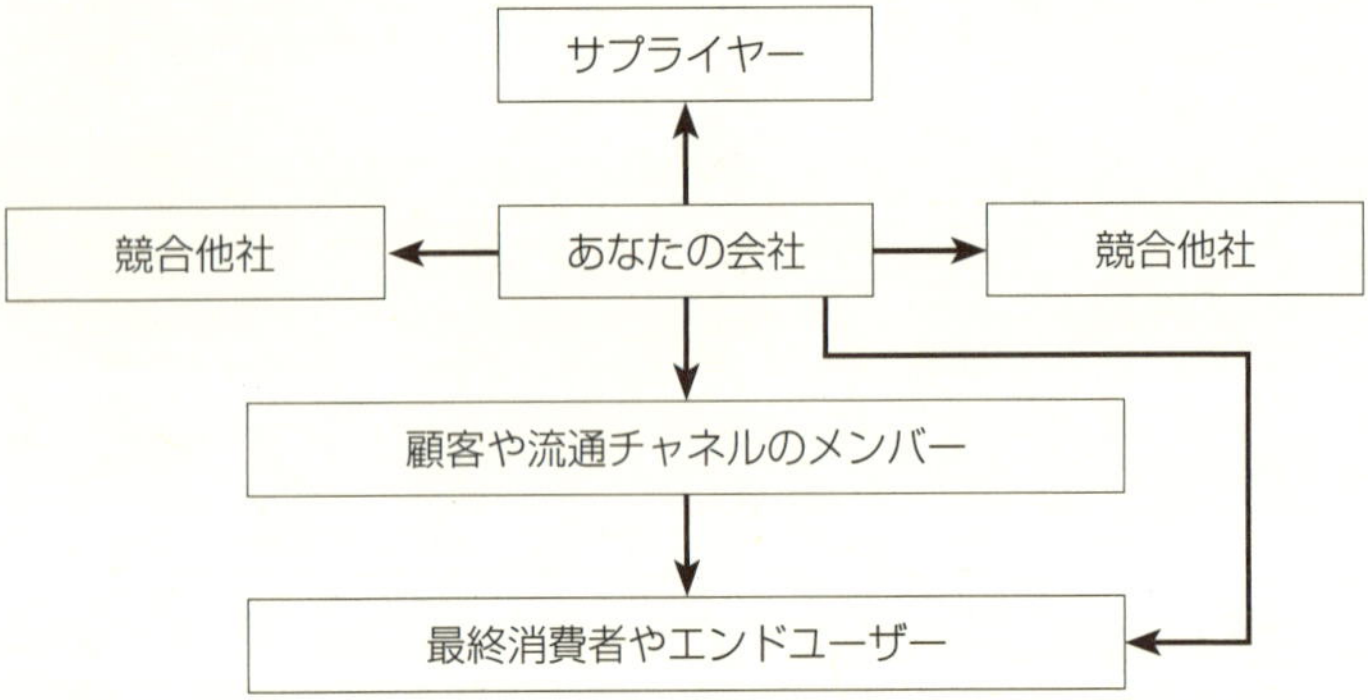

のことが可能になる。自社のポジションをうまく定め、刻々と変わりゆく市場を評価し、事業のニーズに合わせて提供中のサービスや製品、オペレーション、組織、プロセスなどを修正できる。

別の面を見てみよう。起業家は、彼らが得意とされる「粘り強さ」と、市場の変化に合わせていつでも軌道修正できる意欲とを結びつける能力があれば、違いを生み出せる。市場の変化が、起業家にとって好ましい場合もある。事業が幸運に救われることもあるだろう。しかし、幸運によって好結果を生む可能性が最も高くなるのは、市場の変化に対する迅速かつ機敏な反応に必要な情報を提供してくれる「コネ」を持っている場合だ。さもなければ、ほとんどの企業では、幸運が現れても気づかないだろう。どれだけやる気があっても、軌道修正の必要性を途中で伝えてくれる情報源がなければ失敗してしまうだろう。

図8・1には、あなたやチームのメンバーと、バリューチェーンにおける上流、下流、横方向との関係

を示している。前述の問題に取り組むには、この関係の程度を自問しなければならない。バリューチェーンにおける関係には、サプライヤー（上流）、競合他社（横方向）、流通業者、顧客、消費者、エンドユーザー（下流）との関係がある。あなたにこのような関係があれば、ビジネスの重要な転機で成否を分けるほど重要な最新の情報を入手できる。あなたがまだ十分な関係を築いていないなら、今すぐネットワークを築きなさい。

本章では、一つの企業の事例を検証しよう。ビラータ社（Virata）は、イギリスやヨーロッパで持つバリューチェーンとの関係によって、新しいアプリケーションを活用し、ビジネスを一変させることができた。偶然にも、新しいアプリケーションは、同社の技術力と非常にうまく適合できたのだ。

次に私たちは、投資家の視点に立ってこの領域を検証する。そうすれば、投資家があなたの経営チームに求めていることが、さらによく理解できるだろう。

ビラータが幸運に恵まれた理由

ビラータは、掃除機の名前ではない。コーヒーでも、店の名でも、車の名前でもない。同社のPDAで会議を予約することも、通話をすることもない。

あなたが今日、ネットオークションに何かを出品しようと、高速のDSL回線に接続したとしよう。その場合にはおそらく、あなたのデータがビラータ社製の半導体チップを通過しただろう。アマゾンからＤＳＬ回線経由で本を購入した場合には、ビラータ社製のハードウェアとソフトウェアを使っただろう。高速のＤＳＬ回線でｅメールをチェックした場合には、同社製品のおかげで非常に速く回線に接続できたはずだ。

イギリスの企業ビラータは、ケンブリッジ大学の研究室で生まれ、その技術力によって成長した。世界の電話会社は、ビラータが提供する通信プロセッサと関連ソフトウェアによって、高速デジタル回線へのアクセスに対する需要の増加に対応できるようになった。しかし、そこに至る道のりは容易ではなかった。

ビラータのルーツは、一九八六年にまでさかのぼる。ケンブリッジ大学のオリベッティ・リサーチ研究所から生まれた。アンディ・ホッパーとハーマン・ハウザーは、そこで非同期転送モード（ＡＴＭ）と呼ばれる新技術の研究をリードしていた。二人は、ＡＴＭには競合技術を超えるほどの重要な利点があると考えていた。音声や動画、データ通信を、ＬＡＮやＷＡＮ経由で同時に高速処理できたのだ。六〇〇万ドル相当の技術と、オリベッティや家族、知人、個人投資家などからのシードキャピタルを基に、同社は九三年にオリベッティの実験室から飛び出した。オフィスをケンブリッジ大学の敷地内に置きながら、ＬＡＮ用部品の開発や販売を通じて、社名を広めるチャンスを得た。

ＬＡＮについては、七〇年代から、イーサネットという古い技術が使われてきた。しかし、動画や音声のインターネット配信には適していなかった。時間依存型のアプリケーションの場合、情報を絶えず流し続ける必要があったためだ。イーサネットでは、データを細かく分割しながら送信する。分割したデータをさまざまなルートで送ってから、受け手のところで再び結合するため、会話が途切れたり、映像がゆがんで再生されたりした。

魅力的な新製品

ホッパーとハウザーは、音声や動画配信へのニーズが高まると考えるとすぐに、新たに設立した会社でビデオサーバー、スイッチ、ネットワーク・インターフェイス・カードに関するマーケティングを始めた。LANネットワーク向けの完全なATMソリューションを構成するためだ。同社のATM25スイッチは、世界最速の毎秒二五メガバイトでデータを転送できた。イーサネット用の製品では、毎秒一〇メガバイトだった。ビラータは一九九四年に、この新しい技術を最初に導入できそうな市場を開拓すべく、カリフォルニアに新しい本社と営業所を置き、本格的に動き出したのだ。

しかし多くの技術系企業と同様に、技術開発のコストがわずかな初期収入をはるかに上回った。同社は、ベンチャー・キャピタル界でATMブームが起こっていた九五年に、資本の約三割に当たる一一〇〇万ドルを集めた。シリコンバレーで有名なオーク投資パートナーズとNEAからの資金提供によって、ベンチャー・キャピタルの第一ラウンドを確保したのだ。ハウザーは、次のように述べている。「ベンチャー・キャピタリストは、基本的にレミング（タビネズミ）のようなものだ。当時のATMのように、人気を集めているセクターがあれば、ベンチャー・キャピタリストとしては必ずいくらかの投資をしなくてはならなかった。私たちは、世界最高レベルのATMチームであった。しかも、市場に出回っている通信装置とは比べものにならないほど優れたスイッチを持っていた[01]」

[01] Julian Lloyd, Eileen Rutschmann and John Bates, 2001a,'Virata (A)', London Business School.

競合メーカーが類似の技術を開発する中で、ビラータは、自社の競合優位を、ATM製品のソフトウェア機能を向上させる能力に賭けた。しかし一九九五年後半、不幸なことにある事実が明らかになった。マーケティング担当のトム・クーパー副社長が述べたように、「犬はドッグフードを食べてはいなかった。どこにも需要がなかったのだ。ビラータのブランドはおろか、他のブランドでも同じだった」のだ。ヒューレット・パッカードの元同僚が、クーパーに指摘した。「トム、君の問題は、問題点を見つけ出すためのテクノロジーを持っていることだよ。まだ誰もそれを問題とは思ってないというのに！」実際には、その言葉どおりになった。当時、LANでやり取りされるコンテンツの大半は、音声や動画ではないデータが占めていた。マルチメディア・ネットワークの構築は、まだ主流をなすまでに至っていなかった。

しかし、顧客のニーズが実在しないことは、問題の一部にすぎなかった。スリーコムのように、イーサネット技術への投資で収入を稼いだメーカーは、登場したばかりの技術に分け前を与えてはくれなかった。豊かな財源とイーサネットのネットワークに、すでにかなりの資金を投じた膨大な数の顧客を抱えていたのだ。

これらの顧客は、イーサネット技術が進歩すると、アップグレードや機能拡充に喜んでお金を出した。ATMスイッチは、イーサネットの二倍以上のスピードを出せた。しかし、価格も二倍したことから、顧客は手を出さなかった。「昔から言われる『魅力的な新製品現象』だった」とクーパーは述べた。新製品に魅力があっても、売れるとは限らないのだ。

九六年、ビラータ社員の士気が下がりはじめていた。CEOは社員を奮い立たせようと、「我が社の技術は少し時代を先走ってしまっただけだ」と唱えた。「この市場が成功すれば、我が社は首位に立ち、将来も成功の波に乗り続けられるだろう」

幸運だったのは、「ＡＴＭは未来のための技術だ」と固く信じる投資家がいたことだ。事実、ＡＴＭは魅力的な新製品だった。その結果、同社は六月に、一三〇〇〇万ドルの追加資金を得た。そのうち三〇〇〇万ドルは馴染みの投資家から、一〇〇〇万ドルはオラクルからの投資だった。オラクルのラリー・エリソンＣＥＯは、数年前、ハウザーが経営する別の企業にも投資していた。エリソンはハウザーに信頼を置いていたため、たった三十分の会議で交渉は成立した。

現状維持か？　軌道修正か？

新たな資本を手に、ビラータはネットワーク製品の販売努力を改善した。トム・クーパーは以前のキャリアで築いたネットワークを活かし、ビラータの技術力を別の分野で適用したいと考える企業に対し、ＬＡＮ設備用ソフトウェアや半導体のライセンスを与えることに成功した。最近では、フランスの通信設備会社アルカテルがアプローチしている。

アルカテルは、ＡＤＳＬ（非対称デジタル加入者線）のパイオニアだった。ブロードバンド向けのアプリケーションに対する関心の高まりに対応すべく、銅でできた昔ながらの電話用ツイストペアケーブルのアップグレードを考えた。ビラータのＡＴＭ用ＬＡＮ製品をＡＤＳＬデモンストレーションの一部に活用したり、その技術をライセンスで管理したり、自社製のハードウェア・デバイスへ組み込んだりすることを望んだのだ。このようなデバイスは、いわゆるローカルループで高速データを扱っていた。ローカルループとは、電話会社の設備から加入者の自宅や敷地内までをつなぐケーブルの「ラスト一マイル」のことを指す。第四章で見たように、DSLのような高速データ・アプリケーションに対する市場は、一九九六年でさえ有望に見えた。アルカテルは、ビラータの技術に一見の価値ありと考えた。

ビラータの関係者の一部は、「ADSL加入者が急激に増加する」との予測に関心を抱いたばかりか、この市場は同社が追求してきたLAN市場より魅力があるかもしれないと思うようになっていた。しかし、CEOの考えは違った。「君が提案するように、市場のライセンス化に目を向ければ、破滅を招くだろう」まもなく、二つの陣営に分裂した。そして、エリソンの資金を受け取ってから一カ月後に、そのCEOは同社を離れた。

ビラータは、九六年夏の役員会で、チャールズ・コットンにCOO兼CEO代理への就任を依頼した。前年半ばからケンブリッジ事業所で部長を務めていた彼の新しい任務は、同社の短期的な方向性を決めることだった。経営陣は夏の終わりに、カリフォルニア州ナパバレーで戦略会議を開く。カリフォルニアの太陽の下、世界最高のワインを味わいながら、当面は二つの方向を同時に追求することを決めた。ライセンス戦略（DSL）とネットワーク製品市場のどちらも、この時点ではまだ収益性を判断できなかった。ネットワーク製品の売上は、四半期平均で一五〇万ドル近くにまで伸びていた。それでも、当時のビラータでは、直販や流通のコストが粗利益を上回っていた。現金はあっという間に底を尽き、すぐに追加資金が必要になった。

アルカテルはDSLアーキテクチャの設置について、国内のベル地域電話会社四社と大口契約を結んだ。ATMベースのADSLソリューション市場に対するこの包括的な契約は、アメリカのテレコム分野のかなりの部分を網羅していた。ついに、ビラータのトンネルの向こうに光が見えたのだった。同社は九七年までに、他のテレコム・サプライヤーやコム21社に対して、自社技術の利用を許可した。コム21は、業界の先陣を切る形で、データを高速で処理する能力をアメリカやヨーロッパのケーブルテレビ局にもたらした。同社は、そのアプリケーションに対するATMベースのソリューションの将来性も見抜いていた。しかし、このようなライセンス契約にもかかわらず、ビラータのライセンス収入は依然として非常に少なかった。

ビラータは、ライセンス戦略とネットワーク製品市場を同時に追求していたため、経営陣もはっきりと二分されていた。就任してからまだ一年三カ月の三代目CEOは、DSLではなく、ネットワーク製品こそ未来の糧だと確信していた。ライセンス・ビジネスはあまりに特殊で、独特のスキルを必要とした。ライセンス契約は、他社ブランドの製造元企業（Original Equipment Manufacturers：OEM）に売り渡され、ビラータのソフトウェア技術や半導体が、OEMの製品に加わることになる。その販売サイクルはたしかに長く、必要とされる広範囲な販売努力が、実際に購買注文につながる保証はなかった。ライセンス・ビジネスによって、DSL市場で戦っていくこともできただろうが、そもそも、DSLが他の競合技術との戦いに勝つかどうかはまったく定かではなかった。

他方、コットンとクーパーは、イーサネットがこの戦いとネットワーク製品をめぐる戦いに勝ち、ビラータの魅力的な新製品であるATMが敗北するだろうと考えた。二人には、ライセンス・ビジネスに勝算があるように見えていた。同社では、事業の方向性をめぐる議論がますます二極化し、九七年九月には、就任からわずか五カ月でCEOが同社を離れたため、コットンがその座に就いた。彼が考えていたように、二極化戦略をこれ以上維持することは不可能だった。「我々はこれから広がろうとする亀裂にまたがっていた。遅かれ早かれ、どちらかの戦略に飛び移らなくてはならなかった。そうでなければ、谷底へ転落したまま二度と這い上がれない恐れがあった[02]」コットンはまず、ネットワーク製品の販売スタッフを全員解雇した。DSLに賭けたのだ。

ビラータは新しい方針の下、半導体チップのデザイン能力を開発しなければならなくなった。これは、大規模なOEMに焦点を当てることによって、顧客ベースとなる企業の数が大きく減ることも意味していた。一九九八年の時点で、同社の収益の四割を占めた顧客は、三つの会社だった。ビラータ全体の顧客は、合計で二十社に満たなかった。販売サイクルが長いこともあり、キャッシュは減りつづけた。

ハッピーエンド

一九九八年には、インターネットの爆発的な成長と、それに続くブロードバンドアクセスの普及が連日報じられた。九九年に予定されていたIPOまでに、このインターネット熱によって、ビラータはスイスの投資銀行インデックス・セキュリティーズをはじめ、新旧の投資家から三一〇〇万ドルを追加で集めた。九九年十一月の時点で、ライセンス・ビジネスはまだ黒字になっていなかったものの、損失が減りはじめ、成長の兆しが見えていた。株式はナスダック市場での公開初日に、十四ドルから売買を開始し、初日の終値は二十七ドルにまで跳ね上がった。当時、ブロードバ

[02] Julian Lloyd, Eileen Rutschmann and John Bates, 2001b, 'Virata (B)', London Business School.

ンドアクセスとインターネットの関連株は大人気で、ビラータの技術も、その人気に一役買っていた。最新技術への投資家は、チャンスを逃がすまいとしていた。株価は、二〇〇〇年の初めまでに一〇〇ドルを記録した。

ビラータでは同年、IPO後に、市場や技術ベースの拡大を狙って四つの会社を買収した。その過程ですぐ明らかになったのは、同社がグローブスパン社との対決に向かっていることだった。アメリカのファブレス企業（工場をもたない企業）グローブスパンは、ビラータと類似の戦略を採っていた。両社は、二〇〇一年十二月に合併した。そこで誕生したのは、DSLプロバイダに対して統合回路、ソフトウェア、システムデザインを提供する世界有数のプロバイダであった[03]。

ビラータが長い混迷を切り抜けたのち、ハッピーエンドを迎えられたのはなぜだろうか？ インターネット時代の到来が大きな影響を与えたのはたしかだ。ハーマン・ハウザーの能力も大きな意味を持っていた。ハウザーは、ラリー・エリソンとのわずか三十分の会談によって、どうしても必要だった一〇〇〇万ドルを集めた。しかし、ハウザーが回顧するように、有能なチームと多方面にわたる社外との関係が、我々を前進させたことは間違いない。クーパーによれば、アルカテルがビラータの技術に関心を持っていることを、役員会で話すと、役員たちは、機会を瞬時にとらえ、知り合いに伝えた。その結果、役員は最先端のトレンドを察知できた。「我が社の収益はすべて、ここから生まれた[04]」

ビラータのケースで重要だったのは、社外との関係だった。幸運や偶然と呼んでもいい。しかしトム・クーパーには、バリューチェーンの下流との関係があった。まだサービスを受けていない市

[03] 3i, 2005, '3i backs Virata vision', http://www.3i.com/ourportfolio/
[04] 2000年4月7日のハーマン・ハウザーのインタビューから。

場の見込み客との関係をたどっていくうちに、アルカテルの調査に行き着いたのだ。また役員会にも、バリューチェーンの上流や横方向との関係があった。サプライヤーや関連業界での企業を通じて、DSLで起こっていることを確認できた。だからこそ、同社は危険な賭けへの自信を深めたのだ。備えあれば憂いなしとはよく言ったものだ。本章で見てきたように、十分な関係があれば何の心配もいらない。

投資家の知りたいこと

バリューチェーン上での人的ネットワークは、投資家にとって重要だ。その理由は多岐にわたる。短期的に見ると、見込み客と関係を築いていれば、新規事業の当面の売上目標を達成する可能性が高まる。大規模な関係や、戦略上重要な関係であればなおさらだ。バリューチェーンの上流（サプライヤー）と関係を持てば、あなたの望みどおりのコスト・条件で仕入れ材料が手に入る可能性が高まる。また、業界の内部で横方向の関係があれば、自社の事業が直面する敵対状況を、さらに詳しく理解できるだろう。そうすれば、競合他社とは異なる方法で、製品の差別化やポジショニングを実現できる。このような短期の役割は重要だ。投資家は、あなたのチームがそれぞれの関係をどう築いているかを知りたがるだろう。

しかし長い目で見れば、このような関係の価値はより捉えがたいものになりそうだ。それでも、とくに市場が変動している場合には、このような関係が欠かせない。投資家は、過去の経験を通じて、起業家の持つ複数プランのうちどのプランから自分たちが利益を得てきたかを知っている。しかし、ここには問題がある。投資家は、代替のプランの存在や内容を知らないまま、あなたの事業への投資を決めるからだ。あなたは、自分のプランがうまくいかない場合の別プランを思いつかないかもしれない。投資家はこのリスクにどう対応すればいいのだろう？　一番いい答えは、あなたや経営チームと社外との関係にある。

市場や競合他社に関する情報は、必要に応じて戦略を修正するうえで欠かせないものだ。あなたが社外との関係を築いていなければ、そのような情報を得られないだろう。そして、市場のニーズに関する好ましい変化をうまく利用できず、自社の事業にとってのベネフィットを十分に享受できないだろう。また、あるプランが失敗した場合に、代替案としてふさわしい選択肢を速やかに判断できないだろう。重要なのは、「速やかに」判断することだ。投資家は、これらのことに重大な関心を持っている。これは、あなたのビジネスチャンスや経営チームの魅力に対する投資家の考え方に影響を及ぼすだろう。あなたがバリューチェーンと何らかの関係を築いていれば、失敗するリスクが減るからだ。あなたも、投資家と同様の関心を持たなくてはならない。

本章からの教訓

賢明な起業家であれば、社外との関係が重要だという事実に驚きもしないだろう。あなたのビジネスチャンスを評価するために、私たちはビラータの事例から何を学べるのだろうか？

ビラータの教訓

ビラータは幸いにも、最新技術の動向に沿うことで市場を開拓できた。同社の取引先である通信プロバイダ会社は、顧客に対して、ダイヤルアップ回線によるブロードバンド接続サービスの提供を望んでいた。ビラータの技術が、たまたまそのサービスに非常に適していたのだ。繰り返し言われてきたことだが、起業家の成功では、「幸運」が大きくものを言う。業績が伸び悩んでいる会社でも、タイミングと環境が適切であれば、大成功をおさめられる。ビラータは、その典型だった。

しかし、同社の教訓は、幸運について学ぶことだけではない。ベンチャー企業が社外と適切な関係を結べば、重要な成果を三つ得られる。

- 市場における幸運な動向や変化を明確にすることで、そこから利益を得られるようになる。
- 将来競合しそうな企業よりもいち早く実行できる。
- 新たな事業展開について、社外から幅広く評価を得られる。その結果、当て推量ではなく、証拠を基に新しい事業を進められる。

あなたの事業では、どのような関係を求めるのだろうか?

バリューチェーンの上流との関係……業界のトップ企業と契約中のサプライヤーや、あなたの会社の製品の代替品を他の業界で提供する企業と取引のあるサプライヤー。

バリューチェーンの下流との関係……あなたが手始めに狙うターゲット市場に加え、いずれサービスを提供しそうな潜在顧客のいるターゲット市場。

バリューチェーンの横方向との関係……業界の競合他社や、代替品・サービスを提供する他の業界の企業。このような企業と関係を結んでいれば、市場の変化を正確に測る視点を持てるようになる。売上が伸びているのは、市場シェアを伸ばしているからなのか？　それとも、単に潮の流れが速くなり、どのボートも速く進んでいるからなのか？　このことを知っておくのはいいことだ。同じことは、売上が伸び悩んでいる場合にも言える。

あなたの会社が業界の内部で横方向の関係を持つことは、その業界のＣＳＦを理解する場合にも役立つ。あなたや投資家が経営チームの結成を通じて、望みどおりの成果を達成できるようにするうえでも、重要な課題になる。さらに、あなたの業界を熟知している有能な人材を特定し、良好な関係を築くことも可能だ。あなたなら、今でも将来でも、そのような人材を自分の会社に招きたいだろう。

ロードテストの第７段階――関係性のテスト

- あなたや経営チームには、バリューチェーンの上流に当たる企業と関係があるのか？　相手は、計画中のビジネスに対するサプライヤーや、競合しそうな企業かもしれない。他の業界で代替品やサービスを提供する企業に対するサプライヤーと、関係を結んでいるか？　名前、肩書き、連絡先を確認しなさい。

- あなたや経営チームには、バリューチェーンの下流に当たる流通業者や顧客と関係があるのか？　相手は、あなたの会社の現在か将来のターゲットになるだろう。名前、肩書き、連絡先を確認しなさい。

- あなたや経営チームは、バリューチェーンの横方向に当たる企業との関係を持っているか？　相手は、あなたの会社と競合する企業や、代替する製品・サービスを提供する企業だ。名前、肩書き、連絡先を確認しなさい。

第9章　7つの成功条件モデルの活用

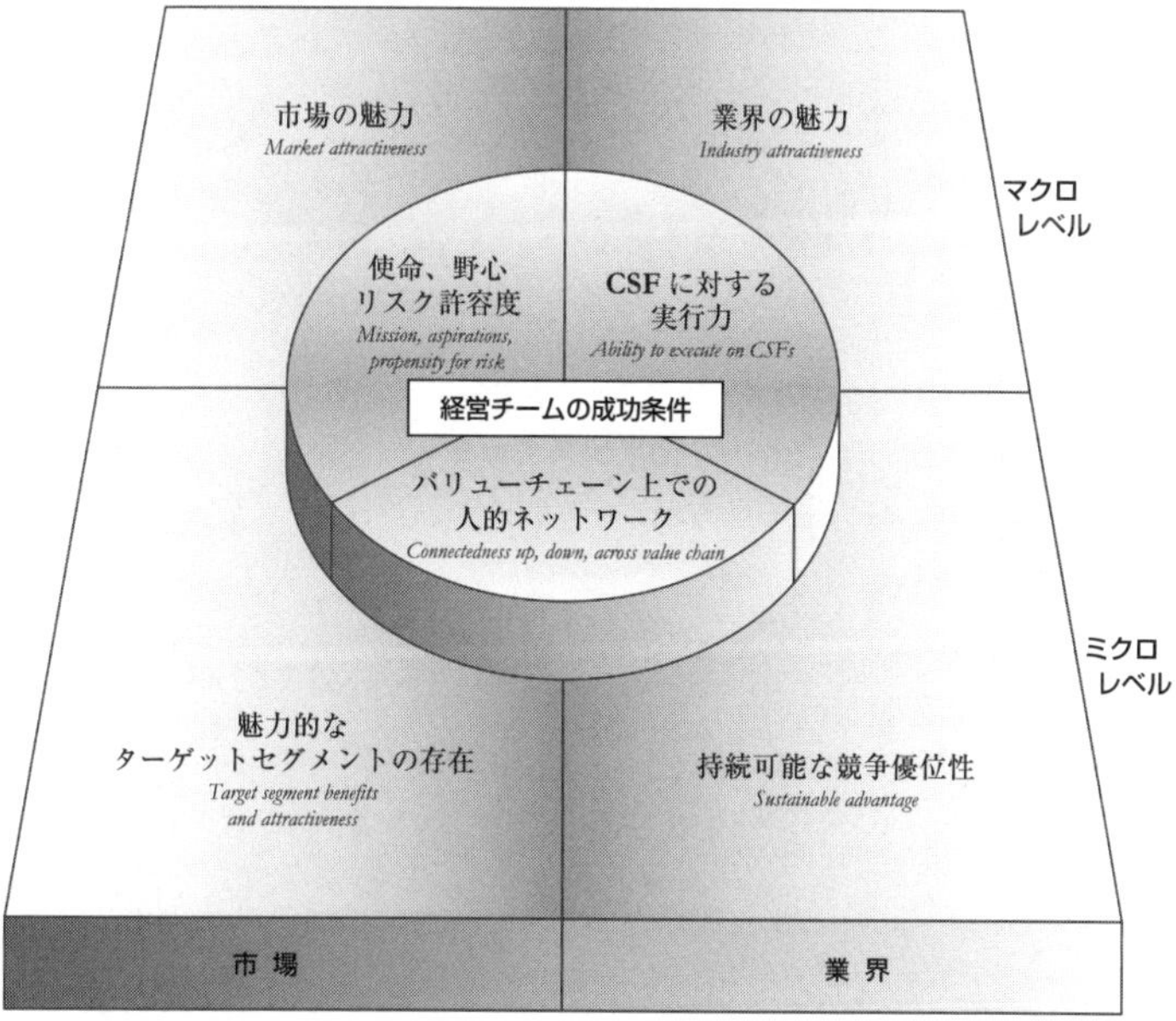

一瞬のひらめきは、ときに生涯の経験に匹敵する。

——作家　オリバー・ウェンデル・ホームズ[01]

ただのチェックリストではない

前章までに、七つの成功条件をすべて検証してきた。すでにあなたにビジネスアイデアがあれば、本書を読みながらそれぞれの成功条件をどの程度満たすものかと考えたことだろう。多くの場合、ある成功条件ではいい分析結果であっても、他の成功条件では芳しくない結果になるだろう。その場合にはどうすればいいのか？

本章では、七つの成功条件モデルを実際に活用する場合に考慮すべき点について検討する。第一章で示したように、このモデルを活用することは単に得点をつけ、加算してからスコアシートを作るといった単純なものではない。それぞれが相互に影響し合っているうえに、成功条件によって相対的な重要性も違うからだ。したがって、単純なチェックリストでは意味がない。複数の要因を間

[01] Oliver Wendell Holmes, 'The Professor at the Breakfast Table', 1980, *The Oxford Dictionary of Quotations.* 3rd ed. Oxford University Press, p.253.

違って組み合わせれば、あなたの起業に終止符を打ちかねない。また、十分な強みを持つ要因があれば、他の要因の弱点をカバーしうる。

本章ではまず、七つの成功条件の分析結果を解釈するために、いずれかの成功条件で非常に魅力のある（あるいはない）条件が事業の成否に及ぼす影響の度合いを調べる。次に、一見しただけではそれほど魅力がなさそうでも、熱意と洞察力のある起業家が逆境に打ち勝つケースについて見てみよう。完璧ではなくとも、ビジネスチャンスとしては魅力的なことがあるということを知っておくことも重要だ。さらに本章では、つつましい野心を胸に、ニッチ市場で事業を始めようとする起業家にとって好ましいケースについても論じる。最後に、よくある落とし穴を五つ示す。起業家なら絶対に避けたい落とし穴だ。

本章のまとめでも、他の章と同様に、投資家が求める重要な点をいくつか論じる。この中には、慎重に検討すべき警告も含まれている。そして最後に、本章で学んだいくつかの教訓を示す。

なぜうまくいくのか、あるいはいかないのか

「これはうまくいくのであろうか？　あるいはいかないだろうか？」本書では、第一章でこの問いを紹介した。優秀な起業家は、折に触れて自分に問いかける。あなたは七つの成功条件をすでに理解しているのだから、次はこのモデルを適用してもらいたい。七つの成功条件の活用の一つは、

あなたのビジネスチャンスを点数で評価することである。七十点満点で、それぞれの成功条件に一～十点までの点を付ける。ただし、点数を付けても加算しないこと。実際には、七つの成功条件のうち、「ミッション」以外の六つの成功条件に点数を付ければいい。「ミッション」は点数に換算できないため省略してもいい。その代わり、以下の作業を進めること。

❶ミッション、熱意、リスク許容度について検討すること。そうすれば、自分が追いかけているビジネスチャンスをより理解できるだろう。そのうえで、第六章の最後にあるテストをもう一度実施すること。

❷ビジネスチャンスの得点が十点を超えるような成功条件を一つ（複数あってもいいが、そうなることはまずありえない）探すこと。七つの成功条件のうち、少なくとも一つで、このように高い得点が見られるのであれば、そのビジネスチャンスが非常に大きな可能性を秘めているかもしれない。これぞ、一生のうちに何度も経験できないような「一瞬のひらめき」なのだ。競合他社のレーダー網をかいくぐるようなニッチビジネスを求めているのであればこの基準はあまり重要ではない。

❸十点満点で五～六点しか取れない成功条件を探すこと。そして、本章で学んだことを使いながら、次のように自問しよう。「別の成功条件で上げた高い得点は、この問題をカバーし

うるか？」　そうであれば、これもまた「一瞬のひらめき」になりえる。あなたのビジネスチャンスの可能性はこのひらめき次第なのだ。そうでなければ、自分のビジネスチャンスについてもう少し検討が必要だということがわかるだろう。この場合には、ビジネスチャンスをさらに進めるか再構成しなければならない。欠陥を放置したままでは、投資家や市場に出ることはできないからだ。再構成しても点数を上げられない場合には、そのビジネスを今すぐあきらめ、もっと魅力のあるビジネスに目を向けたほうがいい。ビジネスプランをまとめる前にあなたのビジネスのアキレス腱を認識していれば、悪い結果にはつながらない。

❹得点が高くも低くもない成功条件については、本章で学ぶことを用いてそれぞれの成功条件が影響し合っていることを確認しよう。そのうえで、ビジネスチャンスを練り直す必要の有無を検討すること。

ディール・メーカーとディール・ブレーカー

他の成功条件の得点に関係なく、十点満点で十点やそれ以上の十二点を取れば成功できる成功条件はどこだろうか？　以下を検討してみよう。

マクロレベル――市場の成功条件（左上）

本章の後半で論じるように、大きな市場であれば成功するとは限らない。したがって、この成功条件の得点が高くても成功は保証されない。規模の大きな成長市場であるだけでは、決してビジネスチャンスを追求する理由にはならない。

ミクロレベル――市場の成功条件（左下）

ニッチ市場でビジネスチャンスを追求する場合には、この成功条件で高い点を上げさえすればいいだろう。しかし、ベンチャー・キャピタルからの支援を得るようなビジネスではこの成功条件での高得点は必要条件であっても十分条件ではない。また、魅力ある業界（マクロレベル）や持続可能な競争優位性の存在（ミクロレベル）と同様に、強力な経営チームの存在も欠かせない。

マクロレベル――業界の成功条件（右上）

圧倒的な魅力があり、ほとんどすべての企業が成功するような業界であれば（実際にはそんな業界はほとんどないが）、ニッチ市場を目指す起業家にしてみれば、この成功条件において高得点を取ることで十分であろう。その場合、ミクロレベルやチームでの得点が低くてもいいが、ベンチャー・キャピタルの支援を得る目的で、魅力的な業界に「便乗」することはできない。業界の魅力は、差別化されたメリット（図の左側のミクロレベル）と、強力な経営チームで補わなくてはならない。

ミクロレベル——業界の成功条件（右下）

競争優位性を維持することが重要なのは当然だ。しかし、そのことが当てはまるのは、その競合優位性がビジネスを始めるに値するほど十分に優れたものである場合だけだ。この成功条件での高得点はいいことであるが、そのような高得点になるのは顧客に提供するメリットが十分に差別化されており、かつ長期にわたって価値を生み続けられる場合に限られる。

ミッション、熱意、リスク許容度

この成功条件は点数で評価しなくてもいい。むしろ、経営チームのメンバーが求めていること（投資家が求めることも含む）とビジネスチャンスの内容が合致しているかどうか見るために使われる。

CSFを実現する能力、バリューチェーン上での人的ネットワーク——経営チームの成功条件

「傲慢の罠」についてはのちほど論じるが、前はうまくやれたからと言って今度もうまくやれる保証はない。書店チェーン「ボーダーズ」で大成功をおさめたルイス・ボーダーズも、次の事業の「ウェブバン」ではまったく違った結果を得た[02]。経営チームが優秀であっても成功できるというわけでない。市場と業界において、いくつかの成功条件で高得点を上げなくてはならないのだ。

さて、「ここでの得点さえ高ければ、ディール・メーカー（事業を成功させる要因）になりえる」という成功条件があるだろうか？　前述の議論に従えば、答えは明らかに「ノー！」だ。残念ながら

[02] Herb Greenberg, 2002, 'How to avoid the value trap', *Fortune*, 10 June, p.194.

ら、一つの成功条件だけで得点を上げても、他の成功条件での弱点をカバーすることは容易ではない。ただし、非常に魅力のある業界で、小規模のニッチビジネスやライフスタイルビジネスを目指す場合は例外だ。それ以外の場合には、一つの成功条件で高得点を上げるだけでは、ディール・メーカーにはなれない。

起業が成功することはかなり難しいという現状を考えれば、ある成功条件での得点の低さが、新規事業を失敗に追い込むほどの悪影響を及ぼす可能性は当然ある。では、確実にビジネスが失敗するのは、どのような場合だろうか？　得点の低さがディール・ブレーカー（事業を失敗させる要因）になるのはどの成功条件だろうか？　それぞれの成功条件を見てみよう。

マクロレベル――市場の成功条件（左上）

ここでの得点が低くても問題ではない。ナイキやスターバックスの事例で見たように、低迷した市場でもイノベーションを起こせばこの弱点を克服できる。

ミクロレベル――市場の成功条件（左下）

この成功条件がディール・ブレーカーになるのは、次のような場合だ。①新ビジネスから明確なメリットを顧客に与えられない。②すでに市場で存在するメリットしか与えられない。③以上の欠点を解決する方法が何も見つからない。以上の場合には、このビジネスをあきらめて、もっと魅力のあるビジネスチャンスに目を向けることだ。唯一の例外は、他に類を見ないほどの魅力がある業界でニッチ市場向けに小さなビジネスを始める場合だ。この場合には、チャンスを活かせるかもしれない。ミクロレベルの市場における成功条件は、七つの成功条件の中で最も重要だ。だからこそ、本書ではこの成功条件を最初に取り上げた。

マクロレベル——業界の成功条件（右上）

この成功条件はディール・ブレーカーではない。魅力のない業界でも、優れたビジネスチャンスを見出すことは可能だ。本章の後半ではウォルマート、ギャップの例を検討する。これらの企業の属する流通業界は最も魅力のない業界の一つに数えられているが、いずれの企業も大成功をおさめている。その秘訣はミクロレベルにある。まず、慎重にターゲットを設定し、顧客に対し差別化されたメリットを提供する。さらに、競争優位の源泉となりえる複合的で他社が真似できないようなプロセスを構築するのだ。

ミクロレベル——業界の成功条件（右下）

魅力的なビジネスチャンスであっても、特許による保護や競合他社が対抗できないような優れたビジネスプロセスや仕組みを構築する手立てもない、この場合にはどうすればいいだろうか？　あなたはこの欠点だけで腰が引けてしまうだろうか？　その必要はないが、このような状況でビジネスを始めた場合には、その進展につれて目標達成への障害は大きくなるだろう。これこそ、先行者利益の典型である。この状況で勝ち続けられるのは、後続の参入企業よりも常にイノベーションを継続できるか、顧客ロイヤルティを得るだけの評価を確立できる場合だ。イーベイは、ＱＸＬやアマゾンなどとの競争にもかかわらず、オンラインオークション業界への支配を続けている。この成功条件の欠点を克服する方法は二つある。一つは、イノベーションによってプロダクト・リーダーシップを維持すること。もう一つは、顧客ロイヤルティを確立・維持することだ。さらに、他社が追いつく前に事業を売却してしまうことも第三の方法として挙げられる。このように、持続可能な競争優位性の得点が低いことが必ずしもディール・ブレーカーにつながるわけではない。

ミッション、熱意、リスク許容度――経営チームの成功条件

この成功条件は、ディール・メーカーの項で記したように、点数で評価しなくてもいい。この成功条件に問題があっても、それだけであなたの事業の成否が決まることはないはずだ。ただし、以下の場合には、ベンチャー・キャピタルからまったく投資を得られないだろう。ミッション、熱意、リスク許容度が、投資家が求めるものと合わないか、ビジネスに必要な経営資源に乖離がある場合だ。この点については、本章の後半で論じよう。

業界のＣＳＦを実現する能力――経営チームの成功条件

あなたや経営チームがビジネスを始めてから実行力を発揮できれば、そのビジネスは成功するかもしれない。しかし、実行力があるということを示さなければ資金調達は難しくなるだろう。唯一の例外は市場の高騰期だ。ドットコム・バブルの時期には、ペンとナプキンさえあれば、誰でも新

たに投資を受けられた。
起業を考えてはいるが、その実行力が未知数の人にとって魅力のある選択肢の一つが有償によるフランチャイズ・ビジネスへの加盟である。このビジネスに参加すれば、フランチャイザーのシステム、サポート、ブランド力が、あなたの経験不足や欠点を補ってくれるだろう。しかし現実には、自分が選んだ業界でのCSFの実行に必要なものがない、あるいはそれを学ぶ姿勢がないならば、フランチャイズ・システムに加わっても成功をおさめられない。CSFを実行する能力は不可欠なのだ。

バリューチェーン上での人的ネットワーク――経営チームの成功条件

この成功条件はディール・ブレーカーだろうか？ いや、これ自体は違う。この条件は、ビジネス開始の直後において有効であるが、ビラータの事例で見たように、「軌道修正が必要」という市場からのシグナルを見極める際にも役に立つのだ。しかし、強い関係がないことはリスク要因であってもディール・ブレーカーにはならない。この成功条件では、投資家がしばしば資金だけでなく、それ以外のものを提供してくれる。投資家が持つコネクションが、あなたに足りないものを補ってくれるのだ。

さて、まとめとして、得点が低いだけでディール・ブレーカーになってしまうのは、七つの成功条件のうちどれだろう？

ミクロレベル――市場の成功条件（左下）

顧客の悩みに応じて差別化された解決策（より良い、より速い、より安い）を提供できないビジネスであれば、それを忘れて別のビジネスチャンスに目を向けよう。

CSFを実現する能力――チーム（右側の真ん中）

成果を出せないのであれば起業家になどなれはしない。

逆境に打ち勝つ

七つの成功条件には、魅力がないように見える成功条件が少なくとも一つある。しかし、次のような条件が整えば、魅力的と考える起業家はいる。

- 低迷している市場を成長させられるようなイノベーション。
- 自分のいる業界が好ましくない状況にあるにもかかわらず、競争優位を維持できるような差別化（独占を保護するような差別化か、複数の要素の組み合わせによる差別化）。

ミクロレベルの成功条件で以上のような強みがあれば、マクロレベルの成功条件での弱みを補える。バリューチェーンで十分な関係を持つ強力な経営チームであればなおさらだ。以下でいくつかの事例を見てみよう。

低迷する市場での製品イノベーション

第二章では、フィル・ナイトの事例を検討した。ナイトは、品質の高い運動靴を作りたいという情熱を持っていた。その一方で彼の仲間は、製品のデザインや有効なマーケティングを通じてセグメントに応じた運動靴を作る能力を備えていた。ナイトの情熱と仲間の能力の結集がナイキを誰もが知る、世界で最も有名なブランドの一つに押し上げた。さらに、以前は代わり映えしなかった運動靴市場を、「成長する機械」に変えた。ナイキは、七つの成功条件モデルの左下の成功条件で非常に魅力的なビジネスチャンスを得た。ナイキの開発したブランドは目に見えるだけではなく心理的なメリットも顧客に与えた。そのため、優れた製品とマーケティングによってマクロレベルでの市場の低迷という欠点を十分にカバーしたのだ。

魅力のない市場でも、ナイキのように顧客の心をつかんで放さないほどのメリットを提供できれば、ビジネスチャンスを追求するもっともな理由になる。

魅力のない業界での差別化と、慎重な顧客ターゲッティング

流通業界で五つの競争要因分析を行えば、長期にわたって真似できないほどの高成長企業を生み出す業界ではないことがわかる。流通業界では参入障壁があまりに低いため、模倣する企業が参入しやすい。また、少なくとも参入直後にはサプライヤーの交渉力が往々にして高い。消費者にはどこで買い物をするか多くの選択肢がある。このように、好ましくない構造にある業界の収益性は、平均レベルに留まり、他の魅力のある業界に比べるとはるかに低くなっている。

しかし、このような好ましくない業界環境にもかかわらず、ウォルマート、ギャップなどの企業が利益を出しており、その競争優位を保ちながら成長を続けている。これらの会社は、自社が追い求めるビジネスチャンスをどのように考えていたのだろうか？　基本的には、彼らは競合他社以上に顧客にメリットを与え、かつ持続可能な競争優位を築けると考えていた。

ウォルマートの場合には、サム・ウォルトンがビジネスチャンスに気づいた。彼が考えたのは、アメリカの郊外の小さな都市や町でディスカウントストアを展開することだ。膨大な数の優れた製品を小さな町のメインストリートにある商店では付けられないような安値で販売するのだ。ウォルマートが徹底的に効率性を追求した結果、不幸なことにこの種の商店の多くは廃業に追い込まれた。ウォルマートは、同業者が模倣できないほど複合的な情報収集・流通機能を確立することによって競争優位を維持した。その結果、アメリカで最も経営効率の高い小売業者の一つになった。リアルタイムの販売データを衛星通信システムで毎日本部に送ることや、在庫を持たない低コストの物流システムを流通センターで活用したことはその一例である。

一九七〇年代初めには、リーバイスのジーンズやカジュアルな衣類に人気が集まった。これを見たギャップは、自社の競争優位を活かせるビジネスチャンスを見つけた。リーバイスはサイズやスタイルを幅広く選べるようになっていた。ギャップは、その優れた流通システムにより衣類の在庫品を毎日確保できた。これはまさに、顧客が望んでいたことだったが、他の流通業者はまだ実現していなかった。ギャップは一九九〇年代に、グローバル・ブランドやファッション・リーダーとして名を知られるまでに変貌し、顧客へ提供する価値も変わった。

しかし、二十一世紀に入ってからは、市場単位で必要なときに必要な色の必要な衣類を揃える戦略に変更した。この新しい戦略は、以前の方針よりもはるかに大きなリスクをはらみ、真似るのも簡単であった。ギャップはどのようなファッションが時代に合っているかについての正しい判断ができず、そのため業績は、九九年から二〇〇二年に大きく低下した[03]。元の地位を回復できたのは経営陣を交代してからである。

このようにギャップは近年、経営上の問題に見舞われたが、これらの流通業者が、魅力のない流通業界で成功をおさめるためには三つの要因を組み合わせる必要がある。それは「顧客に対する本物のメリット」「競争優位を作る明確な差別化」「成果を生み出せる経営チーム」である。ウォルマートとギャップは長年にわたって成長を続けている。したがって、マクロレベルでは好ましくない状況にある業界でも、他に強い点を持っていればディール・ブレーカーにならずに済むのだ。

ニッチ市場にいる起業家のチャンス

[03] Heesun Wee, 2002, 'The challenge in store for Gap', *Business Week Online*, 9 October, http://www.businessweek.com/

すべての起業家が、自分のビジネスを大きくしたいと思っているわけではない。また、すべての起業家が事業の売却を望んでいるわけでもない。多くの起業家が、長期にわたってビジネスを続けるか、家族や次世代の経営者に引き継がせたいと思っている。たとえば、地元の自動車ディーラー、小さな製造工場、フランチャイズ・ビジネス、細分化した業界のビジネス、非常に小さな市場をターゲットにする企業などである。これらの起業家がチャンスを評価・実行するうえで、七つの成功条件モデルは役に立つだろうか？

一般論として、このようなビジネスが成功している理由は、大企業が争おうとしないようなニッチ市場を狙っているためである。このような目的の起業家にとっていいビジネスチャンスが生まれるきっかけは何だろうか？

私の研究では、長く存続できそうな小規模のビジネスを立ち上げたいと思う起業家にとって、マクロレベルの要因はミクロレベルの特定の要因（ターゲット・セグメントのメリットと魅力）ほど重要ではない。成功をおさめるには、以下に挙げる条件を二つとも満たすことが必要だ。一つは、小さな市場において十分にニーズが満たされていないセグメントを見つけること。もう一つは、ターゲットを明確に絞った市場でビジネスを展開するため、顧客の求めるメリットを優れた方法で提供することである。つまり、このようなビジネスチャンスを評価する鍵は七つの成功条件モデルの左下にある。ターゲットを絞った市場セグメントにおいて顧客の心を惹きつけられるメリットと明確に差別化要因を提供できるかどうかだ。

このようなニッチビジネスが時間の経過とともに成長し、大企業になる場合もある。エンタープライズ・カー・レンタルはその一例だ。同社は長年、ビジネス客ではなく、地元の市場に焦点を当ててきた。驚くことに、創業者のつつましい目標とは裏腹に、今や世界最大のレンタカー会社になっている。

五つの落とし穴

ここでは私の研究で明らかになった、よく陥る五つの落とし穴を示す。いずれも、ある基準から見れば魅力はあるが、実際には根本的な欠陥を持っていることが多い。

第一の落とし穴――巨大市場という罠

投資家は、起業家から次のような言葉をよく耳にする。「私の市場はとても大きい。そのうちの一〇%、あるいは五%、いや一%でも手に入れられれば、みな大金持ちになるでしょう」。大きな市場、とくに急速に成長している大きな市場の問題点は、他社もその市場を狙っているということだ。大きな市場は豊富な資金源を持つ有力企業をはじめ、競合他社を引き入れる。このような市場で起業家が成功するのは非常に難しい。とくに新規参入の脅威が大きい業界では相当難しい。これと同じくらい重要なことは、もしもあなたの会社の製品がターゲットの顧客に本物のメリットを提供していなければ、世界最大の市場であってもあなたのビジネスは成功しないだろう。つまり、大きな市場にサービスを提供するというだけで、起業が成功するという保証はまったくないということだ。

ネスレの冷凍食品部門は、十年以上も前にアメリカのピザ市場を調査した。当時のピザ市場には一八〇億ドルの規模があった。同社は自社製の冷凍ピザをスーパーマーケットで販売し、この巨大な市場に参入することを決めた。〇・三％のシェアさえ獲得すればこの市場で成功できた[04]。しかし、失敗した。なぜだろう？　顧客は、「玄関まで配達してくれる焼きたてピザのほうがおいしい」と感じたからだ。また、宅配ピザの値段は、ネスレのピザと変わらなかった。さらに、宅配ピザのほうが便利だった。子どもにはもっと安い冷凍ピザで十分だった。つまり、ネスレの冷凍製品は、どの市場セグメントに対しても、明確なメリットを提供していなかったのだ。

この落とし穴を避けるには、どうすればいいのだろうか？　起業家にとって大規模な市場が望ましいのは、その中にあるセグメントに対して自社の製品やサービスが明確なメリットを提供できる場合に限る。巨大市場にサービスを提供する新規事業では、市場全体の中で小さなシェアを取るよりも、小さくても慎重にターゲット化されたセグメントで大きなシェアを追求するほうがはるかにいい。ネスレが冷凍ピザへの参入で失敗したのはこの点だった。巨大市場では、ターゲットを絞ることが重要だ。最初のセグメントへの参入が、のちに別のセグメントへの参入につながるのであればなおよい。

[04] V. Kasturi Rangan and Marie Bell, 1997, *Nestié Refrigerated Foods: Contadina Pasta and Pizza (A)*, Harvard Business School Press, Boston, MA.

第二の落とし穴――優れた新製品という罠

とくにテクノロジー中心の業界では、起業家が独自にそのテクノロジーを現金に変えようとする場合が多い。そのテクノロジーによってターゲット・セグメントにどのようなメリットを与えられるのかという問いをせず、テクノロジーの現金化だけを行おうとすれば必ず落とし穴にはまる。テクノロジーや新製品が優れていても、それだけで今までより優れたソリューションを顧客に与えられるとは限らない。テクノロジーに対する需要が不確かな場合に、テクノロジー中心の起業家に対して問うべき重要な問いは、「誰がほしがっているのか？　その理由は何か？」である。ネスレはこの落とし穴にはまってしまった。この落とし穴は技術力の低い業界にも小さな市場にも存在する。どうすれば、この落とし穴をうまく避けられるだろうか？　とくに、テクノロジーに基づくビジネスチャンスであればどうだろうか？　起業家の成功は、テクノロジーだけによるものではない。自社にふさわしい顧客を特定し、テクノロジーを使ってその顧客のニーズを満たすことにあるのだ。

第三の落とし穴――持続できないビジネスモデルという罠

ドットコム・バブルでは、持続できないビジネスモデルによる失敗が多かった。第五章でウェブバンの事例を検証した。ペットフードのオンライン販売業者も失敗例に数えられる[05]。「ペットの飼い主」という大規模な市場にも、顧客に対するメリットにも魅力があった。どの飼い主もペットフードの重い袋を、店から家まで運びたがりはしない。ところが、新規顧客を獲得し、ペットフードを一袋ずつ配達するモデルでは採算が取れなかったため、このビジネスは短命に終わった。言い

[05] Harper W. Boyd Jr, Orville C. Walker Jr, John Mulliins and Jean-Claude Larréché, 2002, *Marketing Management: A Strategic Decision Making Approach*, McGraw-Hill/Irwin, Burr Ridge, IL.

換えると、ミクロレベルでの二つの要因（ターゲット顧客が対価を支払ってもいいと思うようなメリットと、「経済的に成り立ちうる」と想定された製品やサービスのコスト構造）の関係を維持できることが必要なのだ。そうでなければビジネスは長続きしないだろう。二〇〇〇年には、ペットフードのオンライン販売業者のほとんどが業界から姿を消した。

この落とし穴を避けるには、どうすればいいのだろうか？　自分の業界やその経済構造を理解できるように、ネットワークを築くことである。そして、自分のビジネスチャンスについて試算することである。第五章で示したように（右下の成功条件――持続可能な競争優位）、抽象的な概念は数字の代わりにはならない。

第四の落とし穴――便乗という罠

新規参入の脅威（業界のマクロレベルの要因）が大きく、かつ新規参入に対する持続可能な競争優位性が欠如（業界のミクロレベルの要因）していれば、大量の競合他社がチャンスを追求するようになり、あっという間にふるいにかけられてしまう。この状況に耐えられるのは競合他社のレーダー網の下を飛ぶようなニッチ市場を狙った起業家だけだろう。

この落とし穴をどうやって避けるのだろうか？　これは簡単だ。参入障壁が低く、先行者利益を維持できなければ事業を始めてはいけない。すでに事業を始めているなら、大企業とは競争しないニッチ市場向けビジネスでいいと思わない限り、今すぐその事業を売却することだ。ジャック・テーラーとアンディ・テーラーは、エンタープライズ・カー・レンタルを創業したときにそれを実践した。ハーツやエイビスはもとより、他のレンタカー会社も営業所の近隣地域のセグメントには注意を払っていない。だからこそ、テーラー兄弟はその市場のほとんどすべてを獲得することができたのだ。

第五の落とし穴——自信過剰という罠

次々と事業を起こすことでキャリアを築いている人々は、起業を繰り返しては成功を重ねているように見える。成功をおさめている起業家は重大な欠陥のないビジネスチャンスを選び、そのチャンスを有効に活用していることが多い。しかし、第七章で見たルイス・ボーダーズも書店経営での成功とは裏腹に、ウェブバンの経営に失敗している。

起業の経験がある場合には、どうすればこの落とし穴を避けられるだろうか？　経験は、資金調達のうえで大きなメリットになるが、七つの成功条件に対する注意は必要だ。過去の栄光に安住してはならない。たとえこれまでは「向かうところ敵なし」だったとしても、本書の成功条件を検証するのだ。

投資家の求めること

プロの投資家は愛情で資金を出すことはない。彼らは、この七つの成功条件を本能的に理解しているが、起業家や私たちのように間違えることもある。

- 投資家は、市場と業界を混同するだけでなく、片方の魅力を他方のものと誤解する。
- 投資家は、マクロレベルとミクロレベルの区別を見落としている。他人のあとを追いかけた揚げ句、大きな成長市場に入り込んではだまされてしまう。
- 投資家は、ポートフォリオの対象企業が差別化されたメリットを提供することを確かめられない。優れた新製品の罠にはまっている。
- 投資家は、これらのメリットによってもたらされた初期の競争優位が今後も保護、あるいは維持されるのかどうかを確かめない。
- 投資家は起業家がCSFを実現する能力を、パーソナリティや相性、履歴書に記された内容と混同する。また、起業家のバリューチェーン上での人的ネットワークがないことを見落としてしまう。

エンジェル投資家やベンチャー・キャピタリストも、私たちと同じ人間なのだ。しかし、プロの投資家は、一般には、以下の点を持つかどうか知りたいと考えている。

- 好ましいマクロレベルの動向に支えられた大きな成長市場
- 魅力があり、競争力が認められる業界。四～五つの好ましい競争力の存在

●他のところでは手に入らない、明確で差別化されたメリットを提供することで、本当の顧客の悩みを解決する製品やサービス
●特許や優れた組織プロセス、能力を通して、長期にわたって保護されるイノベーション。採算性のあるビジネスモデル
●自分たちと共通のミッションや熱意、リスク許容度を持つ経営チーム
●その業界のCSFを実行できる経営チーム
●バリューチェーン上での人的ネットワークが強い経営チーム

各ディールで以上の点がすべて満たされているのであろうか？　いや、それはほとんどない。もし満たしているとすれば、ほとんどのベンチャー・キャピタルのポートフォリオでの成功率である「十の事業のうち成功するのは一つか二つ」という水準をはるかに上回るだろう。

投資家は、大きなリターンを得るためにリスクを冒す。また、ある成功条件の欠陥が他の成功条件の強みによって補われると信じている。経営チームが十分な能力を持っていれば、今後直面する困難にも対応できるだろう。しかし、リスクがあまりに大きい場合には、ある種の赤信号や警告サインを見つけ出そうとする。それは、他の成功条件にどれほどの魅力がありそうであっても変わらない。決して楽しい仕事ではないが、彼らは赤信号を真剣に見つけようとしている。

●簡単な（あるいは、やっていないのと変わらない）市場調査。「顧客は何と言っていますか？」

と、モリソン・フォースターの共同経営者ジョセフ・バートレットは聞く。「この種のやり取りは不可欠である。あなたがベンチャー・キャピタリストから資金を集める前に、必ずしておかなくてはいけないのだ」一九九〇年代後半の数年間は、ナプキンにアイデアを書きなぐっただけでも資金を集められた。だが、そんな時代は遠い昔だ。

- 市場調査よりも優れているのは、「顧客が実際に買った（買う予定である）」といった事実に基づいたデータだ。ウェブサイトからの実際の注文、意思表示の手紙、実際の注文を示す他の証拠などは強力な証明になる。市場調査の場で人々が口にすることは、必ずしも実際の行動とは一致しない。
- 競争についての自信過剰気味の評価。「『競争相手はいない』と書かれた事業計画を目にすると、いつも困惑する」。サークル・グループ・インターネット社のダニエル・キムは、こう述べている[06]。実際には、どの顧客のニーズもすでにある程度まで満たされている。しかし、完全に満たされているわけではない。あなたのライバルは、あなたとは違う顔を持ち、あなたの会社が計画しているものとは違う製品やサービスを提供しているかもしれない。ライバルは必ず存在している。ライバルがいないところには市場など存在しないのだ。

七つの成功条件を慎重に評価した起業家は、このような失敗を起こさない。調査を実施し、需要の証拠を集め、直接競合する企業にとどまらず、新たに競合となりうる企業の特定・評価も済ませているからだ。

[06] Kopin Tan, 2002, 'USA: venture capitalists still detect red flags in lots of proposals', *Wall Street Journal*, 7 August.

投資家に接する際に七つの成功条件モデルを使えば、彼らのリスクやリターンを説明できる。あなたも「自分のビジネスチャンスのすべてがバラ色だ」などと思い込まず、そのチャンスや欠点を深く理解できるだろう。それにより投資を検討中の人々から投げかけられる重要な二つの問いにも答えられる。これは起業家、投資家の両方にとって重要な問いである。

- このビジネスチャンスは、なぜ成功するのか？ 成功する要因を、一つか二つ挙げるとすれば、それはどこか？
- このビジネスチャンスは、なぜ失敗するのか？ どこにリスクが存在するのか？ あなたのビジネスチャンスや経営チームでそのリスクをうまく軽減できるのは何なのか？

簡単に言えば、七つの成功条件モデルはあなたと投資家を同じ視点に立たせる。このモデルを使えば、あなたの視野も広がり、追求しようとするビジネスチャンスの長所や短所を誰にでもわかる言葉で伝えられる。さらに、第一〇章で論じるように、事実に基づいた確固たる基盤をもとに強力なビジネスプランを作成できる。

本章からの教訓

本章では、七つの成功条件モデルの全体像を論じた。私たちはこの議論から、どのような教訓を得られただろうか？

チェックリストではない

七つの成功条件モデルの活用は、チェックリストを作成し、得点を加算するような単純なものではない。七つの成功条件は複合的に作用し合い、時には意外な影響を及ぼし合うこともある。「市場」や「業界」の成功条件ではほとんど同じようなビジネスチャンスでも、経営チームのミッション、熱意、リスク許容度が違えば起業家の結論もまったく違う。この点は、あなたがビジネスプランを策定するうえで重要な意味を持つ。これについては第一〇章で論じる。しかし、ビジネスチャンスの評価・作成が簡単な作業ではないことがはっきりしたはずだ。そのためには、考察、証拠、ハードワーク、ひらめきが必要だ。

ミクロレベルの成功条件の重要性

「市場」と「業界」に関する四つの成功条件のうち、ビジネスチャンスを評価するうえで最も重要なのは、ミクロレベルでの二つの成功条件だ。顧客ニーズを理解し、持続可能な方法で、価値が高く、差別化されたメリットを顧客に提供できるようにビジネスを組み立てることがとても大切である。残念ながらインターネット時代には、熱意を持っていても椅子から立ち上がらない起業家が多い（あなたはそうではないと思うが）。彼らは、コンピュータのモニターに向かい、見込み客に語りかけようとしている。居ながらにして、自分たちのビジネス固有の問題を発見し、その解決方法を事前に探し出そうとしているのだ。第一〇章とツール④では、具体的な調査方法をさらに詳しく論じよう。ネットサーフィンは第一ステップに過ぎない。

「マネジメント、マネジメント、マネジメント」

すでに見てきたように、「マネジメント」を重んじるこの言葉は真実を表現している。経営チームのリーダーはたしかに重要だ。しかし、それ以上に重要なのは、チーム全体である。経営チームにふさわしい陣容を整えなければならない。起業に成功したいのであれば、「起業はチームプレー」だということを忘れてはいけない。

熱意ある起業家の家族や友人に向けて

ほとんどのプロの投資家は、七つの成功条件の考え方を本能的に理解している。しかし、それでも、私たちと同様に失敗を犯す。実際には、彼らが認識する以上に失敗は起こっている。ほとんどの投資家は、投資の決定についてもっと明確に考えられる方法を求めている。私はそのことを、本書の調査を通じて知った。同じことは、家族、友人、個人投資家にも当てはまる。

彼らも資金を提供するためには七つの成功条件モデルが重要だと気づいているかもしれない。資金は一種の愛情でもある。「愛のムチ」と呼ばれることもある。先入観のない質問を独自に投げかけながら、時に一瞬のひらめきを見せれば愛する起業家からいつも歓迎されるものだ。本章の冒頭で紹介したオリバー・ウェンデル・ホームズの言葉は、このことを示している。

第10章 ビジネスプランをまとめる前に

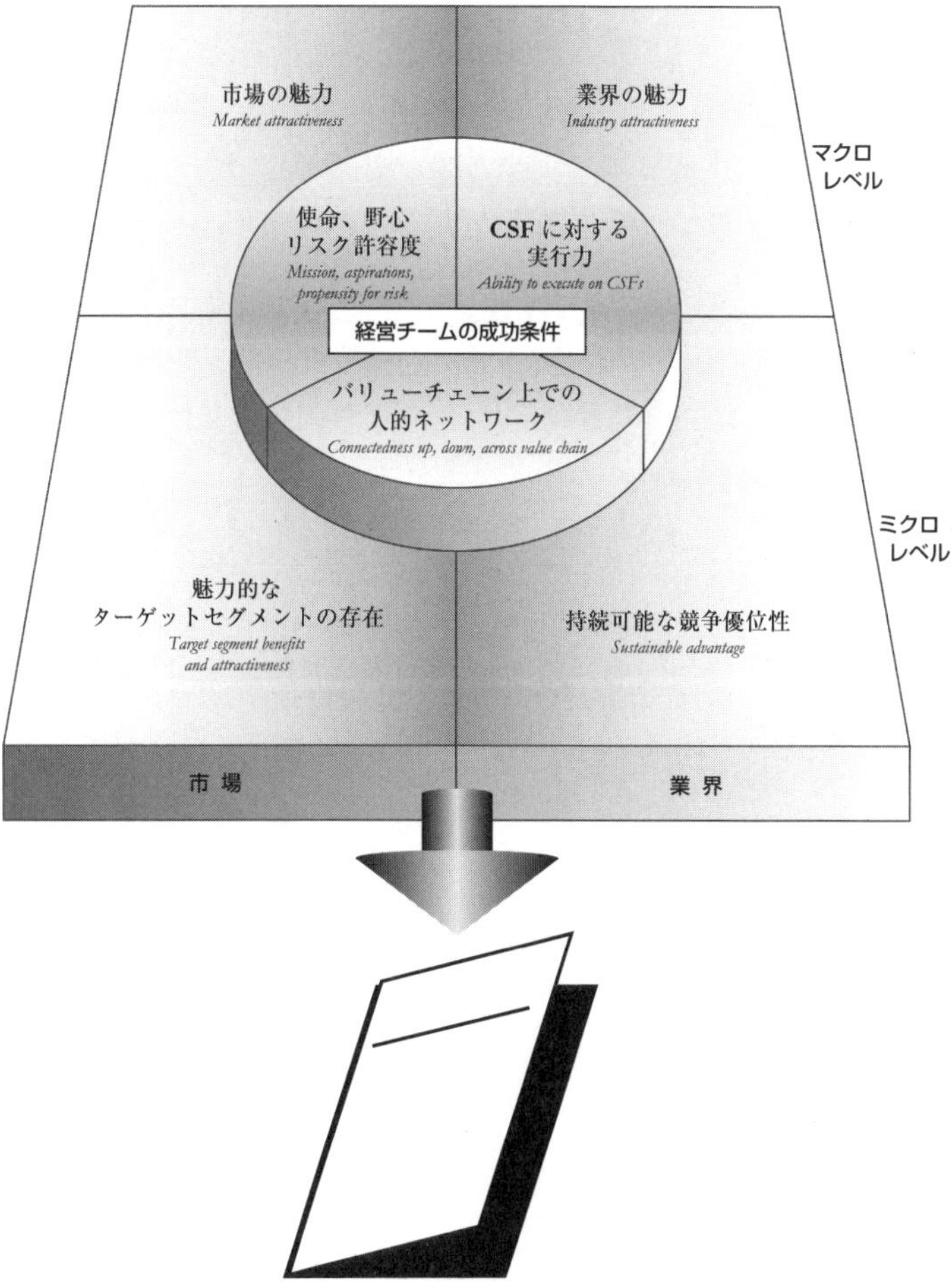

思慮深く責任感のある市民が数人いれば、
世界を変えられることは間違いない。
現に、今までの歴史では、まさにそうなっていた。

――マーガレット・ミード[01]

なぜ多くのビジネスプランは資金を集められないのか

計画は重要である。しかし実際には、結果がものを言う。では、その結果をもたらすのは誰なのか？　起業家だ。あなたのような起業家が、世界を変えられるのだ。起業の世界で今、これほどまでに「ビジネスプラン」が注目されるのはなぜだろうか？　巷には、〈ビジネスプランのまとめ方〉といった類いの本や、簡単にビジネスプランを作成できるパッケージ・ソフトがあふれている。主なビジネススクールには、たいていビジネスプラン作成の授業がある。グループに分かれた学生たちが架空のモデルを使うか、現実に起業することを念頭に、ビジネスプランをまとめる。これはな

[01] Institute for Intercultural Studies, 2001, 'Margaret Mead 1901-1978'.

ぜだろうか？　本書の最初に述べたように、ビジネスプランの大半は資金調達に至っていない。たとえ資金を調達できたとしても、失敗に終わる事業が少なくない。いったいどこに問題があるのだろうか？　少なくとも考えられるのは、次の三点だ。

第一の問題は、ほとんどのビジネスプランが、そもそも根本的に欠陥のあるビジネスチャンスを対象に作られていることだ。何の希望もないビジネスについて、ビジネスプランをまとめることは、起業家の時間と才能の浪費でしかない。あなたも、時間と才能を無駄に使わないことだ。その代わりに、七つの成功条件を学習し、新規事業のロードテストを慎重に進めよう。必要があれば、ビジネスチャンスを見直すか、時間をかけてさらにいいチャンスを見つけることである。

第二の問題は、ビジネスプランはもともと相手を説得するための手段であり、その目的が資金集めである場合が多い。ビジネスプランを作る起業家は、「私のビジネスチャンスのどこにも欠点はない」という顔をせざるを得ない。第九章で見たように、どんなに魅力のあるビジネスチャンスもすべての点で完璧というわけではなく、他のビジネスチャンスよりも優れる長所は一つか二つにすぎない。それにもかかわらず、起業を目指す人々は、多くの書籍やソフトウェアで紹介されているような模範的なビジネスプランを用意し、投資家に売り込もうとする。しかし、投資家はこのようなビジネスプランを妄信しない。起業が引き起こす本当のリスクを知っているからだ。このことを知らない〝新米〟起業家にとって資金集めは難しい。彼らは七つの成功条件のどこかに潜んでいる本当の危機を見落としている。普通のビジネスプランでは問題になる可能性のある点やその理由を、「リスク」という項目で説明しているが、その中に本当の危機は含まれていない。

第三の問題は、ほとんどのビジネスプランにおいて、起業家、アイデア、そのアイデアの長所に焦点を当てていることにある。顧客ではなく、自分やアイデアをビジネスプランの中心に据えているのだ。たしかに、あなた自身やアイデアも重要だ。しかし実際には、投資家は、それらにはさほど重要視しない。少なくとも、ビジネスのスタート時はそうである。投資家が重要視するのは、顧客の問題やニーズを解決することができ、それが大きな利益や成長につながるかという点だ。あなたが顧客が抱える問題に対する解決策を持っていれば、投資家はあなたの話に耳を傾けるだろう。その有効性が証明されていれば、投資家はわき目もふらずにあなたに注目するだろう。まずは顧客を中心に据え、その顧客の問題やニーズを取り上げること。そして、あなたや経営チームが解決できるということを示すことで、資金を得られるようにしよう。では、ビジネスプランを作る前に、何をすればいいのか?

まずは、うまくいきそうなアイデアを考え出すこと。顧客の問題やニーズを解決するようなアイデアだ。次に、おなじみの七つの成功条件について学んだことを活用しながら、ビジネスアイデアの評価と具体化を進めること。そのためには、すでに論じたようにできるだけ多くのデータが必要だ。最後に、私が「顧客視点からのフィージビリティ・スタディ」と呼ぶメモを用意すること。これは、データやその分析結果をもとに自ら導いた結論である。

この三つのステップを終えれば、質の高いビジネスプランをまとめる準備が十分に整ったことになる。ビジネスの長所と短所を踏まえたこのビジネスプランは、戦略策定の基礎となり、あなたの経営チームがそのチャンスの実現にふさわしいことを示すのだ。

本章では、質の高いビジネスプランを書く準備をするために、必要なリサーチを完了させるためにとても重要となる方法について論じる。まずは、新規事業の優れたアイデアがどこから生まれるかを見てみよう。次に、分析に必要なデータを最もうまく集める方法を検討する。そして、あなたのアイデアについて、費用対効果の高いリサーチを実施するために、具体的なヒントを提供する。また、あなたが提供しようとしている商品・サービスに対する需要を予測するうえでのアプローチを検討する。ビジネスプランを作成するには、この予測が必要だ。資金を集められない起業家の多くは、当て推量で予測しているためにビジネスプランを直接ゴミ箱に捨てるような結果となっているのだ。事実に基づく確固たる売上予測がなければ、あなたのビジネスプランも砂上の楼閣である。

以上のテーマをまとめたうえで、顧客主導での事業化フィージビリティ・スタディの概要を解説する。そして、ビジネスプランとの類似点や相違点を示す。

ビジネスチャンスは、どこからやって来るのか

起業を目指す人は、誰でもビジネスアイデアを持っている。新しいアイデアが毎日浮かぶ場合もあるだろう。しかし、本当に難しいのは、優れたアイデアを見出すことだ。それは、並みのものとは比べものにならないほどのものだ。まさにビジネスチャンスなのだ。優れたビジネスチャンスは、どこから、どうやって生まれるのか？　本書で紹介した事例には、共通するパターンが四つ見られ

た。このパターンを使えばあなたも自分のビジネスチャンスを見つけられる。

- マクロレベルの動向によって生み出されるビジネスチャンス
- 顧客の悩みへの共感・追体験によって見つけられるビジネスチャンス
- 科学的なリサーチによって生み出されるビジネスチャンス
- すでに他の場所で成功していることが明らかなビジネスチャンス

マクロレベルのトレンドによって生み出されるビジネスチャンス

私たちは、日々変化する世界で暮らしている。あらゆるトレンドが私たちを日々取り巻いている。これらのトレンドを研究し、我々の生活や、業界、市場への影響を予想することはビジネスチャンスを見出す大きなヒントになる。第二章で見たように、ミラーは健康ブームだけに目をつけたのではない。これまで二十代前半が中心だったビールの購買層が、彼らより年上のベビーブーマー世代に及んでいることも見逃さなかったのだ。その結果生まれた製品が「ミラーライト」なのだ。iモードは、テクノロジーの発達を利用して新しいサービスを提供することで、日本の携帯電話ユーザーを取り込んだ。他にも、マクロレベルのトレンドへの類似の対応を見てきた。

マクロレベルのトレンドが人口動態（あるいは、社会文化、技術、規制、自然）によるものであろうとなかろうと、起業家が見つけ出すべきビジネスチャンスを作り出せば、最も大きなリターンを得られる。経営の神様ピーター・ドラッカーによれば、「イノベーションの成功例の中では、変化を利用している事例が圧倒的に多い」という[02]。また、チャンスの特定は、「チャンスが潜む変化の領域を体系的に精査すること」である。チャンスを見つけ出すのは、あなたのような人なのだ。優れたビジネスチャンスを見つけたいのであれば、ドラッカーが示唆しているように、現在のトレンドを体系的に検証し、次のように自問しよう。「このトレンドは、我々の生活や、市場、業界にどのように影響を及ぼすのか？」

顧客の悩みへの共感・追体験で見つけられるビジネスチャンス

ナイキの創業者フィル・ナイトとビル・バウワーマンは、顧客の悩みや痛みをまさに自分で経験していた。長距離ランナーだった二人は、長距離のランニングで足に衝撃を受け、疲労骨折や捻挫に悩まされていた。もっといい靴があれば、その悩みが和らいだかもしれなかった。彼らには、それと同じくらい重要なことがもう一つあった。ゴールを競いながら、「もっと軽い靴があったら勝てるのに」と思っていたのだ。顧客の悩みを知り抜いていた彼らは、その解決法をうまく顧客に提供した。

同じように考えれば、ほとんどの人が日常生活や仕事で使う製品、サービス、プロセスなどの改善するビジネスチャンスを見出せる。常に気を配っている起業家にとって、不十分な部分や壊れたものの修復は、別のビジネスチャンスの源なのである。

[02] 『「新訳」イノベーションと起業家精神：その原理と方法』（上、下）、P・F・ドラッカー著、上田惇生訳、ダイヤモンド社、1997年

科学的なリサーチによって生み出されるビジネスチャンス

大学の実験室や企業のR&Dグループなど、多くの研究組織では、新しい知識を創造するための幅広い取り組みを通じて新製品を誕生させている。意図したとおりの結果がもたらされる場合もあれば、逆の場合もある。前者に当たるEMIの事例では、ゴッドフリー・ハウンズフィールドの研究によって、CTスキャナ開発の突破口を開いた。同じことは、グラクソのザンタックについても言える。ザンタックの開発は、製薬業界特有の大規模なリサーチの賜物であった。

「科学的なリサーチから、実現可能な新規事業を生み出す」という挑戦は、第七章で見たとおり、新しいテクノロジーの実用化への挑戦でもある。ここで重要なのは、科学的な発見の成果と純粋な顧客ニーズを結びつけることによって、本当の顧客の問題を解決することだ。ただし、ニーズが見えない場合もある。科学者は往々にして市場や業界を理解していない。そのため、自分たちの研究がビジネスになる可能性があることに気づかないことが多い。また、彼らの関心は研究成果の製品化より知識そのものに向けられがちだ。調査研究によって、顧客の問題がどの程度まで解決されるだろうか？　あなたが最先端の科学者であるか、あるいはそのような科学者を知っているのであれば、どうやってその研究が顧客の問題を解決するのかという点に注意を払おう。

イタリアで大成功――ここでも試してみよう

エスプレッソバーを発案したのは、スターバックスのハワード・シュルツではない。一〇〇年以上前のイタリア人だ。しかしシュルツは、イタリアのコーヒーバー文化とその社交的な役割を理解していた。そして、その文化がアメリカに定着する可能性が十分にあると信じるだけの洞察力を備えていた。起業家は、ある場所で新しいものを目にすると、自分の国に持ち帰ろうとするため、ニッチ市場向けをはじめ、多くのビジネスチャンスが生まれる。

イタリアのコーヒーバーは、シアトルに根付いた。ヨーロッパの流行がロサンゼルスで人気だ。また、ケーブルテレビのサービスは、ヨーロッパを席巻した。アマル・バイドは、アメリカで急成長中の企業を調査し、ほとんどの創業者は、前職の経験から生まれたアイデアや偶然遭遇したアイデアを真似るか焼き直しているだけだ[03]と悟った。「ある場所でチャンスを探しては、見つかったアイデアを持ち帰る」という方法は、すでに市場で検証済みのビジネスチャンスを生み出す大きな源泉になる。そのうえ、休暇を取る言い訳にもなる。

市場調査の第一歩

さて、あなたはアイデア（本当のビジネスチャンスかもしれない）を出し、それを評価しようと決めた。しかし、七つの成功条件の検証は手間がかかりそうだ。どこから手をつければいいのだろうか？まずは、あなたのミッション、熱意、リスク許容度について少し考えてみるといい。「自分は何者で、何を達成したいのか？」という視点に立てば、ふさわしくないアイデアを除外できる。そのうえで、「市場」と「業界」の成功条件から着手すればよい。「市場」や「業界」についての知識があ

[03] Amar V. Bhidé, 2000, *The Origin and Evolution of New Businesses*, Oxford University Press, Oxford.

れば、どう自らのソリューションを差別化するべきか、競争優位を維持することがいかに重要かがわかる。

そのための近道はすでにデータ収集・報告されているデータを活用することだ。マーケットリサーチャーはこのようなデータを「二次データ」と呼んでいる。情報を入手するための最短ルートとして、業界紙や業界団体が挙げられる。また、有能な司書のいるビジネスライブラリーやインターネットも有効だろう。

二次データは、たいていすぐに入手できる。評価に時間もかからない。少なくとも、市場や業界全体の魅力をマクロレベルで評価する場合には、最もふさわしい。二次データの分析では、第三章や第四章で詳しく述べた問いへの答えを出すことが求められる。また、競合他社や代替品についての情報もわかる。あなたがやろうとしていることがすでに誰かに先取りされていないかどうかについてもある程度わかる。

二次データの検討結果がよければ、次のステップとして、一次データの収集に入ろう。一次データがあれば、マクロレベルの評価に必要な残りの問いに答えられる。また、第二章と第五章で検討したように、ミクロレベルで自社の「市場」や「業界」を評価できる。

「ツール①ロングインタビュー」と「ツール④デュー・デリジェンス」では、このような経験がない読者のために、市場調査の方法を具体的にまとめている。調査の大半を自分で進めれば、自らのネットワークの構築と拡大につながる。その結果、あなたに対する信頼が高まる。さらに、投資家から後日投げかけられそうな厳しい質問にも答えられる。それ以上に重要なのは、あなたの事業で解決できる顧客の問題や、解決するうえで足りない点が明確になることだ。「ツール①ロングインタビュー」で示す技法は非常に役立つだろう。だが、一次データを得なければ、最大の可能性を持つビジネスチャンスを作ることはできない。根拠を基に売上を予測できなければ、魅力のあるビジネスプランをまとめられるわけがない。最初の調査では、CSFを特定できるようにすること。この調査で得られる情報こそ、経営チームに必要なのだ。

インターネットだけで満足してはいけない。業界紙を読んだり、図書館に足を運んだりすること。オフィスから外へ出よう。見本市にも参加するといい。とにかく、以上の方法で自信を深めるしかない。

根拠に基づいた売上予測とその方法

何の根拠もない憶測なのか？　それとも、根拠に基づいた予測か？　あなたのビジネスプランではどちらを使うのだろうか？　売上数値がなければ、ビジネスプランに必要な決算書を準備できない。数値の根拠がなければビジネスプランも単なる紙切れになる。しかし、どのような準備をすれば、まだ存在してもいないビジネスについての根拠に基づいた予測ができるのだろうか？　これは大事な問いである。あなたの新規事業は、まだ非常に漠然としている。この事業を、わかりやすい形にできるだろうか？　そのための材料を持っているだろうか？　根拠に基づいた売上予測は、以上のことを知るための優れたテストでもある。

おそらく、二種類の予測が必要になるだろう。まず挙げられるのは、市場の可能性についての予測である。サービスの提供を計画している市場の規模をさまざまな方法（販売する製品数、売上、顧客数など）で測ればいい。二次データと簡単な計算さえできれば十分だ。

もう一つの予測は、向こう三〜五年以内の売上予測である。ビジネスプランに必須であるこの予測は最初の予測よりも難しい。ビジネスプランをまとめるのは、この予測に使える数値データが揃ってからでいい。新規事業の売上予測にはほとんどの場合、一次データの収集が必要である。一次データをどのように集めればいいのか？

後半の「ツール⑤根拠に基づいた予測」では、根拠に基づいた売上予測についてさまざまなアプローチを取り上げる。その結果、完璧な予測ができるわけではないが、それでも単なる憶測よりははるかに信用できる。また、あなたが挑戦しようとするビジネスチャンスの長所や短所に確信が持てるはずだ。

顧客中心のフィージビリティ・スタディ

さて、あなたはアイデアを思いつき、調査を実施した。そして、売上予測の根拠になりそうなデータも準備できた（実際には、調査は決して終わらない。しかし、ある時点になれば、チャンスの放棄か前進の判断を下せるだけのデータが集まっているだろう)。

では、ビジネスプランをまとめる前に、他に何をすればいいのだろうか？ ビジネスチャンスに対し、前向きな結論が出ていれば「顧客中心のフィージビリティ・スタディ」の準備に入るといい(ポイント10・1参照)。これまでに学んだことを実際に書き出してみよう。そうすれば、ビジネスチャンスがどの程度魅力あるものなのかを論理的に明確化することになる。それは、自分や経営チームへの簡潔なメモである。このメモでは、七つの成功条件ごとの評価をそれぞれ一ページ程度でまとめたものである。どのページでも、最初に概要を、最後にはまとめと結論を記すことが必要だ。全体で十ページもあれば十分だ。

ほとんどの企業の組織図では起業家やCEOを頂点に、顧客にサービスを提供する社員を底辺に配している。これに対して、フィージビリティ・スタディは顧客中心型の調査である。組織図のような「自己中心的アプローチ」と違って、事業の運営に必要なターゲット顧客から調査を始めるからだ。七つの成功条件モデルで見れば、この調査は左下の成功条件から始まる。そこではまず、ターゲット市場と、解決しようとする顧客の悩みを特定する。次に、市場での提供しようとしているメリットに対して、喜んでお金を払う顧客がいることを立証する。

さらに、マクロレベルで「市場」と「業界」を分析し、検討中の事業で競争優位を維持することができるかどうかを検討する。そして最後に、経営チームとその夢を評価する。この評価では、チームのミッション、熱意、リスク許容度、特定の成果を実現する能力に加えて、バリューチェーン上での人的ネットワークの強さも対象に含める。

ポイント 10.1 ◆ 顧客中心のフィージビリティ・スタディ

1 概要

読者（あなたや経営チーム）に対して、このメモで伝えようとしていることを簡単にまとめる。

2 ミクロレベルでの市場評価

- ターゲット市場、その市場のセグメントを構成する顧客の悩み、あなたの解決策がもたらすメリットを特定する。ここでは、「メリットの提供と引き換えにそれなりの代価を支払う意思が顧客にある」という根拠を添える。
- ターゲット市場のセグメント、規模、成長率
- その市場が他のセグメントに向かって拡大する可能性

3 マクロレベルでの市場評価

- 市場全体の規模と成長率
- 市場の将来性や魅力の評価についてのマクロレベルでの動向分析

4 マクロレベルでの業界評価

- 五つの競争要因による分析：業界に魅力があるか？
- いい方向に向かう可能性

5 ミクロレベルでの業界評価

- 特許権に関する要素
- 簡単に真似できないほど優れた組織プロセス、能力、資源
- ビジネスモデルの採算性
  —売上予測
  —顧客獲得・維持コスト、顧客１人を獲得するために要する時間
  —売上総利益率
  —必要な投下資本
  —損益分岐点分析
  —キャッシュフロー分析

6 チームの評価

- ミッション、熱意、リスク許容度
- この業界のＣＳＦを実現する能力
- バリューチェーン上での人的ネットワーク

7 まとめと結論——このメモで論じたことの要点を、読者に示す。

- このビジネスチャンスには、なぜ魅力がある（ない）のか？　その根拠となる成功条件を１つ（多くても２つ）挙げなさい。

フィージビリティ・スタディが終わり、あなたや経営チームが、「我々のミッションや熱意に見合ったビジネスチャンスを、十分に実現できる」と確信できれば、ビジネスプランをまとめる準備を半分まで整えたことになる。それと同時に、フィージビリティ・スタディでの分析によって、チャンスに対する理解が深まる。

一方、フィージビリティ・スタディによってチャンスの魅力をなくすような欠点や障害を見つけた場合にはどうすればいいのか？　この場合には、ビジネスプランの作成に必要な作業（戦略の構築や詳しい決算書の準備）を延期するか、当分棚上げすることになるだろう。ビジネスを修正するか、もっと見込みがありそうなビジネスチャンスへ方向を変えることも可能だ。

フィージビリティ・スタディとビジネスプランの違い

現代は起業の時代だ。起業家は、本や論文、ソフトウエアなどから、ビジネスプランのまとめ方についての多くのアドバイスを得られる（私見では、ウィリアム・サールマン〈William Sahlman〉の論文[04]が最も優れている）。起業家は、自分たちの夢に必要な投資を得るために、ビジネスプランを作成し、ビジネスチャンスを評価する。しかし今のところ、起業家のビジネスチャンスの評価方法のモデルは、世間に広くは受け入れられていない。このようなモデルの確立が本書のテーマである。しかし、「七つの成功条件モデル」や「顧客中心のフィージビリティ・スタディ」とビジネスプランの内容

[04] William H. Sahlman, 1997, 'How to write a great business plan', *Harvard Business Review*, July-August.

の違いは、どこにあるのだろうか？

顧客への焦点

フィージビリティ・スタディは、顧客に焦点を当てている。ピーター・ドラッカーが何年も前に著書で記したように、どのビジネスも顧客の獲得を目的にしている。フィージビリティ・スタディの目的もそこにある。だからこそ、投資家の獲得に主眼を置いたビジネスプランとは大きく違うのだ。顧客がいなければ投資家など獲得できるはずもない。

経済基盤

フィージビリティ・スタディでは、キャッシュフローで重要な要因（売上、顧客獲得・維持コストとタイムライン、売上総利益率、必要投下資本、運転資金のサイクル）を明らかにすることで、そのビジネスの経済基盤を簡潔に示す。これらの要因が満足できる状態にあれば、その事業の採算性を高める目的で、マーケティングや事業運営、資金確保に関する戦略を細かく立てられる。そうでなければ、このような戦略の構築も、戦略を反映したスプレッドシートの作成も時間の無駄でしかない。

考え方

顧客中心のフィージビリティ・スタディでは、ビジネスチャンスがどの程度魅力あるものかを知ろうとする経営チームが問うべき質問をする。いずれも、ビジネスプランの完成に必要な戦略を具体的に立てる前に答えるべき質問だ。フィージビリティ・スタディの考え方は、この問いをすることとそれに答えることであり、事業のメリットを売り込むことではない。これに対して、マーケティング、事業運営、資金確保に向けた戦略の構築を通じて、フィージビリティ・スタディで得られた答えを体系的にまとめるのがビジネスプランだ。その目的は、ビジネスチャンスの焦点を絞り、投資家や株主に売り込むことにある。

なぜこんな面倒なことをするのか

「これはやる価値があるのか?」と、あなたは尋ねるかも知れない。なぜ、起業を志す人は、フィージビリティ・スタディをとばして、ビジネスプランを作成してはいけないのであろうか。

第一に、顧客中心のフィージビリティ・スタディを実施すれば、ビジネスプランを完成させる前の早い段階でビジネスチャンスを評価し、身を引くきっかけをつかめる。つまり、もともと欠陥のあるビジネスチャンスのために時間を無駄にせずに済むのだ。

第二に、成功が確実と思われるようなビジネスプランでは、フィージビリティ・スタディによってビジネスプランの作成プロセスを早めることができる。市場、業界、チームを個別に(または全体で)分析することによって、構想中の事業の意義について顧客中心のビジョンを明確に打ち出せるのだ。フィージビリティ・スタディで顧客の悩みやあなたの解決策、あなたのビジネスプランを突出させうるいくつかの成功条件が明らかになるのだ。これらの要因はあなたのビジネスプランの重要なポイントとなる。

第三に、ビジネスチャンスのあらゆる側面を厳密に検討することで、致命的な欠陥のある事業に踏み込むリスクを軽減できる。

フィージビリティ・スタディでは、先入観を持たず慎重に、客観的に、幅広く質問をしなくてはならない。起業家はこの最初の重要なステップを無視しがちだ。試乗せずに自動車を購入する客はいない。しかも、あなたがまさに下そうとしている決定は、車の購入とは比べものにならないほど高いリスクをはらむ。起業家にとって顧客中心のフィージビリティ・スタディは新しいビジネスの試乗のようなものだ。テスト抜きで事業化に進もうとする起業家は、自分でそのリスクを負うことになる。

投資家がビジネスプランに求めること

最後に、プロの投資家が求めることについて要点をまとめよう。彼らが求めているのは、自身の資金と、起業家の努力から利益を得ることだ。以下に示すことは、本書ですでに述べたことばかりだ。しかし、すぐにビジネスプランの準備に入れるように、あえてもう一度繰り返しておこう。

●プロの投資家は、あなたのアイデアや技術にはあまり興味がない。彼らが知りたがっているのは、あなたのビジネスが現実の顧客の問題や悩みに対して、差別化された解決策を提示できるかどうかということだ。さらに、その解決策が、本当の意味で競争優位をもたらすかということだ。そこで重要なのは品質の高さ、スピード、安さである。顧客中心のフィージビリティ・スタディから生まれた顧客志向のビジネスプランはこの点で役に立つだろう。

●投資家は一般に、大きな成長市場に投資したがる。あなたのビジネスがある規模にまで到達できるか否かを知りたいからだ。彼らはまた、少なくとも優れた一社の新規参入を受け入れても問題ないくらい市場が大きいということを知りたがっている。

●投資家は一般に、あまり競争の激しくない業界を求めている。つまり、他社が参入できないほど高い障壁の市場を好むのだ。

●投資家は、あなたの会社が先行者利益を維持できる根拠を求めている。他社に出し抜かれてはならない。

●投資家は、自分と同じミッション、熱意、リスク許容度を持ちながら、ビジネスプランに盛り込まれた内容を実行できそうな起業家や経営チームを求めている。起業家精神にあふれているうえに、ベンチャー・キャピタルの支援を得ている企業はただひたすら前進するしかないのだ。自社の業界のCSFを実現した経験はこの能力を示す重要なサインだ。また、別のビジネスに移行する必要性に気づかせてくれるようなバリューチェーンと深い関係を築くことも重要である。

● 最後に、プロの投資家は、利益ではなくキャッシュフローであなたの会社の業績を測る。「結果」という点では、キャッシュに優るものはない。したがって、財務の面では、キャッシュに焦点を当てなくてはならない。

ビジネスプランについては、さらにいくつかの点に注意しよう。

自己資金を投じることに対する起業家のためらい

ＨＰＣキャピタル・マネジメント社のポール・マニオン・Jr会長は、次のように述べている。「経営陣にとって重要なのは、自分の会社に投資することだ。金額の多寡は問題ではない[05]」一五〇〇万ドルの貯えのある起業家が一〇〇万ドルをコミットするより、五万ドルの貯えのある起業家が四万ドルをコミットするほうが説得力がある。起業家は、自分の財布の紐をなかなか緩めないものだ。

引用が不適切なビジネスプラン

調査を実施した場合には、一次・二次データのいずれにも出典を示すこと。投資家から信頼を得られるのは、あなたの意見ではなくデータと確固たる証拠だ。「私たちはこう感じた」と述べるだけでは、自分の主張の根拠になる調査が十分でないことがわかってしまう。ビジネスプランの信頼性は、調査結果をうまく引用できることにかかっているのだ。

[06] Kopin Tan, 2002, 'USA: venture capitalists still detect red flags in lots of proposals', *Wall Street Journal*, 7 August.

過激な財務予測や根拠のない財務予測

数値データを魅力的に見せるために、スプレッドシートの前提を変更することは簡単だ。しかし、現実を変えるのは難しい。現実は隠し通せないからだ。投資家は、ビジネスプランの財務データに必ず十分な根拠を求める。

優れたビジネスプランは人材の分析で締めくくることが望ましい。起業という夢をかなえてくれるのは顧客を魅了し、キャッシュフローを生み出す人材だ。洞察力、意欲、ずば抜けた能力を持ち合わせた起業家は軒並み成功をおさめている。これは、本書のケーススタディで見たとおりだ。あなたにも、きっとできるはずである。

ロードテストに役立つツール

ツール①　ロングインタビュー……「わかっていない」と気づいていないことを知るには[01]

あなたは、芽生えたばかりのビジネスチャンスに自信を持っている。しかし、自分のアイデアについて、「わかっていない」と気づいていることがある。うまくいけば商品を買ってくれそうな顧客についても、同じことが言える。

「わかっていない」と気づいていること

自分のアイデアや、顧客が見せそうな反応について、「わかっていない」と気づいていることは何だろうか？　少なくとも次の四つの重要な点については、本当には「わかっていない」と認識しているだろう。

- あなたの提供するサービスや製品を購入してくれる顧客が十分にいるか？
- 顧客は、あなたが設定した値段で、製品やサービスを買ってくれるのか？
- 製品やサービスの魅力を最大限に引き出せているか？

[01]　著者の同タイトルのワーキングペーパーから。London Business School, 2005.

●最も見込みのあるターゲット市場はどこか？　あなたにはおそらく、次々とターゲットを変えられるだけの資源はないだろう。その場合には、どこから手を付ければいいのか？

本書では、顧客の問題の他にも、さまざまな問題を論じている。あなたが「わかっていない」と気づいている問題も多い。しかしここでは、顧客とそのニーズに焦点を当てる。とくに、あなたが提供する製品やサービスに対価を払う見込み客へのインタビュー方法を詳しく紹介するつもりだ。彼らにインタビューをすれば、前述のように「わかっていない」と気づいている重要な質問に対して、いくらか答えを得られるだろう。しかし、もっと重要なのは、質問内容もわかっていないことを顧客に話してもらう方法を学ぶことだろう。

「わかっていない」と気づいていないこと

「自分（あるいは顧客）が『わかっていない』と気づいていないこと」を知ることが、なぜ重要なのか？　あなたが提供予定のサービスや製品が必要であることが顧客にわかっていれば、競合他社の関係者を含めた誰かに、そのことをもう話しているだろう。起業家は、顧客自身が「必要だと気づいてもいなかった」イノベーションをきっかけに、刺激的なブレークスルーを市場にもたらすことが多い。そして、のちに「どうして気づかなかったのだろうか？」という言葉をよく耳にする。

スティーブ・ジョブスに「パソコンが必要だ」と言ったのは誰か? VisiCalc（PC用で最初の表計算アプリケーション）を開発したダン・ブリックリンとボブ・フランクストンに対して、「VisiCalc のようなPC用のスプレッドシートのアプリケーションが Apple II に必要」と言ったのは誰か?[02] 同様のことは、ワープロやeメール、インターネットなどについても言える。ハイテクの大観覧車ロンドン・アイを経営するブリティッシュ・エアウェイズの関係者に対して、「このようなアトラクションは旅行者やロンドンっ子をテムズ川の南岸に惹きつけるだろう」と言ったのは誰だろうか?

これらのイノベーションに共通するのは、顧客の何らかの悩みを解決している点だ。その結果、顧客は今までとは違った方法で、簡単に、速く、さらに高い効率で作業できるようになった。PCや表計算、ワープロ、eメールはその典型だ。また、デスクトップPCによる迅速で手軽な情報収集のように、以前はやっていなかった作業が可能になった。さらに、低層の建物が大半を占めるロンドンを、眺めのいい場所から一望できるようになった。

eメールは、留守番電話にメッセージを残すわずらわしさや、つかまらない相手に何度も電話をかける無駄を解消した。この種のイノベーションは鎮痛剤の役割を果たしている。主な存在意義が、顧客の悩みを和らげることにあるからだ。

起業家の役割は、新しい「鎮痛剤」や「実現手段」を開発することにもある。しかし、そのような開発で重要なのは、起業家が顧客の悩みや鎮痛剤の役割を本当に理解していることだ。新しいことを実現するには、顧客が本当に望んでいることが可能になるかどうかを見極めなくてはならない。

[02] Mary Bellis, 'Inventors of the Modern Computer, The First Spreadsheet — VisiCalc — Dan Bricklin and Bob Frankston', http://inventors.about.com/library/weekly/aa010199.htm

インタビューは、このような理解を得るための優れたツールである。あなたは、自社のビジネスの舞台で、他社が気づいていないような顧客の悩みを理解しているだろうか？　そして、その悩みをどこまで解決できるのか？　以上の問題に答えられるのであれば、平凡なチャンスのはるか先にあるビジネスチャンスを手に入れられる。

幸いにも、以上のことは、社会科学[03]の分野から優れた技法を借りることで実現できる。とくに有効なのは、顧客のニーズを解決する方法を見つけようとしている起業家だ。顧客のニーズには、顧客が自分でも気づいていないニーズや、簡単に表現できないニーズが含まれている。

ここでは、「ロングインタビュー」と呼ばれるこの技法の使い方を紹介しよう。

ロングインタビュー

あなたは、新しい事業に対する自分のアイデアを、すでに多くの人々に話しているだろう。そうであれば、滑り出しは順調だ。もっとも、ほとんどの起業家と同じなら、次のような失敗を少なくとも一つは犯していたはずだ。いずれも、人々との会話から学べることを限定してしまう。

●自分の熱意をあからさまに見せてしまった。熱意は売り込みに欠かせない。しかし、売り込みではなく学ぶことが目的の場合には、相手からの率直なフィードバックを阻んでしまうだ

[03] Grant McCracken, 1988, *The Long Interview*, Sage Publications, Newbury Park, CA.
本章の大半は、グラント・マクラッケンのインタビュー手法に基づいている。

ろう。熱心な顔を前にすれば、たいていの人は反論できないものだ。

●「自分のこと」や「自分のアイデア」について、いきなり話し始めてしまった。顧客のニーズや悩みを聞く前に自分のことを話してしまえば、顧客の問題について、今までとは違う解決法を学べなくなる。そこには、あなたと少しだけ違うアイデアや、まったく違うアイデアがあるだろう。あるいは、より優れたアイデアがあるかもしれない。

●相手を誘導するような質問をしてしまった。「これは速いと思いますか?」と聞かれれば、本心とは関係なく、思わずうなずいてしまうだろう。

●イエスかノーで答えられる質問をした。このような質問は、会話を発展させるどころか、終わらせてしまいがちだ。

ここで提案するロングインタビューによって、以上の問題のそれぞれに取り組むことができる。その役目は、自分で「わかっていない」と気づいていることについて、答えを得られることだ。しかし、それ以上に重要なことがある。ロングインタビューを使えば、あなたがどう質問していいのかわからないことや、顧客が話そうと思わなかったことについての会話を促せる。そうすれば、自分で「わかっていない」と気づいていないことを知ることが可能になる。

では、実際に試してみよう。あなたが野心的でヨーグルト好きな起業家であるとしよう。ヨーグルトは、栄養豊かでおいしい軽食であり、食べたいときにいつでも食べられる。あなたは、ヨーグルトをスプーンで食べるのではなく、フルーツジュースなどと混ぜ合わせて飲んでいる。そして、「これはビジネスになるかもしれない」と考えている。

ロングインタビューを計画する

あなたは、見込み客の実態と悩みに対する理解を深めるために、ロングインタビューを実施する。まず必要なのは、以下に挙げる二つのステップを通じて、インタビューの手順を決めることだ。この作業は、一枚の紙さえあれば簡単にできる。

- まず、自分のアイデアについて、「わかっている」と思っていることを見直す。
- 次に、「わかっていない」と思っていることを見直す。

あなたには、「飲むヨーグルト」というアイデアがある。そのアイデアで「わかっている」と考えていることは何だろうか？　そして、「わかっていない」と思うことは何だろうか？

「飲むヨーグルト」について「わかっている」こと

- おいしい
- 栄養がある
- スムージーのように濃厚だ
- 手軽に飲める
- 間食として飲める
- 朝食代わりに飲める
- デザートにも最適
- フルーツやその他のフレーバーを簡単に混ぜられる
- 女性に好まれそうだ
- 冷やす必要がある
- その他

「飲むヨーグルト」について「わかっていない」こと

- 誰に狙いを絞って売ればいいのか？
- どれくらいの濃さが好まれるのか？
- どのフレーバーが好まれるのか
- どのようなパッケージが好まれるのか？
- いくらで売ればいいのか？
- どこで売ればいいのか？
- どういう路線で売ればいいのか？
    のどの乾きを癒す飲み物、エネルギー源、
    パーティーの飲み物、間食代わり……
- その他

このようにリストにまとめることは、二つの点で役に立つ。まず、インタビューの構成を通じて、相手から何を学べばいいかがわかるだろう。また、「わかっている（いない）」と思っていることを認識することで、自分自身の思い込みから距離を置くことができる。さらに、ヨーグルトと生活の関係が、リストを通じて明らかになるだろう。たとえば、ビタミンのサプリメント入りの「飲むヨーグルト」が、これまで市場で試験的に売られたことはなかったはずだ。

リストが完成すれば、インタビューの台本をいつでも作れるようになる。実際には、始まったばかりとはいえ、もうほとんど終わったに等しい。ではここで、「飲むヨーグルト」に関する一連のインタビューの台本を見てみよう。あなたのインタビューの台本は、五つの要素で構成される。

① 回答者についての質問

台本は相手についてのいくつかの質問で始まる。まずは相手の気持ちをほぐそう。この段階で多くの情報を得ようとしてはいけない。もちろん、インタビュー内容の記録は必要だ。相手の属性（高齢者と若者、男性と女性など）によって、回答のパターンが異なる場合がある。

② 全般的な質問

「全般にわたる」いくつかの質問（おそらく二つだけ）や、自由回答式の質問によって、次の二点について回答者の意見を聞く。

▼どのような機会に「飲むヨーグルト」を口にするのか？　思いつくことを、「相手」に全部話してもらおう。ただし、あなたの商品についての質問ではないことに注意しなくてはならない。これは、相手自身、相手の考え方、動機、行動についての質問なのだ

▼「飲むヨーグルト」について心に思い浮かぶことを、相手に全部話してもらう。あなたの心に浮かぶことを話してはいけない。

私は、インタビューでよく犯しがちな四つの失敗を避けるため、文章を慎重に練り上げた。その際には、次の点に注意しなくてはならない。

▼ここでは、飲むヨーグルトに対する熱意を示す必要はない。相手が間食に食べることを聞くだけでいい。

▼実際のところ、アイデアにはまったく触れていない。アイデアは、二つ目の全般的な質問として登場するだろう。

▼

▼「イエス」「ノー」で答えを終えてはならない。

③「臨機応変」の反応

この反応は、三つのパターンに分けられる。いずれのパターンも、インタビューの途中で相手が

口にしたばかりのことを、さらに聞き出す場合に使える。

▼「ビタミンのサプリメントを飲めるといい」というように、あなたがもっと聞きたくなるようなことを相手が口にした時に、まゆ毛を上げる。

▼相手が話したばかりの言葉を、「ビタミンのサプリメントですって?」と語尾を上げながら繰り返す。

▼回答者が話したばかりのことを、もっと詳しく聞く。「『ビタミンのサプリメントを飲めるといい』というのは、どういう意味ですか?」

以上の反応を見せる目的は、相手がたった今話したことについて、もっと話してもらうことだ。もしかすると、あなたのリストにすでに上がっている話題(「わかっている」「わかっていない」と気づいていること)かもしれない。それでも、とにかく会話を促しながら、彼らの言うことを聞いてみること。そうすれば、あなたが今持っている知識を確かめるか、相手の話に反論できる。場合によっては、「ビタミンのサプリメント」のように、まだリストに載っていないことを相手が話すかもしれない。このように、自分で「わかっていない」と気づいていないことは金の卵である。あなたはインタビューから、金の卵を一つか二つ集めようと思っている。金の卵は、あなたの考え方や、場合によってはヨーグルト(あるいはビタミン)のカテゴリーを、根本から覆すほど画期的なアイデアに変えるかもしれないのだ。

④事前に想定した質問

これは、自分で「わかっている（いない）」と気づいていることをまとめたリストだ。このリストの項目は、「～はどうでしょうか？」「……だとしたら？」という質問によって、あらかじめ特定できる。このような質問をすれば、あなたが答えを「わかっている（いない）」と思っている話題について、相手に話してもらえる。もっとも、この場合には、少なくとも相手に何を尋ねればいいかをわかっていなければならない。

最初に作った二つのリストを基に質問する。顧客についての項目がいくつかリストにある場合には、最初の全般的な質問に盛り込みなさい。あなたの商品そのものについては、二つ目の全般的な質問を使う。

あなたは、想定質問を使い切らなくてもいい。あなたが聞かなくても、相手はいくつかの質問に答えてくれるからだ。おそらく、ほとんどの質問に答えてくれるだろう。その場合には、リストの項目にチェックマークを入れるといい。そうすれば、質問しなくてはならない残りの項目が一目でわかる。

⑤「比較」と「例外の事態」についての質問

最後に、インタビューの台本を完成させるうえで、決め手になる質問が二つある。いずれも、「～はどうでしょうか？」か「……だとしたら？」という問いである。

比較の質問

すべての選択肢が十分検討されていることを確かめるには、「比較」の質問を使うこと。たいていの質問では、「これが間食でなければどうですか?」という風に、「～でない」という言葉が鍵になる。

例外の事態についての質問

あなたのアイデアが役に立ちそうな場面がはっきりわからない場合には、「これをまったく飲まなかったらどうでしょうか?」といった質問を使うこと。

ここでの目的は、あなたも相手も思ってもいなかったような方法で、相手の考えを深めることにある。あなたは、この方法によって、「『わからない』と知らないこと」という金の卵をもっと多く見つけられるかもしれない。

そして、全体のプロセスをもう一度繰り返す。ただし今度は、「飲むヨーグルト」というあなたのアイデア自体に焦点を絞ること。第二の全般的な質問は、「あなたはどう思われますか?」と尋ねることだ。この質問では、相手に自由な回答を求めていることを忘れてはいけない。過度の熱意、偏見、わざとらしい誘導もいらない。ただし、相手の反応を聞くために必要なことはある。自分のありがとうございます。次に全般的な質問をします。この質問は、「飲むことのできる新しいヨーグルト」のコンセプトに関連しています。ここにそのコンセプトが書かれています。ご覧いただけますか？（コンセプトの記述を相手に読ませ、る。終わったところで質問に戻る） どう思われますか？

「臨機応変」の反応
・まゆ毛を上げる。
・(　　　　　　) ですか？
・(　　　　　　) とは、どういう意味ですか？

想定質問
□味についてはどう思われますか？
□栄養は気になりますか？
□食感はどうですか？
□手軽さはどうですか？
□フレーバーはどう思われますか？
□間食としてはどうですか？
□朝食としてはどうですか？
□冷やすのはどうですか？
□価格についてはどう思われますか？
□どこで売っていればいいですか？
□のどが渇いているときに飲みたいですか？
□おなかの空いているときにはどうですか？
□エネルギー源としてはどうですか？
□パーティー用の飲み物としてはどうですか？
□誰に狙いを絞ればいいですか？

その他の質問
□他の飲み方についてはどうですか？
□他にどのような場合に飲むといいでしょうか？

ポイント 11.1 ◆「飲むヨーグルト」のためのインタビューの台本

本日は、インタビューに応じていただきありがとうございます。お電話で話しましたように、私は最近の間食の傾向について調べています。そのことでお話をお聞きします。最初に、お名前やご住所を教えていただけますか？

お名前は漢字でどう書きますか？ ＿＿＿＿＿＿＿＿＿＿
どこにお住まいですか？ ＿＿＿＿＿＿＿＿＿＿＿＿＿＿＿＿＿＿＿＿
間食をすることがありますか？ ＿＿＿＿＿＿＿＿＿＿＿＿＿＿
性別とおよその年齢を記入する（相手には聞かない）。性別（　　　）約（　　　）歳

では質問に入ります。普段、間食のときに食べているものを教えてください。

「臨機応変」の反応
・まゆ毛を上げる。
・（　　　　　　）ですか？
・（　　　　　　）とは、どういう意味ですか？

想定質問
□会議中には食べますか？
□オフィスで食べますか？
□家ではどうですか？
□栄養は気になりますか？
□健康への影響は気になりますか？
□手軽さはどうですか？
□のどが乾いたらはどうしますか？
□おなかは満たされますか？
□カロリーは気になりますか？

その他の質問
□一日のその他の時間に飲み物や軽食を口にしますか？
□間食ではなく、食事についてはどうですか？
□週末にも食べますか？

コンセプトを、非常に明確かつ簡潔に、それでいて幅広く述べることだ。このための優れた方法の一つは、コンセプトの記述自体を簡潔にすることだ。図を盛り込めば、商品についての理解がより深まるだろう。

ヨーグルトの新しいコンセプトは、「リフレッシュ」です。スプーンで食べるヨーグルトではありません。ビンから直接飲むことができます。フレーバーの種類が多いうえに、サイズも一人用から家庭用まであります。

この記述は、非常に簡潔で、事実に即している。インタビューの主な目的は、コンセプトを練り上げることだ。あなたは、コンセプトを誇張したくもないだろうし、事細かに表現したくもないだろう。むしろ、インタビューによってコンセプトを充実させたいと思っている。次のような文例を使わないように注意すること。

「リフレッシュ」は、ヨーグルトをおいしくする新しいコンセプトです。スプーンで食べるヨーグルトではありません。ビンから直接飲むことができます。とてもおいしいフルーツ味の他、コーヒー味やチョコレート味があります。サイズも、一人用から家庭用までさまざまです。おいしくて、栄養があるだけではありません。間食や急いで食事を済ませなくてはならないときに便利です。

あなたがやろうとしているのは調査であって、売り込みではない。このことを忘れてはいけない。両者の違いは、非常に重要だ。

ロングインタビューの実施

あなたはインタビューの台本を手に、電話でアポイントメントを取りつけようとしている。しかしその前に、さらにいくつかの点について検討しなくてはならない。

相手の選択

インタビューの相手には、友人がいいのだろうか？　それとも赤の他人がいいのだろうか？　友人へのインタビューには問題点がいくつかある。その一つは、あなたが聞きたがっていることを話そうとすることだ。したがって、インタビューの相手は赤の他人のほうがいい。また、大きな母集団から多様なサンプルを得られれば、多岐にわたる意見を聞ける。インタビューの相手には、専門家がいいのだろうか？　それとも素人がいいのだろうか？　たいていの専門家は、ありあまる知識のせいで、現状に固執する傾向にある。サンプルの中に数人の専門家を混ぜておくのはいいが、多すぎてはいけない。専門家に頼るのは、彼らにしか答えられそうにないほど、特殊な質問項目がある場合だけだ。

直接会うか電話か？

直接インタビューできれば、それに越したことはない。その場合、相手は電話以上に時間を取ってくれるだろう。また、インタビューに集中してくれる。私の経験では、ここで示したような短いインタビューでも、一時間から一時間半はかかるだろう。つまり、対面インタビューでは、短時間の電話での会話よりも多くのことを学べるのだ。しかし、電話でしか応じてもらえなければそれでも構わない。電話の場合にも、ここで紹介した技法は効果を発揮する。ただし、まゆ毛を上げることだけは例外だ。

インタビューの回数

経験豊かなリサーチャーは、この技法で十回以上インタビューに臨めば、回答が似たようなものになることに気づいている。私の経験では、二十回インタビューすれば、文字通り「必要なことをすべて聞いた」と言えるだろう。その場合には、インタビューをやめること。結論を導きながら、七つの成功条件に対する残りの分析に取り組むのだ。

インタビュー時の振る舞い

これは難しい。あなたがあまりに賢そうに見えれば、相手の答えを全部知っているかと思われてしまう。実際には、正反対なのだ。インタビューでは、穏やかで愛想よく振る舞ったほうがいい。相手を攻撃するような態度を取ってはいけない。相手の言うことを何でも受け入れること。ただし、臨機応変の反応を見せつつも、想定質問を投げかけるだけの好奇心を忘れないこと。相手の発言を率直に受け止めることで、「知っていることをすべて話そう」という気にさせること。このような姿勢で相手に向き合えば、どのような場合にも、相手の面目を保てるだろう。

インタビューの録音

私の経験によれば、相手が喜んで録音を許可してくれるのは、「発言の秘密が守られる」と聞かされた場合だ。この場合には、オフィス用品店で手に入る程度の簡単なマイクロカセットレコーダーが役に立つだろう。プラグインのマイクを買えば、音質も良くなり、録音後のテープ起こしが楽になるはずだ。また、ペアでインタビューする方法もある。その場合には、一人がインタビュアーになり、相手の答えに耳を傾ける。もう一人は、記録役としてやり取りを書き取る。

インタビュー台本の更新

最初の数回のインタビューで、相手があなたが思ってもいなかったことを話すのはほぼ間違いない。これはいいニュースだ。あなたは、質問のリストに、相手の意見のいくつか（または全部）を加えたくなるだろう。そうすれば、あなたに新たな視野が広がる。

学んだことをまとめる

インタビューを終えた時点で、二つの全般的な質問に対して、それぞれいくつかの答えを得られるだろう。あなたのアイデアについて、最初の全般的な質問と関連の質問から学べそうなのは、対象になるユーザーの現在の考え方、動機、行動パターンにあなたのアイデアがどれくらい合うか（合わないか）だ。「とても合う」と気づく場合があるかもしれない。おおむね良好であっても、あなたのコンセプトを修正するようなビジネスチャンスを発見できるかもしれない。また、コンセプトに合わないことや、顧客のニーズが自分の想定を超えていることに気づくかもしれない。ビジネスの方向性が、想定外のニーズによって一変することもありえる。

第二の全般的な質問と、それに続く反応から、いくつかの結果を得られることもある。まず考えられる結果は、相手があなたのアイデアに賛成しないことだ。この結果は、必ずしもアイデアの撤回を意味しないが、リスクを間違いなく大きくする。その答えを耳にしたのであれば、あなたは「もっと見込みのありそうな製品やサービスを追求しよう」と決意するかもしれない。

また、提供するサービスや製品の効用やアピールを高める方法について、インタビューから具体的なアイデアを得られる可能性もある。あなたが幸運であるか、とくに優れた洞察力を持つのであれば、「勝利を手中におさめている」との賞賛を受けるかもしれない。これはいいニュースだが、市場に乗り込む用意ができているという意味ではない。数カ月や数年もの時間や、あなたや他の人々からの多額の資金を注ぎ込む前に、七つの成功条件モデルで示された別の質問に答えなくてはならないからだ。

インタビューによって自分のコンセプトに自信が持てたなら、インタビューを締めくくろう。そこで役に立ちそうな方法の一つは、インタビューで得た情報を基に、コンセプトの記述を修正することだ。インタビューで学んだことを活かしながら、提供中のサービスや製品を改善しよう。起業家は、このような実習から頻繁にフィードバックを得る。このフィードバックがあればこそ、製品やサービスをさらに改善できるのだ。

ロングインタビューの活用

第五章では、あなたの提案する事業が、持続可能な競争優位の開拓につながる可能性を調べた。そのための一つの要素は、あなたが見たように、自分の提案するビジネスモデルが実現する可能性を確認することだ。この目的に活用できる手法が、ロングインタビューである。

また第七章では、あなたや経営チームが、自社の業界でＣＦＳをいくつか実現する可能性を調べた。ロングインタビューは、あなたが競争しようとしている業界の要因の特定にも使える。

ツール② 市場分析のワークシート

このワークシートは、あなたの会社で提供しようとするサービスや製品に対する需要に影響を及ぼす可能性のあるさまざまな動向（市場の規模や成長率など）についての検討に役立つ。この実習のポイントは、以下の二点を特定することにある。

● あなたが提案している事業の規模は、どの程度なのか？　ライフスタイル・ビジネスになりえるのか？

● 顧客の購買習慣に影響を及ぼしそうな動向に基づけば、需要は将来どの程度拡大（縮小）する傾向にあるのか？

以上の動向は、次に挙げる六つのカテゴリーのいずれかに分類できるだろう。

人口動態動向

人口動態に関する属性（年齢、収入、性別、教育、人種など）の変化のうち、属性ごとの集団（B2B取引では「企業」）数の増加や減少につながるような動向。これらの動向の数値化には、センサスデータが役に立つ。

例　ほとんどの先進国において高齢者人口は増加傾向にある。

社会文化動向

社会・文化面での変化のうち、多様なライフスタイルや他の活動にかかわる多数（または少数）の集団（企業）数の増加や減少につながるような動向。

例　いくつかの国では、オーガニックやベジタリアンブームによって、この種の食品に対する需要が高まっている。

経済動向

収入レベル、経済成長、利率といった経済指標に表れる変化は、多くの種類の商品やサービスに対する需要に大きな影響を与える。

例　多くの開発途上国では、世帯購買力が急速に伸びている。その結果、アジアなどの国々では、消費者向け商品への需要が増加している。

技術動向

多方面にわたる技術（携帯電話やバイオテクノロジーなど）の発展は、多くの種類の製品やサービスに対する需要に強い影響を及ぼす前兆である。

例　GPS（全地球航行測位衛星）の開発は、バックパッカー、携帯電話ユーザー、ラッシュアワーの渋滞につかまったドライバー向けの製品やサービスに対する需要を新たに引き起こした。

規制動向

法律や政府の政策の変更は、需要に多様な影響を及ぼす。

例　先進国での高齢者向け住宅やケアに対する法律の改正は、従来とは違うサービスへの需要を新たに引き起こした。

自然動向

自然の動向（地球温暖化や自然資源の枯渇など）は、需要にある種の影響を及ぼす。

例　地球温暖化によって十分な雪が降らなければ、アルプス地方の冬のリゾート施設に対する需要は減少するだろう。

起業家にとっての課題は、いずれかのカテゴリーにおける動向を察知することである。それは、好ましいものであろうとなかろうと、起業家が提供しようとしている製品やサービスへの需要に想像以上に強い影響を及ぼしえる。

こういった動向を察知するのに最もふさわしい情報源は、業界紙や業界団体、政府のレポート、消費者調査のデータなどだ。イギリスでは、キーノート（Keynote）やミンテル（Mintel）といった企業が消費調査を実施している。他の国でも同種のデータを得られるだろう。また、一般誌やビジネス誌からも情報を入手できる。特定の動向を客観的に示したデータを見つけ、そのデータを引用することは、欲張りな顧客が自社の製品やサービスを受け入れる可能性の是非を判断するのに役立つ。この種のデータは、のちにビジネスプランをまとめる段階で、起業家の信用を高めるための強力な追い風になる。市場の可能性に対する評価の信憑性を裏付けるうえでも重要だろう。

次に挙げるデータは、マクロレベルでの幅広い市場分析に欠かせない。

市場規模……以下の方法を一部（または全部）使って測ることが望ましい。

- あなたが提供しようとする製品やサービス（運動靴など）のカテゴリー別顧客数
- そのカテゴリーでの総消費量
- そのカテゴリーで購入される製品の総数

最近の市場成長率……次に挙げる方法のうち、いずれか（またはすべて）の方法で測定する。

- 人口の変化
- カテゴリー別総消費量
- カテゴリー別購入総数

信頼できるデータに基づく市場成長率予測……このデータの測定は、次のいずれかの方法による。

- 人口の変化
- カテゴリー別総消費量
- カテゴリー別購入総数

起業家にとって好ましい動向……ここで引用するデータは、次に挙げるマクロレベルでの動向のうち、いずれか（またはすべて）の動向による。

- 人口動態動向
- 社会文化動向
- 経済動向
- 技術動向
- 規制動向
- 自然動向

起業家にとって好ましくない動向……ここで引用するデータは、次に挙げるマクロレベルでの動向のうち、いずれか（またはすべて）の動向による。

- 人口動態動向
- 社会文化動向
- 経済動向

● 技術動向
● 規制動向
● 自然動向

以下の質問に答えれば、インタビュー全体の結論を導ける。

● このビジネスチャンスは、ライフスタイル・ビジネスのためのものか？　それとも、かなりの規模の市場に到達できるのか？
● マクロレベルでの動向のうち、その事業の将来に明らかな影響を及ぼすほど重要な動向は何か？　そのような動向は、市場の魅力に対してどのような意味を持つか？
● あなたが収集・引用したデータに基づけば、サービスを提供しようとしている市場は、総合的に見て、どれほどの魅力があるのか？

ツール③ 業界分析のチェックシート[01]

ここでは、業界分析のチェックシートを紹介する。このシートは、マイケル・ポーターの五つの競争要因の枠組み[02]に基づいて、あなたが参入しようとしている業界の魅力の評価に必要な質問をするために役立つ。五つの競争要因についての彼の論文を読めば、チェックシートについての理解がいっそう深まるだろう。ここでの課題は、次の二つである。まず、五つの競争要因を個別に評価したうえで、業界の魅力度をあなたなりに判断すること。次に、五つの競争要因の総合分析によって結論を導くことだ。評価しようとしているのは、食品小売、ソフトウェア、レストランなどの「業界」であって、あなたが提案している「事業」ではない。現実にその業界に参入しようとしまいと、このことを忘れてはいけない。

ここで紹介する表は、五つの競争要因にあるさまざまな誘因を示している。たとえば最初の表は、「新規参入の脅威」を表す。この表で「すべて」の誘因が低いレベルにあれば、参入の脅威は最も深刻になる。参入を検討中の業界について、誘因ごとに「高い」か「低い」かの評価を付けられるが、それはあなたの業界の条件によって違う。

「新規参入の脅威」のすべての誘因が低いレベル（経済規模が小さい、製品に差を付けていないなど）であることがわかれば、たいていは悪いニュースだ。あなたの業界は、深刻な「新規参入の脅威」に

[01] 許可を得て、以下の研究から採用。
Robert McGowan and Paul 01k of the University of Denver.

[02] Michael Porter, 1979, 'How Competitive Forces Shape Strategy', *Harvard Business Review*, March-April.

さらされていることになる。あなたの業界ですべての誘因が高いレベル（経済規模が大きい、製品に十分な差を付けているなど）であれば、いいニュースだろう。あなたの業界は、「参入の脅威」に関して、好ましい状況にあると言える。それぞれの表を分析すれば、五つの競争要因の一つと業界の魅力に対する影響が際立っている特定の業界の例を見つけられるだろう。

①新規参入の脅威

一般に「参入の脅威」が低い場合には、競合他社があなたの会社での初期の成功を真似ようとしても、簡単に参入することはできない。これは同時に、あなた自身もその業界で事業を始めにくいことを意味している。それでも他社が追跡しにくいような場所で戦うには、このような代償を払わざるを得ない。

業界への「新規参入の脅威」が深刻である場合	大きい	小さい	あなたの業界の条件（高い・低い）	業界の魅力※
経済規模		✓		
製品の差別化		✓		
資本条件		✓		
流通チャネルに対するコントロール		✓		
知的財産のレベル		✓		
原材料へのアクセスのコントロール		✓		
政府や法規制の障壁		✓		
既存のメーカーからの報復の可能性		✓		
総合評価				

※業界の魅力が大きい（新規参入の脅威が少ない）、または魅力がない（深刻な新規参入の脅威がある）。

例　レストラン業界では、新規参入の脅威は非常に深刻だ。誰でもレストランを開業できるからだ。廃業したばかりのレストランを使えば、設備もそのまま活用できるだろう。レストラン業界では、食事とサービスの差別化と他店からの報復の見込みを除けば、前掲のチャートのあらゆる要因が「低い」。これは、深刻な参入の脅威があることを示唆している。

では、あなたが参入を計画中の業界について考えてみよう。まずは、必要な情報を集めてから、表を完成させること。そのうえで、新規参入の脅威についての結論を出そう。あなたの会社の業界全体を見る限りでは、新規参入の脅威は、次のどれに当てはまるだろうか？

- 非常に好ましい
- まあ好ましい
- あまり好ましくない
- 非常に好ましくない

すべての条件が等しいわけではない。場合によっては、いずれかの条件が単独で（あるいはまとまって）影響を及ぼすことによって、新規参入に対する脅威があなたのビジネスチャンスでの致命傷になりえる。これには、どの条件が当てはまるのだろうか？あなたの会社がこの業界に参入するとすれば、どのような障害を乗り越えなくてはならないだろうか？

②サプライヤーの力

たいていの業界で、他の業界を上回るほどの魅力を持つのは、サプライヤー（原材料、労働力、設備など、業界に必要なインプットを提供する業者）が価格や購入条件の設定にほとんど力を持たない場合である。ここでは、「あなたの」会社のサプライヤーについて検討しよう。ただし、あなたの会社を「顧客に対するサプライヤー」に見立てるわけではない。

例　インテルもマイクロソフトも、PC業界の鍵を握るサプライヤーとして、強大な力を持っ

サプライヤーの力が強い場合	強い	弱い	あなたの業界の条件（強い・弱い）	業界の魅力※
サプライヤーに関連する業界の主要企業の規模と集中度		✓		
主要企業によるサプライヤー製品の総購買量（または購買シェア）		✓		
サプライヤー単位での製品の差別化	✓			
主要企業のスイッチング・コスト	✓			
サプライヤーによる前方統合の脅威	✓			
主要企業のコスト構造に対するサプライヤーの知識	✓			
サプライヤーの利益の大きさ	✓			
サプライヤー製品の利用による主要企業のコスト節減	✓			
主要企業の最終製品の質に対するサプライヤーのインプットの重要性	✓			
主要企業の総費用に関するサプライヤー製品のコスト	✓			
総合評価				

※業界の魅力が大きい（サプライヤーの力が弱い）、または魅力がない（サプライヤーの力が強い）。

ている。この要因は、他のPCメーカーにとって好ましくない。

それでは、あなたの業界について考えてみよう。上記の誘因の分析に基づけば、あなたの業界の「サプライヤーの力」は、次のどれに当てはまるだろうか？

- 非常に好ましい
- まあ好ましい
- あまり好ましくない
- 非常に好ましくない

すべての条件が等しいわけではない。場合によっては、いずれかの条件が単独で（あるいはまとまって）影響を及ぼすことによって、サプライヤーの強大な力があなたのビジネスチャンスでの致命傷になりえる（ここでの「サプライヤーの力」とは、あなたの会社に対するサプライヤーの力であって、「顧客に対するサプライヤー」としてのあなたの会社の力ではない）。これには、どの条件が当てはまるのだろうか？

あなたの業界で、サプライヤーの力があなたの会社に好ましくない影響を及ぼすこともある。この場合に、あなたの会社や参入を計画中の企業がその力を弱めるには、どのような行動（製品の差別化、スイッチング・コストなど）を取れるだろうか？

③買い手の力

たいていの業界で、他の業界を上回るほどの魅力を持つのは、あなたの購買条件を設定するほどの力が買い手（あなたの顧客）にない場合である。

例　トヨタやフォードのような自動車メーカーは、タイヤ業界の顧客企業として、強い購買力を持っている。

それでは、あなたの業界について考えてみよう。あなたの業界での顧客の購買力は、次のどれに当てはまるだろうか？

- 非常に好ましい
- まあ好ましい

買い手の力が強い場合	強い	弱い	あなたの業界の条件（強い・弱い）	業界の魅力※
業界の主要企業に関連した買い手の規模と集中度	✓			
買い手が購入した主要企業製品の総購買量（または購買シェア）	✓			
主要企業による製品の差別化		✓		
買い手のスイッチング・コスト		✓		
買い手による後方統合の脅威	✓			
主要企業のコスト構造についての買い手の知識	✓			
買い手の利益の大きさ		✓		
主要企業製品の利用による買い手のコスト節減		✓		
買い手の最終製品の質に対する主要企業のインプットの重要性		✓		
買い手の総費用に関する主要企業の製品コスト		✓		
総合評価				

※業界の魅力が大きい（代替品・サービスの脅威が少ない）、または魅力がない（代替品・サービスの脅威がある）。

●あまり好ましくない
●非常に好ましくない

すべての条件が等しいわけではない。場合によっては、いずれかの条件が単独で（あるいはまとまって）影響を及ぼすことによって、買い手の強大な力があなたのビジネスチャンスでの致命傷になりえる（ここでの「買い手の力」は、あなたの会社に対する買い手の力であって、「買い手」としてのあなたの力ではない）。これは、どの条件に当てはまるのだろうか？

あなたの業界で、買い手の力があなたの会社に好ましくない影響を及ぼすこともある。この場合に、あなたの会社や参入を計画中の企業がその力を弱めるには、どのような行動（製品の差別化、スイッチング・コストなど）を取れるだろうか？

④代替品・サービスの脅威

たいていの業界が、他の業界を上回るほどの魅力を持つのは、代替品・サービスの脅威が低い場合である。これは、他の業界の製品やサービスが、あなたの業界の製品に取って代わりにくいことを意味している。

例　ガラス容器業界では、代替品・サービスの脅威が強い。アルミ缶、紙、プラスチック業界などのように、ガラスの代わりになる容器を製造している業界が多いからだ。

それでは、あなたの業界について考えてみよう。あなたの業界に対する代替品・サービスの脅威は、次のどれに当てはまるだろうか？

- 非常に好ましい
- まあ好ましい
- あまり好ましくない
- 非常に好ましくない

すべての条件が等しいわけではない。場合によっては、いずれかの条件が単独で（あるいはまとまって）影響を及ぼすことによって、代替品による深刻な脅威があなたのビジネスチャンスでの致命傷になりえる。これは、どの条件に当てはまるのだろうか？

あなたの業界で、代替品・サービスの脅威が、あなたの会社に好ましくない影響を及ぼすこともある。この場合に、参入を計画中の企業がその危険性を弱

代替品・サービスの脅威が強い場合	強い	弱い	あなたの業界の条件（強い・弱い）	業界の魅力※
代替品に対する買い手の性向	✔			
あなたの業界の製品に対する代替品の価格パフォーマンス	✔			
総合評価				

※業界の魅力が大きい（競合他社の脅威が少ない）、または魅力がない（深刻な競合他社の脅威がある）。

めるためには、どのような行動を取れるだろうか？

⑤競合他社との敵対関係

たいていの業界が、他の業界を上回るほどの魅力を持つのは、競合他社との敵対関係が穏やかな場合である。この場合には、顧客の獲得をめぐって、競合する企業同士でしのぎを削らなくてもいい。

例　アルミ缶業界での敵対関係が深刻である。アルミ缶メーカーは、主な飲料メーカーとの契約をめぐって競争を繰り広げている。アルミ缶は一般に、飲料メーカーの敷地内で作られる。そのため表では、買い手のスイッチング・コストを除けば、ほとんどの要因が「好ましくない」と評価される。

それでは、あなたの業界について考えてみよう。あなたの業界での「競合他社との敵対関係」は、次のどれに当てはまるだろうか？

- 非常に好ましい
- まあ好ましい

● あまり好ましくない
● 非常に好ましくない

すべての条件が等しいわけではない。場合によっては、いずれかの条件が単独で（あるいはまとまって）影響を及ぼすことによって、競合他社との敵対関係があなたのビジネスチャンスでの致命傷になりえる。これは、どのような条件に当てはまるのだろうか？

あなたの業界で、競合他社との敵対関係が、あなたの企業に好ましくない影響を与えることもある。この場合に、参入を計画中の企業が敵対の程度を弱めるためには、どのような行動を取れるだろうか？

業界の魅力についての総合評価

では、あなたの業界の魅力を、五つの競争要因に関して考えてみよう。五つの競争要因のうち、好ましくない力が

業界内の競合他社との敵対関係が深刻である場合	強い	弱い	あなたの業界の条件（強い・弱い）	業界の魅力※
企業（または同等の立場にある企業）の数	✓			
業界の成長率		✓		
固定費やストレージ・コスト	✓			
製品の差別化		✓		
買い手のスイッチング・コスト		✓		
競合他社の多様性		✓		
撤退の障壁	✓			
戦略上の利害関係	✓			
総合評価				

※業界の魅力が大きい（新規参入の脅威が少ない）、または魅力がない（深刻な新規参入の脅威がある）。

三つか四つあれば、あなたの業界にはほとんど魅力がない。一つか二つあれば、業界の状況はそれほど厳しくはないだろう。もっとも、深刻な影響を及ぼす力が一つか二つあれば、他の力が好ましくても業界に対して「好ましくない」という評価が下されるかもしれない。

五つの競争要因のうち、次に挙げるカテゴリーに当てはまる力がいくつあるだろうか？

- 非常に好ましい
- まあ好ましい
- あまり好ましくない
- 非常に好ましくない

先の分析に基づけば、業界に対するあなたの総合評価は、どのようになるだろうか？

- 非常に魅力のある業界だ。
- 適度に魅力のある業界だ。
- あまり魅力のない業界だ。
- まったく魅力のない業界だ。

五つの競争要因のうち、良くも悪くも、業界全体の構造に最も深刻な影響を与えるのはどの力だろうか？

五つの競争要因のうち、単独で業界に魅力をもたらすような力はあるのか？　あるとすれば、どの力なのか？　それはなぜか？

あなたの業界で、新規参入の脅威が深刻である場合を考えよう。他の企業に追いつかれる前に市場にうまく参入し、自社の事業を速やかに売却すれば、あなたの会社は市場から撤退できるだろうか？　その理由は何か？「そんなことは期待できない」「それは起業家としての夢と一貫していない戦略だ」と言うのであれば、新規参入の脅威の問題をどのように解決するつもりなのか？

あなたの分析に基づけば、この業界で期待できそうな変化は何だろうか？　たとえば、業界の状況を変えてしまうほど、五つの競争要因に影響を及ぼすような動向は何だろうか？　あなたの事業は、以上の変化をどのように活用するのか？　あるいは、どのような影響を受けられるだろうか？

最後に、あなたは業界の状況に対応するために、自分のビジネスチャンスをどのように形成・改変するのだろうか？　サービスを提供できそうな市場を追い求めることができるほど、今の業界より魅力のある業界が他にあるだろうか？

ツール④

デュー・デリジェンス

……自分でできる市場調査

市場調査（デュー・デリジェンス）とは

経営用語では、市場調査を「デュー・デリジェンス（due diligence）」と呼んでいる。特定のマーケティングの課題や状況に関するデータの収集を目的として計画され、データを収集・分析・報告する。

ここでは、「特定の」という言葉に大きな意味がある。市場調査を実施する目的は、慎重に定めたマーケティングの問題やビジネスチャンスに取り組むことにある。目的を十分考えずに調査を実施しても、たいていは時間や資金を無駄にするだけだ。一連の調査では、別の目的（あなたの業界でのCSFの特定など）に取り組む調査もあるだろう。あなたに必要な調査が市場調査でも他の調査でも、基本方針に変わりはない。

まずは、調査プロセスのモデルを示そう。調査を効率よく実施するには、多くの決定が必要だ。ポイント14・1では、調査プロセスでのステップをまとめた。

この表からもわかるように、間違いを犯す可能性は、調査プロセスのあちこちに潜んでいる。だからこそ、市場調査やその他の研究から情報を十分につかんだうえでうまく活用することが、起業

ポイント 14.1　市場調査プロセスのステップ――どこで間違ってしまうのか？

ステップ	頻繁に間違う点
1. 経営上の問題点を明らかにしたうえで、調査の目的を確定する。	提案された調査に対して、経営陣が目的をはっきりと定めない。また、その調査に基づいた決断を下さない。
2 情報源（一次・二次）、データのタイプ、調査のアプローチ（定量・定性）を定める。	安くて手軽に入手できる二次データがあるのに、一次データを集める。 定性データより先に、定量データを集める。
3. 調査を設計する。研究、データ収集、アプローチ、サンプルなどのタイプを定める。	いずれも、調査技術にまつわる問題であり、実務に通じたリサーチャーによる管理が望ましい。以上のステップがうまく進まなければ、誤解や間違った結果が生じる。
4. データを収集する。	調査側のバイアス。リサーチャー自身が聞きたいことを、回答者から引き出そうとする。
5. データを分析する。	表計算のエラー、計算結果の誤用、統計手続きに対する理解や解釈の誤りによって、道を誤るかもしれない。
6. 分析結果を意思決定者に報告する。	本心では客観的なデータを求めていないリサーチャーもいる。彼らが求めているのは、「すでに信じていることが正しい」という証明だ。

家にとって重要なのだ。では次に、あなたが「リサーチャー」の立場で下さなければならない決定を、調査プロセスのステップごとに論じよう。

ステップ① 問題点を明らかにし、調査の目的を確定する

他にどのようなことを試みても、明確な目的がなければ、目的地にはたどり着けないだろう。調査を実施する場合にも、同じことが言える。まずは、提案された調査プログラムで取り組めそうな経営上の問題点を尋ねればいい。ほとんどの起業家がビジネスチャンスの評価でまず聞かなければならないことには、経営上の問題点が多々含まれている。市場の大きさはどれくらいか？　市場はどれくらいの速さで成長するのか？　どのセグメントに大きな魅力があるのか？　業界には魅力があるか？　重要な競合他社はどこか？　参入した場合に、自社が持っている（いない）競争優位は何か？　顧客の欲求やニーズのうち、今満たされていないのは何か？　それは、どの顧客や消費者グループについて言えるのか？　私たちが提供を予定している解決策を顧客が買う可能性は、どの程度あるのか？　どれくらいの価格で買うつもりなのか？

以上の経営上の問題点を一つずつ取り上げてから、個々の問題に適した枠組みで分析すること。マクロレベルの動向分析（第三章）や、ポーターの五つの競争要因（第四章）などのフレームワークが役に立つだろう。いずれの枠組みに沿っても、リサーチャーに必要な情報がはっきりとわかる。

その結果「市場規模や成長率の測定」「この業界でのサプライヤーの力の評価」「あなたの製品を買ってくれそうなターゲット顧客の決定」といったように、調査を実施する目的が明確になる。

ステップ② 情報源やデータのタイプを決定する

このステップは、調査のコスト効率やタイミングを決めるうえで重要だ。リサーチャーは、次に挙げる二つの質問に答えなければならない。「一次データと二次データのどちらを集めればいいのか?」「調査の目的を満たすのに必要なのは、定量データなのか? それとも、定性データなのか?」

一次データは、観察、アンケート調査、インタビューなどを通じて、調査対象から個別に集められる。そして、特定の調査目的のために収集・解釈される。他方、二次データは、インターネット、政府刊行物、ビジネス誌、企業のファイルなどにすでに存在している。誰かが一次データを集め、他の人がアクセスできるような場所に置いたのだ。二次データへ簡単にアクセスできる場合もあれば、そうでない場合もある。また、無料の場合もあれば、コストがかかる場合もある。

一次データと二次データのうち、役に立つのはどちらだろうか? もし調査の目的を達成できるのであれば、二次データを活用したほうがいい。その理由は三つある。

第一の理由は、一次データを最初から集めるより、どこかで二次データを見つけたほうが「簡単」なことにある。第二の理由は、一次データを最初から集め直すより、既存の二次データを見つけたほうが往々にして「コストがかからない」ことにある。第三の理由は、たいていの二次データが、人々の現実の行動や行動様式に基づいていることにある。これに対して、一次データの調査は、人々の「発言」を基にしている。両者は同じではない。この点については、ツール⑤で予測のことを論じる際に触れるつもりだ。

起業家は、二次データを手に入れられるのであれば、そのデータを使っていくつかの問い（マクロレベルでの市場や業界の魅力など）に答えることが望ましい。特定の二次データが必要な場合には、ビジネスライブラリーの司書に相談するといい。あなたの目的にかなったデータの入手方法を教えてくれる有能な司書がいれば、莫大な時間を節約できる。あなたが開発を予定している解決策を有料で利用することに関する消費者の意思を知るためには、一次データはそれほど必要ではない。

定性・定量データと調査のアプローチ

起業家は、二次データを集められるのであれば、定性データと定量データの中から必要なデータを決めなければならない。二次データを使ったほとんどの調査研究では、定性データ（マクロレベルの動向）も定量データ（市場規模）も必要だ。幸運なことに、普通はどちらのデータも簡単に見つかる。

一次データが必要であれば、定量・定性のアプローチの中からデータの収集に使うアプローチを決めなくてはならない。たいていの定性調査では、少数のサンプルを対象にすることで、簡単に定量化できないような情報をもたらす。定性データの長所は、消費者の行動について、定量調査以上に洞察を深められることだ。最初に定性調査を進めるのはこのためだ。ちなみに、次に実施する定量調査では、定性調査の結果を使う。しかし、定性調査にも大きな欠点がある。ほとんどの調査では、サンプル数が少ない母集団を代表していない可能性がある。市場調査のプロは、たいていこう言うだろう。「定性調査の結果は、決して一般化してはいけない。調査から導かれた直感を検証するには、調査結果を補足する目的で、常に定量調査を実施しなくてはならない」

しかしこれは、追加調査を実施できるほど十分な資源があることを前提にしている。実際には追加調査を実施するのは難しい。とくに起業家は、不本意でありながらも、小規模な定性調査を頼りに自分の意思を決めざるを得ない。

たいていの定量調査では、大量のサンプルから、統計分析に馴染むデータを集める。そうすれば、サンプルデータから母集団の傾向を推測できるだろう。定量調査の主な長所は、製品やマーケティングのプログラムに対する回答者の考え方や反応を測れるところにある。定量調査では、サンプル規模が大きいうえに、計量に適した尺度を使う。そのため、サンプル抽出の手続き、統計手法、調査の実施方法がいずれも適切であれば、信頼性を高められる。以下では、このような論点を詳しく取り上げる。

定性調査の手法

定性調査の手法は、星の数ほどあるように見える[01]。しかし、最もよく使われる手法は、「フォー

[01] その他の定性調査の手法については、以下を参照。Abbie Griffin, 1996, 'Obtaining Customer Needs for Product Development', in M. D. Rosenau, ed., The PDMA Handbook of New Product Development, (John Wiley & Sons, New York); Gerald Zaltman, 'Rethinking Marketing Research: Putting the People Back In', *Journal of Marketing Research*, November 1997, pp. 424-37.

カスグループ」とさまざまな「インタビュー」だ[02]。フォーカスグループは、ターゲット市場から選ばれた八〜十二名で構成される。彼らは、調査のために所定の場所に集まって、提案されている新製品やその多様な特徴について意見を交換する。フォーカスグループを仕切るのは、経験豊かなモデレーターだ。通常は、モデレーターは、メンバーの会話をテープに録音・録画し、結果についての報告書を作成する。一つの調査プロジェクトに対して、一つか二つのフォーカスグループを運営する。そこには、見過ごせない限界がある。会話をリードする人物がグループにいれば、他のメンバーの回答に影響が及んでしまい、結果を解釈しにくくなる。また、サンプルの規模が小さく、メンバーの選び方も恣意的だ。そのため、大きな母集団を代表することも、結果を一般化することもできない。しかし、この手法が有効な場合もある。アンケート調査を始める場合や、限られた予算で最低限の情報を集めなくてはならない場合だ。

定量調査の手法

ほとんどの定量調査では、アンケートが使われ、計量に適した尺度で回答を測定できる[03]。リサーチャーはさまざまな製品の属性や、人口動態の属性ごとの消費者の反応などをこの尺度で比較する。そうすれば、次に挙げる重要な質問に対する回答を得られる。

- あなたの会社の見込み客は、どのような製品や属性を気に入っているのか？
- 製品で重要な属性は何か？

[02] 以下は、ロングインタビューに関する最も信頼のおけるガイドである。本書の第11章はマクラッケンのアプローチに基づいている。

Grant McCracken, 1988, *The Long Interview*, Sage Publications, Newbury Park, CA.

● 見込み客は、他の製品と比べて、あなたの製品にどれほど満足しているのか？
● 小売価格に差を付けた場合、見込み客がその商品を購入する可能性はどれくらいあるのか？

定量調査で統計上有意な差が見出された場合、その差が母集団全体で実際に見られる差を反映していることは、ほぼ間違いない。ポイント14・2では、この種の調査で一般に使われる尺度をいくつか示した。リサーチャーが調査に不慣れな場合や、調査に使える予算が限られている場合には、小規模の調査を通じて市場に関する有効な知識を得られる。小規模の調査では、最初にインタビューのような定性調査を数回実施してから、ポイント14・2で示したような尺度を使って定量調査を実施する。

ステップ③　調査を設計する

二次調査の設計は簡単だ。調査の目的を満たせるほど信頼性の高い情報源を見つければいい。最低限の定性調査（フォーカスグループやインタビューなど）を実施するには、質問項目の特定に向けた調査を進めることが必要だ。他方、最低限の定量調査を設計することは、調査を実施するうえで非常に難しいステップに当たる。また、非常に高い専門知識を要する。自分で設計することが無理な場合には、専門家の手を借りたほうがいい。このステップで重要なのは、データ収集方法や調査対象

[03] アンケート調査の実施については、以下のサイトが参考になる。
www.whatisasurvey.info

ポイント14.2◆市場に関する定量調査で一般に用いられる尺度

尺度のタイプ	詳　細	例
ＳＤ法 (セマンティック・ディファレンシャル法)	対極にある二つの単語や熟語を結びつける	「あなたは、契約中のケーブルテレビ会社に、どの程度満足していますか？」 大いに不満　　　　　　非常に満足 1　2　3　4　5　6　7
リッカート尺度法	回答者の満足度を文章で示す	「私は、ケーブルテレビのプロバイダに非常に満足している」 まったく賛成　　　　まったく反対 1　2　3　4　5　6　7
品質評価尺度法	「非常に優れている」から「劣っている」までの尺度で属性を評価する	「全体にケーブルテレビサービスは？」 □劣っている □ある程度はいい □優れている □非常に優れている □素晴らしい)」。
ＳＤ法を用いた重要度の尺度	いくつかの属性の重要度を評価する	「あなたが契約中のケーブルテレビ会社に対する満足度を測るには、次のどの基準が重要か？」 まったく重要ではない　　非常に重要だ 電話にすぐに応対する 1　2　3　4　5　6　7 敏速な修理サービス 1　2　3　4　5　6　7 インストール後の掃除 1　2　3　4　5　6　7 安定したサービス 1　2　3　4　5　6　7
購買意思の尺度	回答者がある価格で製品を買う可能性を測る	「一カ月当たり四・九五ドルの追加料金で、新しいInterGalactic Channelの受信契約を結べると仮定します。この場合に、あなたが契約する可能性はどれくらいありますか？」 □絶対契約する □たぶん契約する □わからない □たぶん契約しない □絶対契約しない

[04] Malcolm Gladwell, 1996, 'The Science of Shopping', *New Yorker*, 4 November, pp. 66-67
Gary Hamel and C. K. Prahalad, 1991, 'Corporate Imagination and Expeditionary Marketing', Harvard Business Review, July-August.

との接触方法の決定、調査方法の準備、サンプルプランの作成である。

データ収集方法の決定と調査手段の準備

一次的な定性データを収集する方法は、いくつかある。最も広く使われている方法は、観察、アンケート調査、実験だ。「観察」はその名のとおり、調査の目的に関することを観察する。記録用紙を、事前に用意することも多い。たいていの日本企業は、「観察」の手法を好んで活用する。観察によって、消費者だけではなく、販売担当や流通チャネルのメンバーに対する理解を深められるためだ[04]。

アンケート調査を実施するには、質問票の作成が欠かせない。質問票には、質問と回答の選択肢（ポイント14・2参照）、または自由回答用の空欄を設ける。いずれも、調査者が知りたいことについての答えを得られるように作る。市場のセグメントやターゲットを決めるには、人口動態に関する回答者の情報も求められる。質問や回答フォーマットを作ることは想像以上に難しい。本書では論じないが、以上の作業を速やかに進めるには、ここで参照したいくつかの参考文献が役に立つだろう。ビジネススクールの市場調査の教科書には、必ず質問票の設計に関する章が設けられている[05]。

「実験」では、リサーチャーが少なくとも一つの変数を操作したうえで調査を実施する。調査や実験室、フィールドで、価格や製品などの特徴を示す変数を操作することによって、消費者の反応を見るのだ。値段の異なる新製品を並べ、消費者の購入状況を調べることは、実験でよく使われる手法の一つだ。そしてリサーチャーは、価格の違いによって消費者の購買可能性が変わることを実験する。この手順は、「ある製品に対していくら支払ってもいいか?」と消費者に聞くよりもバイア

[05] Joseph F. Hair, Robert P. Bush, and David J. Ortinau, 2000, *Marketing Research: A Practical Approach for the New Millennium*, Maidenhead, McGraw-Hill.

スが少ない。消費者にこの質問を出せば、「安ければ安いほどいい」と答えるからだ。

回答者との接触方法

データの収集方法が決まれば、リサーチャーはその調査に参加する人々との接触方法を決めなくてはならない。よく使われる方法は、ショッピングモールや公共の場所での対面、郵便、電話、eメール、インターネットなどである。いずれの方法にも、ポイント一四・三のような一長一短がある。電話でのアンケート調査では、「今、夕食中なんだ。もうかけてこないでくれ」と断られることがある。ここでの重要な問題は、彼らの行動様式が、調査に参加してくれる人と異なる場合があることだ。このような「無回答のバイアス」は、調査結果をゆがめてしまう。また、回答を拒む人が多いため、回答率も問題になる。郵送調査での回答率は、一五〜二〇%になることが多い。B2Bの場合には、さらに低くなるだろう。サンプル数が少なくて済む定性調査がよく使われる理由の一つは、ここにある。ポイント14・3に示したように、他の接触方法にも長所と短所がある。郵送調査を例に取れば、有効

ポイント 14.3　アンケート調査のための接触方法の長所と短所

方法	回答率	コスト	回答の速さ	無回答のバイアス
対面	高い	高い	遅い	低い
郵送	低い	低い	遅い	高い
電話	普通	普通	速い	普通
ＦＡＸ	普通	低い	速い	高い
eメール	低い	低い	速い	高い
インターネット	低い	低い	速い	高い

回答数の少なくとも五倍から六倍の質問票を投函しなくてはならない。

サンプルプランの設計

観察、実験、世論調査への参加者のサンプルを選ぶには、以下に挙げる三つの質問に答える必要がある。

❶どの母集団（分野）から、回答者のサンプルを選ぶのか？

サンプリングについてさらに詳しく知りたい場合には、ビジネススクールの市場調査の教科書を参照するといい[06]。最初に、抽出するサンプルの母集団を明確に特定しなくてはならない。この母集団は、ターゲット市場からなる。また、人口動態や行動に関する条件で定義できる。しかし、市場の拡大を目指すのであれば、現在顧客になっていない人々を除くことは適切でないかもしれない。

❷信頼性の高いデータを集めるには、どれほどの規模のサンプルが必要か？

サンプルは統計上有意な規模でなくてはならない。場合によっては、世論調査での回答の平均値のような統計データが、「誤差の範囲」という狭い範囲におさまることがある。一般には、サンプルの規模が大きくなれば、その分だけ誤差は小さくなる。つまり、誤差の範囲はサンプルの規模によって違うのだ。ポイント14・4では、その範囲の大雑把な予測を示している。

[06] [05] 参照

ポイント 14.4　サンプル規模の違いに関する誤差

有力な候補者を判断するために、有権者に質問した結果、「ジョーンズ」と答えた人が回答者の 45%、「スミス」が 41%、「まだ決めていない」が 14%だったとしよう。この結果から、「ジョーンズがスミスよりも優勢だ」という結論を出せるだろうか？　その可能性は、この調査のサンプル規模によって異なる。

サンプル規模	信頼水準を 95%とした場合のおおよその誤差	ジョーンズ対スミスの得票率予想
100	10%	ジョーンズの得票率は、45%±10%（35～55%）。スミスの得票率は、41%±10%（31～51%）。つまり、スミスの得票率は、35～51%の範囲に入るだろう。
500	4.5%	ジョーンズの得票率は、45%±4.5%（40.5～49.5%）。スミスの得票率は、41%±4.5%（36.5～45.5%）。スミスの得票率は、40.5～45.5%の範囲に入るだろう。
1000	3%	ジョーンズの得票率は、45%±3%（42～48%）。スミスの得票率は、41%±3%（38～44%）。スミスの得票率は、42～44%の範囲に入るだろう。

新聞では、この結果にどのような見出しを付けるだろうか？　おそらく「ジョーンズが優勢、45%対 41%」だろう。国や州の投票に見られるように、サンプルが 1000 名であれば、この結論は妥当だろうか？

出典 'What Is a margin of Error?' American Statistical Association Section on Survey Research Methods at http://www.stat.ncsu.edu/info/srms/srms.html（※消去）

❸どのような方法でサンプルを選ぶのか？

確率抽出法やランダムサンプリングでは、母集団のメンバー全員に選ばれる可能性がある。逆に、非確率抽出法（便宜的サンプリングなど）が使われるのであれば、サンプルにバイアスが生じるだろう。実際には、市場調査では、便宜的サンプリングが非常に頻繁に使われる。厳密な無作為抽出を実施しようにも、便宜的サンプリングより難しいうえに、データの入手にコストがかかるからだ。議論の余地はあるが、ほとんどのサンプルでは、無回答の問題によってバイアスがかかる可能性をはらんでいる。賢明なリサーチャーは、サンプルの抽出方法に常に注意を払うだろう。無作為抽出ではない場合には、明らかなバイアスによって調査結果が歪められる可能性がある。したがって、サンプルの抽出方法を詳しく調べる必要がある。

ステップ④　データの収集

第三のステップを終えれば、調査プロセスの一番難しい部分を乗り越えたことになる。しかし、一番時間のかかる部分は、このステップから始まる。不幸なことに、データ収集プロセスは、他のどのステップより総合的な誤差を生じやすい。とくに、起業家が第三者に依頼する代わりに自分で市場を調査する場合には、誤差が拡大しがちだ。いくつかの間違いは、対面調査でも電話調査でも起こる。起業家は、このような間違いに注意しなくてはならない。

インタビュアーによる選択ミス……たとえば、特定の人口を構成していない回答者を選んでしまう

データ収集者のバイアス……故意ではないだろうが、ビジネスチャンスに対する熱意から、データ収集者が回答者に圧力をかけてしまう場合に起こる。その結果、回答者は、リサーチャーがほしがりそうな答えを提供してしまう。

回答の解釈と記録……「調査を通じて、ビジネスチャンスの実現可能性の根拠になりそうな結果を得たい」。この熱意が強すぎる起業家は、データを客観的に解釈できず、自分で自分をだますことになる。

回答者の正体……ＦＡＸやｅメール、インターネットで調査を実施する場合には、「実際に回答している人の正体がわからない」という問題が生じる。

このようなデータ収集の努力は不可欠だ。ＲＤＤ（ランダム・ディジット・ダイヤリング）法で無作為に選んだ世帯に対して、一〇〇件の回答を集めるには、数百の電話番号と一〇〇〇回以上の電話発信が必要だろう。

ステップ⑤　データを分析する

データが集まれば、記入済みの回答用紙の処理によって、集める予定だった情報を導き出さなくてはならない。「回答用紙に指示どおり回答を記入しているか?」「すべての項目に回答を記入しているか?」「どの回答にも論理性と一貫性があるか?」　回答用紙の処理では、このような項目をチェックする必要がある。普通は、その後にデータをコンピュータで処理することによって、パーセンテージや平均値を出す。また、回答者の階級、カテゴリー、グループごとにデータを比較する。この段階では、高度な統計分析を要することが多い。そのようなスキルがあなたにない場合には、この段階で（あるいは他の段階でも）、専門家の助けを求めるか、近くの大学でマーケティングを専攻する学生に手伝ってもらうといい。

ステップ⑥　結果を報告する

このステップは、本当に重要だ。特定の明確な目的を持って調査を始めたのであれば、調査で見つかったことを、当初の目的と比べながら報告するだけでいい。しかし残念ながら、明確な目的もないまま調査を進めることがよくある。その場合には、結論をはっきり出せないため、調査結果を報告しにくいだろう。十分に練られた市場調査の結果をビジネスプランに盛り込めば、企画者に対する信頼が高まるばかりか、他のビジネスプランとの大きな違いも示せる。投資家がすぐに拒否しそうなビジネスプランには、たいてい共通の欠点がある。結論を肯定するような市場調査を実施した形跡がないことだ。希望的観測や楽観的な考えだけでは、投資家を説得できない。

市場調査のユーザーが尋ねること

ここで述べた調査プロセスから、市場調査の企画・実行には多くの困難が潜んでいることが明らかである。自分で調査を実施しようと、そのために誰かを雇おうと、市場調査に詳しく、調査結果を重視する起業家に必要なのは、次のような質問を通じて調査の公平性や結果の信頼性を確かめることだ。質問は、調査の導入前と、終了後の二回出すことが望ましい。

❶調査の目的は何か？　集められるデータは、その目的に合致しているのか？
❷情報源は適切か？　できるだけ安くて手軽な二次データが使われているか？　定量調査の前提として、定性調査を計画しているか？
❸計画した定性・定量調査のアプローチは、調査の目的にかなっているか？　定性調査は、消費者の行動に対する洞察を深めるのに適している。一方、定量調査は、製品やマーケティン

グプログラムに対する母集団の考え方や反応の予測に役立つ。ほとんどの起業家にとって、さらに重要なのは、調査の目的にかなったアプローチを取ることだ。

❹調査をうまく設計しているか？　質問票の尺度には、調査の目的を満たすために必要な測定法を用いているか？　調査、インタビュー、フォーカスグループの質問票に偏りはないか？（偏った質問の例　「これは素晴らしい新製品じゃないでしょうか？　お好きですか？」）回答者との接触方法とサンプル計画は、よく知られたバイアスを引き起こしていないか？　サンプルの規模は、調査目的にかなうほど大きいのか？

❺調査目的にかなった分析方法を選んでいるか？　調査を実施する前に、分析方法を特定しなくてはならない。

主な目標は、起業家であるあなたに、市場調査を設計・実行するための基礎能力を提供することにある。ほとんどすべてのビジネススクールでは、市場調査全般を扱うコースがカリキュラムに含まれている。本章は短いため、この重要な能力の詳細や技術上の知見を網羅できたわけではない。それでも、本章に加えて、特定の市場調査の手法に関する参考文献を読めば、少なくとも起業の役に立ちそうな調査を実施できる。この調査には限界があるが、それでもビジネスチャンスの魅力について、直感を超えた深い洞察をもたらすだろう。

ツール⑤

根拠に基づいた予測[01]

私は、収益予測を誤ったことのない経営者や起業家を知らない。予測はそもそも難しい作業だ。将来が完璧に見通せるような水晶の玉がこの世にない以上、予測と結果が一致しないこともある。先のことなど、誰にもわからない。急速に変化する現代の市場では、なおさらだ。消費者の欲求やニーズは、常にマクロレベルの変化に翻弄されている。ライバルが現れては去っていく。新しい技術は古い技術を一掃する。

予測は、費用のかかる大規模な調査、小規模な調査、根拠のない第六感などを基礎にし、あらゆる企業や組織の企画や予算策定において重要な役割を果たす。起業家にとっても、非常に重要だ。どのようなビジネスプランも、予測を基にまとめられるからである。予測を立てれば、事業の運営に必要なコストや、商品の販売に必要な投資額が決まる。また、そのビジネスチャンスから、追求に値するほどの利益が生じる可能性も明らかになる。

以上の点や間違った予測で生じるリスクを考慮したうえで、常に根拠を基に予測すること。現実からかけ離れた推量ではない。時間や資金が足りなくても、予測を軽んじてはならない。

[01] The McGraw-Hill Companies　の許可を得て、以下の第７章を参考にしている。
Boyd et al. (2002), *Marketing Management A Strategic Decision Making Approach.*

予測のためのツールキット

起業家は、予測の方法を選ぶ前に、予測の対象を明らかにしなくてはならない。まず予測が必要なのは、市場の将来性である。ある製品に対するすべての顧客や見込み客の需要見通しは、その一例である。市場の可能性に対する評価は、売上予測の出発点として役立つことが多い。これについては、後ほど詳しく述べるつもりだ。

あなたの会社への投資を考えている人は、あなたの会社が製品やサービスを提供しそうな市場について、今後数年間での成長の可能性を知りたがるだろう。この可能性を測定する方法は、見込み客数、販売件数、売上高などいくつかある。売上高は、あなたの国の通貨で表せる。あなたの計画に似た製品やサービスの現在の市場規模も、予測の対象になるだろう。投資家は、あなたがサービスを提供しようとしているターゲット市場に対する現在と未来の数字を知りたがっている。この市場のシェアを一〇〇％独占できないことは間違いない。ビジネスプランには、「今後三～五年の売上予測」も必要になる。これらの数字を、どのような方法で手に入れればいいのだろうか?

大企業では、広い範囲にわたる二つのアプローチ（トップダウン型とボトムアップ型）を通じて、売上の予測に備えている。トップダウン型のアプローチでは、中枢にいる社員を少なくとも一人責任者に据えたうえで、全体予測に備える。財務データ、現在の売上動向といったデータを使うこともある[02]。ボトムアップ型のアプローチをよく使っている企業では、部門ごとに裁量が認められている。このアプローチでは、部門単位で売上を予測し、予測データを集めることで企業全体での予測が可能になる。新規事業に対する売上予測をまとめる場合には、どちらの方法も使えるかもしれない。

ボトムアップ型のアプローチを活用する場合を例に取れば、市場のセグメントやプロダクトラインごとに需要を予測したうえで、その内容を合計することで全体予測が可能になる。このアプローチを使うメリットは多い。まず、市場セグメントやプロダクトラインごとの需要の誘因について、はっきりと考えざるを得ない。その結果、ビジネスチャンスの本当の将来性に対して、理解を深められる[03]。第二に、カテゴリーごとの需要の誘因について、前提条件を明らかにしなくてはならない。調査で集めた根拠を基に、投資を見込める人々とその条件を議論できる。さらに、事業が進んだ段階で、その条件をお互いに検証することも可能だ。第三に、ボトムアップ型のアプローチによって、「もし……であればどうか？」と考えやすくなる。市場セグメントとプロダクトラインの一方（または両方）を、さまざまな形で組み合わせれば、実現できそうなビジネスプランをまとめることも可能だ。

では、どのような予測方法やツールを選べるだろうか？　根拠を基に市場の可能性や売上を予測する方法は、主として、統計、観察、アンケート調査、アナロジー、判断、市場テストの六つだ[04]。

[02] Peter L. Bernstein and Theodore H. Silbert, 1982, 'Are economic forecasters worth listening to?', *Harvard Business Review*, July-August.

[03] F. William Barnett, 1988, 'Four steps to forecast total market demand', *Harvard Business Review*, July-August.

統計などによる定量予測

統計予測では、過去の記録とさまざまな統計手法（重回帰分析や時系列分析など）を基に未来を予測する[05]。新製品や新規事業の売上を予測する起業家や経営者にとって、この方法は有効だろうか？　いや、たいていはそうではない。彼らの事業には、統計予測の基礎になりそうな過去などないからだ。あなたの事業は、まだ生まれてもいないはずだ。

統計予測が大いに効果を発揮するのは、既存の企業が販売中の製品に対する予測だ。タイヤメーカーのミシュランが、ヨーロッパのタイヤ交換市場における来年の需要予測を考えたとしよう。統計モデルによって市場の可能性を予測できる。この予測に関する要因（ヨーロッパの道路を走行中の車の台数や年数、ＧＤＰの予測、過去数年の需要など）に加えて、自社で立てた交換タイヤの売上予測も活用すれば、統計モデルを組み立てられる。以上の手順を使えば、他の方法よりかなり正確に予測できる。ミシュランに統計の累積データがあればなおさらだ。

統計にも、他の予測と同じく、見逃せない限界がある。その限界で最も重要なのは、たいていの統計予測が「未来は過去と同じように進むだろう」と想定していることだ。実際には、このとおりとは限らない。アメリカで地域電話サービスを提供しているＵＳウェスト（ベル系列の電話会社）を例に取ろう。同社の業績は、一九九〇年代に低迷した。当時、アメリカの家庭では、ティーンエージャーによるコンピュータモデム、ＦＡＸ、二本目の電話回線の利用が急速に増えていたが、同社が電話需要の予測に使っていた統計モデルは、この変化を想定していなかった。そのため、一世帯平均での回線数が突如急増すると、地中ケーブルやスイッチといった設備が需要の拡大に

[04] David M. Georgeoff and Robert G. Murdick, 1986, 'Manager's guide to forecasting', *Harvard Business Review*, January-February.

[05] Arthur Sebleifer Jr, 1996, *Forecasting with Regression Analysis*, Harvard Business School Publishing, Boston, MA.

追い付かなくなった。消費者は、この状況に不満を抱いていた。場合によっては、回線の増設まで数カ月も待たなくてはならなかった[06]。このように、製品や市場の特徴が変化した場合には、従来の統計モデルでは対応できなくなるかもしれない。タイヤメーカーが、三万~五万マイル対応タイヤの代わりに八万マイル対応のタイヤを作れば、交換タイヤに対する年間需要は減少する。自動車メーカーが、自社製の四輪車に必要なタイヤの数を変えてしまえば、タイヤメーカーの従来の統計モデルは役に立たなくなるだろう。

主に新製品の予測用に開発された計量予測モデルは、他にもたくさんある。そこには、耐久消費財に対するイノベーションの普及を数式で計算するモデルも含まれている[07]。また、コンジョイント分析もある[08]。これは、新製品を構成するさまざまな属性について、消費者が重視する属性や消費者が求める組み合わせを探る分析である。これらの手法に興味があるなら、一見の価値はある。

観察

根拠に基づくもう一つの予測法は、市場における消費者の行動を直接観察するか、行動に関する過去のデータを集めることである。観察に基づいた予測には、「対象者の現実の行動」が基になっているため、統計と同じような魅力がある。行動や製品の利用に関するデータを、既存の二次資源（社内ファイル、図書館、インターネット）から集められれば、調査を一から企画・実行するより速くて安上がりになる。しかしたいていは、新製品について観察することは不可能

[06] Deborah Solomon, 2000, 'Local phone companies put customer service on hold, critics charge', *Wall Street Journal*, 6 July, p. B1.

[07] Frank M. Bass, 1969, 'A new product growth model for consumer durables', *Management Science*, January, pp. 215-227

Trichy V. Krishnan, Frank M. Bass and V. Kumar, 2000, 'Impact of a later entrant on the diffusion of a new product/service', *Journal of Marketing Research*, May, pp. 269-278.

であり、二次データを手に入れることもできない。予測の段階でまだ現物が存在していないか、コンセプトだけの製品が多いからだ。あとで論じる市場テストは、新製品に対する実際の購買データを入手する方法の一つである。

アンケート調査

アンケート調査は、売上を予測しながら市場の可能性を推定する方法として、広く使われている。この方法では、さまざまなグループを対象にできる。消費者は、製品のコンセプトを述べた文章[09]、プロトタイプ、製品見本を示され、その製品を購入する可能性や現在の購買行動に関する質問を受ける。「今、何を買っているのか?」「どれほどの量をどれほど頻繁に使っているのか?」営業担当の社員も、「その製品をどれほど販売できるのか?」といった質問をされる。さまざまな専門家（流通チャネル、サプライヤー、コンサルタント、業界の幹部など）に対するアンケート調査も可能だ。

しかし、アンケート調査には、大きな限界がある。

- 人間は、「言ったとおり」に「行動する」とは限らない。買い手の意図を調査する場合には、この事実を十分認めなくてはならない。
- アンケートの対象者は、実はその製品について、本当に何も知らないかもしれない。しかし、意見を求められれば、何か答えようとするだろう。

[08] Robert J. Dolan, 1990a, *Conjoint Analysis*: A Manager's Guide, Harvard Business School Publishing, Boston, MA.

[09] Robert J. Dolan, 1990b, *Concept Testing*, Harvard Business School Publishing, Boston, MA.

●アンケート調査で示されたコンセプトから回答者が思い浮かべる製品像が、実際に売り出された製品と違うかもしれない。たとえば、消費者が「『家庭の味のする昔ながらのスパゲッティソース』を買うか？」と聞かれた場合には、きっと「イエス」と答えるだろう。しかし、実験室で開発しているソースの味を、彼らが実際に「好む」とは限らない。

一般に、統計や観察による予測がアンケート調査より優れているのは、データと設定を十分に利用できる場合だ。その理由は、一部であっても、対象者が実際に行動した結果や購入した商品（道路を走っている中古車の数など）に基づくことによる。一方、「あなたは今年、タイヤ交換をするつもりですか？」と尋ねるアンケート調査は、回答者が口にすることを根拠にしている。この手法は、将来の行動の指標としては信頼性が低い。

アナロジー

統計や観察は、新製品の予測に活用できない。その場合によく用いられるのは、アナロジー（類推）によって、新しい製品・事業に対する売上や市場の将来性を予測する方法だ。この方法では、新しい製品と先に市場へ導入されている類似の製品を比較する。このような製品では、過去のデータが入手できるからだ。フランスのヨーグルトメーカーのダノンが、ヨーグルトの新製品の販売を計画する場合を例に出そう。同社のマネージャーは、新製品の売上を予測するために、すでに市場で販売している製品の売上記録を見るだろう。この方法は、ハイテクの新製品にも使われる。製品のプ

表 15.1 ◆ 買い手の意図についての調査
――人間の「言うこと」と「すること」は一致しない

アメリカのネスレの冷凍食品部門は、即席パスタで有名なランバート・パスタ＆チーズの買収を検討していた。そのため、買収を実行した場合の初年度の売上総数を予測した数値データをほしがっていた。同社は、消費者に対するコンセプトテストで、即席パスタを買う可能性を質問した。その結果は、以下の表の最初の2列のようになった。

購買の意思	回答者の割合	予測での換算	消費者が実際に購入しそうな市場の割合
必ず買う	27%	× 0.8	27%× 0.8 = 21.6%
たぶん買うだろう	43%	× 0.3	43%× 0.3 = 12.9%
わからない	22%	ゼロとみなす	
たぶん買わないだろう、または、絶対に買わない	8%	ゼロとみなす	
合計	100%		21.6%+ 12.9%= 34.5%

実際の調査では、回答者の70%が、「買うつもりだ」と答えていた。それにもかかわらず、ネスレは過去の経験から、実際にはこのような「最初の2グループ」の割合がかなり少なくなることを知っていた。以上のとおり換算すれば、「必ず買う」は27%から21%に、「たぶん買うだろう」は43%から12%になった。また、「たぶん買うだろう」は、「『買わない』に等しい」とみなされた。

表の3列目と4列目には、以上の調整内容を示している。その結果、「買う」という意思を示していた回答者の比率は、実測値（70%）の半分以下（34.5%）になった。コンセプトテストを採用する消費財メーカーが、予測を目的に購買意思のデータを解釈する場合には、同じような換算方法を用いる。「買うつもりだ」と「言う」人の割合が、「本当に」買う人の数を超えることをわかっているからだ。この論理は、さまざまな予測の役に立つ。

出典 Marie Bell and V. Kasturi Rangan, 1995, *Nestlé Refrigerated Foods: Contadina Pasta and Pizza*, Harvard Business School Publishing, Boston.

ロトタイプが手に入らないか、製造に高額のコストを要する場合が多いからだ。

消費者に対するアンケート調査で、回答者が想像もできないような製品について、「買うつもりか？」と聞く方法もある。しかし、一九七八年の時点で、いったい誰が「パソコンを買おう」などと思っただろうか？　むしろ起業家は、新製品と比較できそうな関連製品の発売を検討する。この方法は、ハイビジョンテレビの初期の予測に用いられた。ハイビジョンを、カラーテレビ、ビデオレコーダー、VTR一体型テレビといった家庭向け電化製品と比較したのだ[10]。

ただしこの手法にも、他の手法と同様の限界がある。まず挙げられるのは、新製品がアナロジーで導かれる製品とは完全に一致しないことだ。初期のビデオレコーダーは、カラーテレビよりも急速に普及した。ハイビジョンには、ビデオレコーダーとカラーテレビのうち、どちらのアナロジーを使えばいいだろうか？　その理由は何か？　もう一つの限界は、比較対象の製品が売り出された時と現在では、市場や競争の状況がかなり違うかもしれないことだ。アナロジーによる予測では、以上の条件も考慮しなければならない。

判断力

「判断力」を「予測手法の一つ」と呼ぶことにはためらいがある。どの手法に対しても、自力で的確な判断を下さなければならないからだ。しかし、経験による判断や洞察だけを基に予測する場合がある。意思決定のプロセスで洞察力を発揮しても、その根拠を必ずしも明確に示せるわけではない。

ナイン・ウェスト・グループのフットウェアバイヤーは、次のように述べている。「流行の予測は、

[10] Fareena Sultan, 1991, *Marketing Research for High Definition Television*, Harvard Business School Publishing, Boston, MA.

直感によるもので、訓練を通じて身につくものではない。私は、自分の色や材質に対する感覚を当てにしている。もっとも、そんな風に感じる理由が自分でわからないときがある。ただ、『そう思う』としか言いようがない[11]」市場での予測経験が豊富な人々は、直感的な判断力がかなり優れているのだろう。不幸なことに、直感での判断による予測と、根拠に基づいた予測が異なる場合には、前者の正当性を主張するのは難しいことが多い。それでも実際には、両者を併用する予測がある。いずれの予測でも、経験による判断を軽視すべきではない。

市場テスト

市場テストには、さまざまな種類がある。いずれも、一般に広く使われる予測手法の最後に当たる。市場テストは主に、新製品の予測に用いられる。実験室、インターネット、実際の市場（店舗での広告・プロモーション活動や試供品の配布など）を利用すれば、条件を管理しながら市場テストを実施できる。市場テストの利用は、ここ二十年の間に減少してきた。その理由は、以下のように三つ挙げられる。

- 実施コストが高くつく。たいていの市場テストでは、かなりの数の新製品を用意したうえで、さまざまなマーケティング活動を展開しなければならないからだ。
- 今日では、スーパーマーケットや大型店舗を通して消費者に届けられる商品を中心に、データを集約する環境にある。この環境の下では、競合他社が市場テストのコストを負担しなく

[11] Cohn Welch and Ananth Raman, 1998, *Merchandising at Nine West Retail Stores*, Harvard Business School Publishing, Boston, MA.

てもPOSデータを得ることができる。

● 競合他社がマーケティング戦術を実行すれば、市場テストを実施中の企業を誤った方向に導ける。その戦術には、「サンプリングのプログラムを増やす」「新製品を大幅に値下げする」「『一個買えば、もう一個ついてくる』というキャンペーンを展開する」「同種類の製品に見られる購買パターンをゆがめるような行動を取る」といった方法が使われる。

インターネット時代の到来で、新しい市場テストが可能になった。消費者に対して、ウェブ上で直接市場テストを実行するのだ。すでに、チャットルーム、コミュニティ、既存顧客のメールアドレスリストの提供といったアプローチが試みられている。起業家は、安いコストで敏速に実施できる以上の手法を、今後ますます活用するだろう。

予測に関する計算

予測の最終目的は、市場の将来性や製品の売上について、さまざまな前提から起業家の想定どおりの結果（あるいは、一連の結果）をもたらすことにある。この目的は、どの手法を使っても変わらない。判断力と他の手法の組み合わせによって、最終値を決める場合には、数学による二つの手法（連鎖比率予測か指標の利用）のどちらか一つを使うことが多い。ポイント15・2と15・3では、この手法を売上予測に適用した例を示している。

ここでぜひ注意したいのは、連鎖比率法でも指標でも、数学による手法の出発点が市場の将来性に関するある程度の評価から始まることだ。ターゲット市場の世帯数（ポイント15・2）や、特定の製品カテゴリーに対する全国規模での市場の将来性（ポイント15・3）などはその一例だ。市場の将来性を予測するには、評価を済ませてからいくつかの要因を乗じたうえで、その結果を合算する。ポイント一五・二では、二つの手法をさらに詳しく述べている。その要因は、市場調査のデータや、企業で計画したマーケティングプログラムによる測定を通じて、消費者に向けた製品の魅力を反映している。

予測での注意点

優れた予測の鍵

売上や市場の将来性について、予測の信頼性や正確性を改善するためには、重要な鍵が二つある。第一の鍵は、予測の基になる前提を明らかにすること。予測についての議論や疑問がある場合には、前提について議論することによって、それを裏付けるデータが手に入るだろう。この結果は、予測の高低を言い合うよりもはるかに有効だ。

第二の鍵は、複数の方法を用いること。さまざまな方法で予測を得た場合には、予測の結果が一定の数値に収束することで、今まで以上に大きな自信を得られる。複数の方法の間で予測が異なる場合には、それぞれの予測の前提を調べることで、最も信頼性の高い前提を判断できる。しかし結

ポイント 15.2 ◆ 連鎖比率予測——即席パスタの試み

ネスレでは、即席パスタに関する調査（ポイント 15・1 参照）を終えてから、即席パスタを試そうとする世帯数を連鎖比率法で計算した。連鎖比率法とは、次のような方法である。

調査結果	調査によるデータ	連鎖比率の計算	結果
ターゲット市場の世帯数	7 億 7400 万		
コンセプトに対する購買意思——ポイント 15.1 からの調整値	34.5%が試そうとしている	7740 万× 34.5%	その製品に気づいた場合には、7670 万世帯が製品を試すだろう。
認知による修正——計画された宣伝活動のレベルに基づく	48%が製品を知っている	2670 万× 48%	その製品を店頭で見つけた場合には、1280 万世帯が製品を試すだろう。
流通の修正——参入時の宣伝計画に沿ったスーパーマーケットでの流通の可能性	その製品は、流通チャネルを通じて、アメリカ国内の世帯の 7 割に達するだろう。	1280 万× 70%	900 万世帯がその製品を試すだろう。

連鎖比率の論理は、さまざまな予測に役立つ。

出典 Marie Bell and V. Kasturi Ranga, 1995, *Nestlé Refrigerated Foods: Contadina Pasta and Pizza*, harvard Business School Publishing, Boston.

ポイント 15.3 ◆ 指標を用いた市場の将来性の予測

ほとんどの先進国では、購買行動について、いくつかの指標を発表している。アメリカの『Annual Survey of Buying Power（購買力の年間調査）』（Sales and Marketing Management）はその一例だ。BPI（購買力指標、Buying Power Index）は、全国の購買力に占めるその地域での購買力比率の加重合計である。計算の基になるのは、センサスの収入データ（加重度 0.5）、全国の小売業の売上に占めるその地域での比率（加重度 0.3）、全国の人口に占めるその地域での人口比率（加重度 0.2）だ。ある州や地域に対する計算の結果が 3.50 になれば、おもちゃや工具など、どのような製品カテゴリーでもその地域の売上率を 3.50%と予測できるだろう。

CDI（カテゴリー開発指数、Category development indices）は、特定の「カテゴリー」における特定地域での販売量（レストランの売上など）を指数に換算している。当該のカテゴリーに関する業界団体や業界紙が、その指数を公開していることも多い。指数が 1.0 を上回る地域（マンチェスターのような大都市）では、そのカテゴリーの売上が全国平均よりも高いことがわかる。

BDI（ブランド開発指数、Brand development indices）は、ある「ブランド」での一人当たりの販売量を比較する。BDI を用いている企業は、たいてい自社のブランドに BDI を算出している。ある地域での CDI に対する BDI の比率は、カテゴリー全体に対するブランドの成功度を示している。以上の比較指標は、特定の地域における市場の将来性の予測に役立つ。しかし、このような指数は厳密な指標ではない。しかも、地域ごとの消費者行動の違いを考慮していない。オーストリアを例に取れば、スノーモビルの CDI（あるいは BDI）はスペインをかなり上回る。スペインでスノーモビルの広告費を増やしても、このアンバランスの調整にはほど遠い。

局は、どのような予測であってもたいていは完璧ではない。起業家はこのことを忘れてはいけない。危機管理計画の策定によって、やがて明らかになる現実に立ち向かうこと。メーカーにとって重要な課題は、予測と違う需要に対応するために、製造スケジュールを速やかに調整できるようにすることだ[12]。

予測の偏り

起業家は、自分たちの予測が偏ってしまうことを認識したほうがいい。その原因はいくつかある。まず挙げられる原因は、予測が固定観念に左右されることだ。市場の状況が劇的に改善(改悪)されているにもかかわらず、過去の数値データとの比較によって、見当違いの予測にとどまることもあるのだ[13]。

次に挙げられる原因は、数量の制約を「予測」と誤解する場合があることだ。七分で一台の洗車が可能な洗車場のオープンを計画している場合には、「洗車の需要が常時ある」と想定してしまうだろう。また、一晩平均で二回転の稼働が可能なレストランチェーンでも、新たに開店するレストランで同じ実績を上げるとは限らない。だからこそ、近隣地域での市場調査を通じて、実際に集められそうな顧客数を確かめなければならない。既存店と同じ三十席のレストランでも、近隣地域での人口構成、人口密度、特性競争レベルが違えば、売上も違ってくるだろう。

最後の原因は、善意で立てたはずの予測が、暗黙の前提によって誇張されかねないことだ。調査対象の三四・五%(ポイント15・1で示された調整後の数値)が即席パスタのような新製品を買う意

[12] Marshall L. Fisher, Janice H. Hammond, Walter R. Obermeyer and Ananth Raman, 1994, 'Making supply meet demand in an uncertain world', *Harvard Business Review*, May-June.

[13] Amos Tversky and Daniel Kahneman, 1974, 'Judgment under uncertainty', *Science*, vol. 185, pp. 1124-1131.

思を示しても、そのような予測を現実にするためには、他にも必要なことがある。新製品を売り出したところで、消費者がその製品の存在に気づかなくては何の意味もない。スーパーの棚で、その製品が実際に顧客の目に留まるようにすることも欠かせない。

起業家は、消費財や流通チャネル経由で販売される製品の売上を予測する際に、以上の製品の認知度と流通カバレッジを一〇〇％に想定しないこと。認知度と流通レベルを実際に評価するには、その製品に対して計画されたマーケティングプログラムを基に、連鎖比率法（ポイント15・2）を使って算定しなくてはならない。

あとがき

「起業を成功させる秘訣は何だろう?」

私は、三度の起業経験を通じて、この問いかけを続けてきた。答えを知りたいという思いは、私の胸中でどんどんふくらみ、ついに私は二十年にわたる実業界でのキャリアを捨てた。そして、博士号を取るために大学に戻り、今までより体系的な方法で起業に関する教育・研究活動を始めた。

起業家としてビジネスの最前線で戦い続ける必要がなくなり、この質問を十分に考えるだけの時間を持てるようになった。MBAを持つ優秀な学生や、現役の起業家との議論によって、私の思索はさらに深まった。

私は、二〇〇〇年のサバティカル(長期有給)休暇中にロンドン・ビジネス・スクール(LBS)へやって来た。同校は、起業に関する教育、研究、実践において、世界でもトップクラスに入る大学の一つだ。ビジネスウィーク誌によれば、世界で上位七校に入るという。そもそも、起業を重んじる大学なのだ。

当時は、ドットコム・ブームの解明が盛んだった。私は、幅広い試みを通じて自分の疑問を新たな視点で見直した。まず、ビジネスチャンスの評価(起業、戦略的マネジメント、マーケティング、ファイナンスなど)についての文献を読み漁った。「学問の世界の偉人たちは、ビジネスチャンスの成功をどのようにとらえていたのだろうか?」という疑問があったのだ。やがて、経験豊かなベンチャー・キャピタルや起業経験者に向けた、自由回答形式の質問票を作成した。

私の考えでは、彼らがチャンスを評価する能力を身につけているのは、必要に迫られたからに違いない。チャンスを十分に評価できなければ、すぐに失敗してしまうはずだ。当時の私が考えたのは、「現実認識が欠かせない」ということだった。

次に始めたのは、ケンブリッジやロンドン、シリコンバレーで二十四名の起業経験者やベンチャー・キャピタリストにインタビューを実施することだった。事業の内容に関するこのインタビューは、一人当たり一〜二時間を要した。私は助手たちとともに、インタビュー記録を分析した。さらに分析結果をめぐって、LBSの同僚たちと議論を交わした。こうして仮の結論をまとめ、インタビューに臨んだ数名にその内容を見てもらい、二つの質問をした。

「ここで間違っていること(不正確なこと、不完全なこと)は何ですか?」
「新たに事業を始める人たちや、彼らに投資する人たちがこれまで知らなかったことがあるとすれば、結論のどこに当たりますか?」

この調査での主な結果は、七つの成功条件モデルとしてまとめられた。このモデルは、理論・実践の両面において本書の中核をなす。私は、優秀な卒業生との共同研究によって、七つの成功条件モデルを実際に使えるモデルに仕立てた。彼女は現在、事業家として活躍している。私たちは、モデルの有効性を示すような企業の事例を選び出し、さらに該当企業に関する調査研究をさらに進めることで分析を終えた。七つの成功条件モデルは以上の事例によって、最初に組み立てたものとは比べものにならないほどの精彩を放つようになった。

本書では、最初の一〇章で、ビジネスアイデアのロードテストのために知っておかなくてはならないことを論じた。そして、後半では、テストに役立つ具体的なツールを紹介した。幸いにも、あなたは一人ぼっちではない。日本には約二〇〇万人以上もの大勢の『仲間』がいるのだ。

四十カ国以上で起業家活動のデータを収集・分析するGEM社（Global Entrepreneurship Monitor）によると二〇〇二年、十八〜六十四歳の成人日本人で「起業活動に精力的に携わっている」と答えたのが全体の一・八％だったのに対し、二〇〇六年には二・九％に増えている。約五〇％以上の増加である。中国の一六・二％、タイの一五・二％、米国の一〇・〇％、イギリスの五・八％に比べるとまだ見劣りするかもしれないが、日本での起業熱は確実に広がっているといえる。

なぜこのようなことが起こっているのか？　GEMのデータは理由を述べていないが、考えられる理由はいくつかある。一つ考えられるのは、近年日本の経済成長率が「ゆるやかな成長モード」に入り、多くの人たちが自分の今の会社・ポジションで成長できる限界を感じているのではないか、ということだ。自己のさらなる成長にとって『起業』や『ベンチャー』が魅力的な選択肢の一つに映るのかもしれない。

二つ目に挙げられるのは、『起業』や『ベンチャー』のロールモデルが広く世界的に認知されるようになってきたということである。米国のビル・ゲイツ（マイクロソフト）、マイケル・デル（デル）。イギリスのリチャード・ブランソン（ヴァージン・グループ）。日本でも孫正義（ソフトバンク）といった名前が挙げられる。彼らのような模範となるべき存在が世に出てくることによって、日本の起業熱の広がりを今後も加速させていくことは間違いない。

三つ目は、日本国内で良いアイデア・ポテンシャルを持った起業家をサポートするための基盤が発展してきたことだ。日本のベンチャーキャピタルは多くの資本を機関投資家から集め、グロービスのような優秀なファンドマネージャーを抱える組織も増えてきた。ＩＰＯマーケットも整備され、エンジェルネットワークも徐々に形成されつつあると聞く。

ベンチャーが経済発展のためのドライバーになっていることはデータを見ても明らかであり、新規雇用の大部分がベンチャーによって創出されている。『起業』というキャリアが、チャレンジに対する活力と希望を与えるのみならず、経済全体にも活気をもたらすことのできる道であることを、より多くの若者が気づきはじめている。

最後に、その道を選ぶのはあなた自身だ。あなたは起業するに値するアイデアを持っているか？　それはロードテストをしてみる価値があるのか？　どんな手法でロードテストを行おうと、あなた以前に同じ道を通った『仲間』がたくさんいる。このロードテストを通じて事業の致命的な欠陥を見つけ、事業にブレーキをかけることで、資金や時間を無駄にせずに済んだ起業家も多い。彼らが貴重な時間をより実現可能なアイデアのために使うことができたのは言うまでもない。懸命に働き、（少しだけ運があれば！）社員を雇えるほどにまで事業を発展できるだろう。また、サプライヤーと契約を結び、優れた方法を提供することで、顧客の悩みを解決できるだろう。

未来の新しい仕事は、彼らやあなた方のような人々にかかっている。経済発展の推進力は、起業家のコミュニティにあるからだ。あなたは、壮大で胸が躍るような道の途中にいる。あなたの旅が充実したものになることを、心から願っている。

JWM

著者紹介

ジョン・W・ムリンズ

欧州MBAの名門、ロンドン・ビジネス・スクール（LBS）教授。

スタンフォード大学ビジネススクールでMBAを、ミネソタ大学でマーケティングの博士号（PhD）を取得。アントレプレナーシップの人気教授で、プロフェッサー・オブ・ザ・イヤーにも輝いている。アパレル大手のGAPの創業に携わるなど、3度の起業経験を持ち、20年にわたる経営者としての経験をもとに教育や執筆を行う。また、タイム・ワーナー、イーストマン・コダック、ロシュ・ダイアグノスティックス、ノバルティスなど、イノベーションを生み出す企業の経営陣を対象に研修・コンサルティングを実施している。

訳者紹介

秦 孝昭（はた・たかあき）

三井物産株式会社にて化学品営業、マレーシアの合弁会社管理などを経た後、ゼネラル・エレクトリック（GE）にてCorporate Audit Staffとして欧州・アジア・米国におけるM&A、業務改善、コンサルティング、財務監査、コンプライアンス監査などに従事。GE UKの新規買収ベンチャーigroup社にて社内業務プロセス改善及び統合を行う。その後、Apax Globis Partners（現Globis Capital Partners）に参画し、主に金融・IT・サービス業へのベンチャーへの投資に従事。

英国ロンドン・ビジネス・スクール（LBS）にてMBA取得。

出口 彰浩（いでぐち・あきひろ）

株式会社三和総合研究所にて製造業、サービス業を中心に経営戦略、マーケティング戦略、新規事業戦略、業務改革等のコンサルティングに従事。株式会社ローランドベルガーストラテジーコンサルタンツを経て、Apax Globis Partners（現Globis Capital Partners）に参画。主に不動産、サービス、ITベンチャーへの投資を担当している。

英国ロンドン・ビジネス・スクール（LBS）にてMBA取得。

兎耳山 晋（とみやま・しん）

フューチャーアーキテクト株式会社（旧フューチャーシステムコンサルティング）にて製造・サービス業を中心とした経営戦略および業務改革のコンサルティングに従事。その後、日本イーライリリー株式会社にて、IT戦略・ガバナンスプロジェクト、グローバルビジネスインテリジェンス（BI）推進プロジェクトに参画した後、ビジネス・アナリティクス事業部の新規立ち上げに従事。

英国ロンドン・ビジネス・スクール（LBS）にてMBA取得。

ビジネスロードテスト

新規事業を成功に導く7つの条件

発行日 ── 2007年 9月20日 第1版 第1刷 発行

著 者 ── ジョン・W・ムリンズ
訳 者 ── 秦孝昭、出口彰浩、兎耳山晋
発行人 ── 原田英治
発 行 ── 英治出版株式会社
〒150-0022 東京都渋谷区恵比寿南1-9-12 ピトレスクビル4F
電話：03-5773-0193 FAX：03-5773-0194
URL ：http://www.eijipress.co.jp/
出版プロデューサー：鬼頭穣
スタッフ：原田涼子、秋元麻希、高野達成、大西美穂
岩田大志、藤竹賢一郎、別所和洋
印 刷 ── シナノ印刷株式会社
装 幀 ── 日下充典
翻訳協力 ── 北川知子

[検印廃止] ISBN978-4-86276-006-7 C0034